U0090077

民國歷史與文化研究

十一編

第 2 冊

南京國民政府東北政務委員會研究
——訓政時期國民黨政權整合失敗的制度因素（下）

佟德元 著

花木蘭文化事業有限公司

國家圖書館出版品預行編目資料

南京國民政府東北政務委員會研究——訓政時期國民黨政權
整合失敗的制度因素（下）／佟德元 著 -- 初版 -- 新北市：
花木蘭文化事業有限公司，2020〔民109〕
目 6+172 面；19×26 公分
（民國歷史與文化研究 十一編；第 2 冊）
ISBN 978-986-518-107-9（精裝）
1. 南京國民政府 2. 民國史
628.08 109010080

ISBN-978-986-518-107-9

9 789865 181079

民國歷史與文化研究
十一編　第二冊

ISBN：978-986-518-107-9

南京國民政府東北政務委員會研究
——訓政時期國民黨政權整合失敗的制度因素（下）

作　　者　佟德元
總 編 輯　杜潔祥
副總編輯　楊嘉樂
編　　輯　許郁翎、張雅淋　美術編輯　陳逸婷
出　　版　花木蘭文化事業有限公司
發 行 人　高小娟
聯絡地址　235　新北市中和區中安街七二號十三樓
　　　　　電話：02-2923-1455／傳真：02-2923-1452
網　　址　http://www.huamulan.tw 信箱 hml 810518@gmail.com
印　　刷　普羅文化出版廣告事業
初　　版　2020 年 9 月
全書字數　405456 字
定　　價　十一編 11 冊（精裝）台幣 28,000 元
版權所有・請勿翻印

南京國民政府東北政務委員會研究
——訓政時期國民黨政權整合失敗的制度因素（下）

佟德元　著

上　冊

緒　論 ……………………………………………………… 1

　一、研究現狀與研究意義 ……………………………… 1

　二、研究思路與方法、重點內容 ……………………… 6

第一章　東北政務委員會的制度起源 …………………… 9

　第一節　國民黨中央政治會議分會制度 ……………… 9

　　一、中央政治會議制度概述 ………………………… 9

　　二、政治分會設置概況與原因 …………………… 14

　　三、政治分會組織與職權 …………………………… 19

　　四、「分治合作」之爭與裁撤政治分會 ……… 23

　第二節　國民黨早期政務委員會制度 ………………… 30

　　一、北伐初期的政務委員會 ………………………… 30

　　二、戰地政務委員會 ………………………………… 32

　　三、湘鄂臨時政務委員會 …………………………… 35

第二章　東北政務委員會的成立與組織運作 …………… 39

　第一節　東北易幟與東北政務委員會的成立 ……… 39

　　一、國民黨二次北伐與北京政府覆滅 ………… 39

　　二、東北問題解決方針與東北政治分會的提出

　　　　……………………………………………………… 46

　　三、東北易幟談判與東北政務委員會問題 ……… 55

　　四、人事布局與張學良時代的開始 …………… 61

　　五、易幟實現與東北政務委員會的成立 ……… 72

　第二節　東北政務委員會的組織運作 ………………… 78

　　一、東北政務委員會的委員構成與排序政治 … 78

　　二、東北政務委員會的權力界域考察 ………… 83

　　三、東北政務委員會的組織構成與運作 ……… 92

第三章　國民黨黨治體制在東北的建立與困境 …… 103

　第一節　黨權之爭與國民黨東北黨部的初建 …… 103

　　一、易幟前後東北黨權之爭 ……………………… 103

　　二、東北黨部的初步建立與黨務工作中斷 … 108

　第二節　黨治體制的初建：國民黨東北黨部的建立

　　　　與黨務工作 ……………………………111

　　　一、東北黨權易手 ……………………………111

　　　二、東北黨部的改組與正式建立 …………120

　　　三、東北黨務工作的短暫開展 ………………125

　第三節　黨治體制的困境：「新瓶裝舊酒」式的
　　　　東北政治體制改革 …………140

　　　一、省制改革 ……………………………140

　　　二、縣制改革 ……………………………150

　　　三、東北政治體制改革的困境 …………161

　第四節　符號與儀式：國民黨黨治體制在東北的
　　　　表徵 …………………………164

　　　一、改旗易幟 ……………………………164

　　　二、推行革命紀念日 ……………………165

　　　三、孫中山紀念儀式 ……………………168

第四章　黨治體制視域下東北政務委員會權力
　　　　體系的構建 …………………………171

　第一節　行政管理體系 ……………………………171

　　　一、東北政務委員會的管轄範圍及東北行政區
　　　　劃 …………………………………171

　　　二、地方一般行政機關：遼、吉、黑、熱四省
　　　　政府及縣政府 ……………………172

　　　三、地方特別行政機關：東省特別區行政長官
　　　　公署與興安屯墾公署 ……………178

　　　四、專屬職能行政機關：東北礦務、鹽務、
　　　　航務及水道管理機關 ……………181

　第二節　財政與金融管理體系 …………………185

　　　一、東北地方財政稅收管理體系 …………185

　　　二、財政收入與支出 ……………………194

　　　三、東北地方金融管理體系 ………………209

　第三節　司法管理體系 ……………………………215

　　　一、北京政府時期東北各級司法機關組織沿革
　　　　………………………………215

二、東北地方司法管理體系：最高法院東北分
院及所屬各級司法機關 ……………… 220

第四節　外交管理體系 …………………………… 236

一、東北地方外交管理體系：東三省交涉總署
及各省埠交涉員 ……………………… 236

二、南京外交部駐各省特派員辦事處 ……… 242

第五節　交通管理體系 …………………………… 249

一、東北交通最高管理機關：東北交通委員會
……………………………………………… 249

二、東北鐵路系統 ……………………………… 252

下　冊

第五章　東北新建設：東北政務委員會的內外政策
（一）………………………………………… 257

第一節　整頓財政與金融 ………………………… 257

一、財政與金融整頓措施及成效 …………… 257

二、東三省金融改革計劃 …………………… 267

第二節　維護東北鐵路利權 ……………………… 272

一、維護東北鐵路利權的原因 ……………… 272

二、維護東北鐵路利權的舉措 ……………… 273

第三節　保護和發展民族工商業 ………………… 285

一、籌劃和建立東北實業團體 ……………… 286

二、嚴查偷稅漏稅與禁阻外商在遼寧增設工廠
……………………………………………… 290

三、徵收特稅與實行專賣 …………………… 297

四、適度減免捐稅 …………………………… 300

第四節　推行地方自治 …………………………… 304

一、試辦區自治 ……………………………… 304

二、推行村自治 ……………………………… 307

三、村自治實施中的問題與原因 …………… 314

第五節　強化治安與維持社會穩定 ……………… 319

一、強化社會治安 …………………………… 319

二、推行移民墾荒 …………………………… 323

第六節　改革社會習俗與風氣 …………………… 331
　一、提倡節儉以端風化 ………………………… 332
　二、取締邪教和查禁封建迷信活動 ………… 334
　三、革除社會陋習 ……………………………… 336
第六章　被犧牲的東北：東北政務委員會的內外
　　　　政策（二） ……………………………… 339
　第一節　日俄兩強在東北的爭霸 ……………… 339
　　一、日俄戰爭與瓜分東北 ………………… 339
　　二、俄國革命與日本在東北勢力的膨脹 …… 343
　第二節　對日蘇在東北境內勢力的監視、防範與
　　　　　抵制 …………………………………… 347
　　一、對蘇聯勢力的監視與防範 …………… 348
　　二、對日本勢力的監視、防範與抵制 ……… 351
　第三節　兩個極端：對日蘇兩強差異巨大的外交
　　　　　政策 …………………………………… 362
　　一、強勢外交：中東路事件及其善後 ……… 363
　　二、從皇姑屯事件到「楊常事件」：東北與
　　　　日本關係的轉折 ………………………… 369
　　三、從中央外交到國民外交：「拖」字訣的
　　　　對日交涉方針 …………………………… 373
第七章　制度承繼：北平政務委員會的組建 …… 381
　第一節　北平政務委員會的成立 ……………… 381
　　一、東北政務委員會的改組與更名 ………… 381
　　二、北平政務委員會的組織機構與職權 …… 390
　第二節　北平政務委員會的內政措施 ………… 395
　　一、強化對地方機關的監督和管束 ………… 395
　　二、整頓財政與稅收 ………………………… 396
　　三、安置東北流亡人員 ……………………… 401
　　四、籌建北戴河海濱自治區 ………………… 406
結　語 ………………………………………………… 411
　一、潤滑劑：維持形式統一 …………………… 414
　二、緩衝區：應對華北危機 …………………… 417
參考文獻 ……………………………………………… 423

表次

表 1：1928 年各地政治分會委員名單 ……………… 23

表 2：東三省保安總司令部秘書廳職員表 ………… 68

表 3：1929 年東北各省黨務指導委員名單 ……… 109

表 4：1931 年 3 月東北各省黨務指導委員會委員
　　　分析 ………………………………………… 113

表 5：1931 年 3 月東北各省黨務指導委員會常務
　　　委員分析 …………………………………… 114

表 6：1931 年東北各省黨務指導委員名單 ……… 120

表 7：東北華北各省市國民會議代表數額分配表
　　　及代表名單 ………………………………… 130

表 8：東北易幟後東北各省政府職官表 ………… 141

表 9：遼寧教育廳第一屆教育局長考試錄取人員
　　　簡明履歷表 ………………………………… 157

表 10：遼寧教育廳第一屆縣督學考試錄取人員
　　　　簡明履歷表 ……………………………… 158

表 11：1930 年中華民國紀念日 ………………… 166

表 12：東北易幟後東北各機關假期表 ………… 167

表 13：1931 年東北各省政府職官表 …………… 177

表 14：1931 年東省特別區行政長官公署職官表 ‥179

表 15：1929 年興安區屯墾公署職官表 ………… 181

表 16：民國時期遼寧省稅捐徵收局一覽表 ……… 187

表 17：民國時期黑龍江省稅捐徵收局一覽表 …… 188

表 18：民國時期東北海關一覽表 ………………… 193

表 19：東北易幟後遼寧省稅捐稅率一覽表 ……… 194

表 20：東北易幟後吉林省稅捐稅率一覽表 ……… 198

表 21：1928 年度遼寧省財政廳金庫收入統計總表
　　　　……………………………………………… 199

表 22：1928 年度遼寧省財政廳省庫收入統計表 ‥200

表 23：1928 年度遼寧省財政廳廳庫收入統計表 ‥201

表 24：1928 年度遼寧省金庫支出統計總表 …… 201

表 25：1928 年度遼寧省省庫支出統計總表 …… 203

表 26：1928 至 1930 三年度黑龍江省財政廳
　　　　收入表 …………………………………… 204

表 27：1928 至 1930 三年度黑龍江省財政廳
　　　　支出表……………………………………… 205
表 28：1929 年度興安區屯墾公署收入統計表…… 206
表 29：1929 年度東省特別區各種歲出概況表…… 207
表 30：1929 年度東省特別區各種歲入概況表…… 207
表 31：1924～1929 年度東北各海關稅收總額
　　　　比較表………………………………………… 207
表 32：1929 年度東北各海關稅收比較表 ………… 208
表 33：1929 年度山海關監督經管五十里外常關
　　　　各種收入支出統計表 ……………………… 208
表 34：民國時期東北主要金融機構一覽表 ……… 212
表 35：1929 年最高法院東北分院及檢察署主要
　　　　職官表……………………………………… 228
表 36：東北易幟後東北高等司法機關主要職官表
　　　　…………………………………………… 230
表 37：東北易幟後東北地方司法機關一覽表 …… 232
表 38：東北易幟後東北地方交涉員名單 ………… 241
表 39：1930 東北交通委員會主要職官表 ………… 252
表 40：1930 年度東北交通委員會直轄鐵路經營
　　　　概況一覽表 ………………………………… 254
表 41：1931 年前東北已成鐵路一覽表 ………… 254
表 42：1930～1931 年東北東西四路貨物聯運
　　　　統計表……………………………………… 276
表 43：1930 年東北鐵路計劃中修築百公里以上
　　　　鐵路略表…………………………………… 283
表 44：東北易幟後遼寧省各縣村自治實施時間表
　　　　…………………………………………… 309
表 45：民國時期日本在東北主要銀行概況表 …… 346

圖次
圖 1：東北政務委員會組織運作結構圖 …………… 97
圖 2：東北易幟後東北地方財政稅收管理體系 … 194
圖 3：東北易幟後東北地方司法管理體系 ……… 229
圖 4：民國時期東北地方外交管理體系的演變 … 249
圖 5：1931 年前東北鐵路圖 …………………… 285

第五章　東北新建設：東北政務委員會 的內外政策（一）

東北易幟後，南北統一，軍事結束，建設之風大興。為此東北各界高呼「東北新建設」的口號，這也成為東北政務委員會對內政策的主要內容。但由於東北財力有限，且大半財政收入均被用於軍費支出，所以東北政務委員會對內政策的主要原則：一是多渠道努力擴充財源，二是低成本刷新政治。在此原則下，東北政務委員會採取了諸如整頓財政、改革金融、修建東北鐵路網與維護東北鐵路利權、保護和發展民族工商業等經濟改革措施；以及推行村自治、加強社會治安維持社會穩定和改革社會習俗風氣等社會改革措施。

第一節　整頓財政與金融

一、財政與金融整頓措施及成效

東北官方根據行市變化對現大洋與奉大洋兌換進行定價，1927 年 4 月時現大洋 1 元可以兌換奉大洋 3 元，各縣均按照此比例徵收田賦。[註1] 而到了1929 年 7 月後現大洋與奉票的官方定價已經達到現大洋 1 元兌換奉大洋 50元，徵收賦稅和發行公債均以此比例核收奉票，[註2] 可見東北易幟後奉票貶

〔註 1〕《奉天省長公署從四月起每大洋一元按奉大洋三元核收田賦致各縣知事》，遼寧省檔案館編：《奉系軍閥檔案史料彙編》⑥，南京：江蘇古籍出版社，1990年，第 321 頁。

〔註 2〕《遼寧省政府捲煙統稅公債條例》，《遼寧財政月刊》，1929 年第 39 期。

值之嚴重。1927 年奉軍與北伐軍開戰前，奉票與現大洋兌換比例長期均較為穩定，而戰爭的破壞尤其奉軍戰敗退回關外，加劇了金融動盪，奉票大幅度貶值，幾乎成為廢紙，這對東北金融與財政影響甚大。為了緩解金融和財政壓力，東北當局採取了多項措施。

（一）成立整理財政委員會作為財政與金融整頓之領導機構

1928 年 11 月，在奉軍退回關外張學良開始主政東北後，奉天就積極組織財政整理領導機構。「現在時局底定待理百端，關於財政上收支應如何相抵，苛細雜捐應如何蠲免，各種收入應如何整頓，以及其他涉及財政事項均關重要，自非徵集各方意見悉心審查詳加研討，難期規劃詳明切合事實。爰組織整理財政委員會附設於財政廳署，制定章程即日成立，庶使詢謀僉同集思廣益，冀折衷於至當培政治之根基。」依據《奉天財政整理委員會章程》之規定，奉天省政府為整理全省之歲入歲出設立財政整理委員會，該會會長由省長兼任，副會長由省長委派財政廳長兼任。該會委員分兩種：一為常務委員，七人至十一人，由會長派充；二為普通委員，由會長就現任廳處局所各首領官及有財政學識經驗者酌量派令兼充。該會還從下列人員中聘任顧問：省議會議長副議長，總商會會長副會長，其他地方團體之首領。該會事務分股辦理，由會長就常務委員中指派分別擔任，並制定一人為主任委員。各股視事務繁簡以財政廳員派充股員。各股對於主管事項之興革與變更，應將整理計劃詳具理由說明書並擬具方案。各股對於下列各項案件應詳細審查核擬准駁意見書：省長交議案件；本會委員顧問建議案件；會外人士條陳及商民請求案件。該會每星期開會一次，常務委員均列席，由會長主席，開會時得召集普通委員及顧問全體或部分列席。該會會期以四個月為限，如屆時認為尚未整理完竣時得延長之，但延長期間不得逾四十日。〔註3〕

1929 年 4 月，遼寧省財政廳組織成立整理財政委員會，並又制定了《遼寧省財政廳整理財政委員會組織規則》。依據該規則，該會於下列各事負有研究整理之責任：國家稅及省縣地方稅；官有營業及官產；省庫支出；其他關於本省歲入歲出各事項。該會設委員七至十一人，顧問諮議若干。該會委員需具備下列二種資格以上：曾受專門教育而有財政學識者；曾有薦任以上文

〔註3〕《奉天省長公署為組織整理財政委員會並制定章程給各廳道縣訓令》（1928 年 11 月），遼寧省檔案館編：《奉系軍閥檔案史料彙編》⑦，南京：江蘇古籍出版社，1990 年，第 665 頁。

職之資格者；富有整理財政之經驗者。財政廳秘書及四科科長得為本會當然之委員。該會顧問諮議應具有下列資格之一：各法團領袖；有財政學識或經驗者；與財政有關各機關之長官。該會委員由財政廳廳長委用之，財政廳廳長得由委員中指定一人為主任委員。該會設文書整理二股，各設股長一人，速記二人，辦事員二人。主任委員承廳長之命令總理會內一切行政事務。該會分審查會及常會兩種，常會每星期至少開會一次。該會議事事項有：財政廳廳長交議事項；財政廳各科付議事項；委員提議事項；會外人民請議事項。〔註4〕

（二）整理並維持奉票

　　奉票是東北主要流通紙幣之一，流通最廣，影響最大。奉軍退回東北後，南北統一，東北地方當局採取了多種辦法整頓和維持奉票。

　　第一，發行新奉票，回收舊奉票。1929年3月，東三省官銀號發行一百元和五十元新奉大洋票，並收換舊票。「查職號發行票卷歷年已久，輾轉流通已多破敝，若不設法兌換，於民商殊有未便。惟此項舊卷為數甚多，收換時手續上頗感困難，茲查職號前為謀取商民交易便利起見，曾仿照中交兩行津卷辦法，擬發行百元、五十元票卷若干，惟以卷額較少未便流通，因而中止。茲為新舊兌換捷便起見，擬於收換舊卷時即以此項新卷照付。惟該項票卷市面未經習見，當此整頓奉票之時，一經行使恐商民一時有所懷疑，然事實上係為兌換爽利起見，而卷額又屬無多，似無何等關礙。」〔註5〕

　　第二，發行新銅元輔幣，查禁舊銅元。1929年5月，遼寧省政府批准東三省官銀號新鑄十進位銅元作現洋流通輔幣。據東三省官銀號總辦魯穆庭等呈：「查市面交易行使現洋缺乏輔幣，商民頗感不便。號職司金融維持調劑責無旁貸，且聯合準備庫行將成立，此後現洋之流通日廣，而輔幣之需要日增，應事前籌備而免臨時困難。此輔幣行使為急不可緩之要務也，因擬籌鑄以十進位之純質銅元，非惟行使經久且防掉換熔化之弊銅元，式樣力求精緻，俾易區分，免與各省銅元雷同，以防頂冒而杜仿鑄，且由職號負責，庶免價格

〔註4〕《遼寧省財政廳整理財政委員會組織規則》，遼寧省檔案館編：《奉系軍閥檔案史料彙編》⑧，南京：江蘇古籍出版社，1990年，第331頁。

〔註5〕《遼寧省政府為東三省官銀號發行百元五十元奉大洋票擬擬換收換舊卷得訓令》，遼寧省檔案館編：《奉系軍閥檔案史料彙編》⑧，南京：江蘇古籍出版社，1990年，第198頁。

高下，貽害商民之虞」。〔註6〕新十進銅幣模樣為圓形，正面中央為十二角星，邊緣書寫「中華民國十八年」和「東三省」字樣，背面中央為「壹分」字樣，兩邊為花紋。

發行新銅元後，由於舊銅元並未明令取消，所以被奸商利用，大量收集舊銅元偽造新銅元以牟取暴利。東三省官銀號發現此弊端後，於1930年4月向遼寧省政府呈明查禁商民收買大清銅元改鑄十進銅元偽幣。「近據報告，有本國奸民勾引外人潛往各地收買大宗大清銅幣，運至我國政權不及之地改造十進銅元，蒙混行使。」「查官家鼓鑄十進銅元以工本論實無利益可獲，奸民改鑄銅幣」，「以各地方現幣或紙幣與銅元之換算市價得來，然後以大變小，因而獲利甚厚」。此項偽幣「聞其紋質俱劣，不難辨認。如流入省城似尚無魚混之力，但外縣商民不識真贗，恐不免為其所欺。擬請通令查禁，並密飭北寧瀋海兩路對於往來中外旅客詳查有無攜運大宗銅元情事。對於省城馬路灣一帶與滿鐵附屬地毗連之處尤應嚴加偵查。倘得懲一儆百。」遼寧省政府接到報告後，立即「密飭各縣及北寧瀋海兩路局、省會公安局飭屬嚴密偵查，照案辦理勿稍疏忽」，並表示「本省自新銅元發行以來，舊銅元實際已不行使，公家尚未收回」，而「查禁仍不能根本杜絕」，指令東三省官銀號會同遼寧財政廳核議限期收回舊銅元辦法。〔註7〕

隨後東三省官銀號會同省財政廳擬訂了由省城公濟平市錢號逐日懸牌按照市行收兌舊銅元的辦法，並於該年5月擬訂了《遼寧省禁止使用舊銅元簡章》，以法令形式禁止使用和外運舊銅元。該簡章共計八條，主要內容有：本省發行十進銅元後，所有舊銅元應一律禁止行使。商民人等如存有本省前鑄之舊銅元即逕向該管公安局持賬報明詳數請領起運護照運省送交公濟平市錢號，按照懸牌定價收買，但外省銅元不在此限。各商民向該管公安局呈報時，須由該局負責查明確無販運營利情形，再准呈請起運護照送省。本簡章施行後如有不遵章具報私行外運者，一經察覺除將銅元如數沒收外，如查明確有意圖營利情形當科以擾亂金融罪。各關卡車站碼頭應由該管地方軍警機關派人隨時檢查。因違章沒收之銅元應如數送交各地方官銀號按照公濟平市錢號

〔註6〕《遼寧省政府為擬鑄十進位銅元作現洋流通輔幣的布告》，遼寧省檔案館編：《奉系軍閥檔案史料彙編》⑧，南京：江蘇古籍出版社，1990年，第403頁。

〔註7〕《關於查禁商民收買大清銅元改鑄十進銅元偽幣的文件》，遼寧省檔案館編：《奉系軍閥檔案史料彙編》⑨，南京：江蘇古籍出版社，1990年，第699～700頁。

牌價收買，得價若干如數充賞。無官銀分號地方應匯總送省交公濟平市錢號價收。〔註8〕

　　第三，發布布告維持奉票本位，提振社會信心。1929 年 6 月初，鑒於奉票急劇貶值，東北官方以東北邊防軍司令長官公署和遼寧省政府聯合名義發表布告，告之社會各界商民，遼寧將堅持奉票本位並決心維持，希望以此挽救信心。「查奉票為本省錢法之主幣，亦即本省金融之命脈，關係至為且要。近年因價格低毛，迭經設法維持整理數月以來，已飭由官銀號籌備相當基金充量收回，計其數目已達發行額數五分之三以上，均經隨時切銷，在省城風雨臺地方建爐焚毀。似此票額既已減少，方期票價必日有起色。不料近來更日漸毛荒，竟落至五十元以外，實為意料所不及，從來所未有。究其原因，無非一般漁利之奸商從中搗把故意造謠，或謂桂粵戰事不免牽動大局，或謂將廢更奉票本位，改發現洋紙幣，種種流言，四處散佈。不知桂粵戰事局於一隅，與本省毫無影響；至改發現洋紙幣尤屬誤會。蓋因市面之需要，由中交邊業各行與官銀號公同設立聯合準備庫，各籌相當基金，發行兌現紙幣，以資流通。此與奉票無關，且屬並行不悖，由此而論足見流言種種全係搗把奸商所造之謠傳。」「對此等搗把之奸商實難姑容，業飭省會營口各公安局及各縣一律嚴密查拿，從重罰辦。茲特布告商民，須知奉票既為本省主幣，命脈所在，無論至何時期至何程度，公家必出以全力抱定決心維持到底，斷不任其毛荒，亦斷無變更之事。現在流行票額已酌劑盈虛，適合需要，並不再行增加，以後自能日臻穩固。所望全省商民勿信謠傳，上下一心共同維持。」〔註9〕

　　第四，官方固定奉票價格，並募集公債。1929 年 6 月中下旬，遼寧省政府又制定維持奉票辦法四條，固定價格，充分作匯並募集公債以厚實力：（一）固定價格，每奉大洋五十元作現洋一元，由官銀號充分作匯，其詳細辦法另定之。（二）凡屬省庫之徵收機關所有課賦捐稅及一切收入，應收現洋者一律按定價照收奉票，不收現洋。（三）凡屬商民交易私人買賣，一律按定價使用奉票。（四）為充實作匯基金起見，發行第一次捲煙統稅公債現大洋兩千萬元，

〔註 8〕《東三省官銀號為擬訂遼寧省禁止使用舊銅元簡章給遼寧省政府主席簽呈》，遼寧省檔案館編：《奉系軍閥檔案史料彙編》⑩，南京：江蘇古籍出版社，1990年，第 63～64 頁。

〔註 9〕《關於維持金融抑止奉票毛荒的文件》，遼寧省檔案館編：《奉系軍閥檔案史料彙編》⑧，南京：江蘇古籍出版社，1990 年，第 464～465 頁。

－261－

照收奉票，其條例及細則另定之。以上辦法應即一體實行，省城由公安局總商會即日傳知各商民，各埠各區由各市政處公安局，各縣由各縣政府分別布告周知。〔註10〕

8 月，遼寧省政府委員會第四十三次會議議決通過財政廳廳長張振鷺擬訂的遼寧省政府第一次捲煙統稅公債條例及還本付息辦法，並經東北政務委員會核准後公布施行。《遼寧省政府捲煙統稅公債條例》共計 12 條，據條例規定，該公債定名為遼寧省政府第一次捲煙統稅公債，定額為現洋二千萬元，作整理本省金融之用，定於 1929 年 10 月 1 日發行。本公債應付本息由省政府指定本省捲煙統稅收入全數為擔保品。本公債隨意買賣抵押，其他公務上須納保證金時得作為擔保品並得為銀行之保證金。本公債定為無記名式，分萬元、千元、百元、十元、五元五種，每現洋一元核收奉大洋五十元。「本公債利率定為週年八釐，按票面十足發行，但在發行前兩個月以內繳款者得按照票面九八發行，即每百元實收九十八元。本公債每年付息兩次，以三月及九月底行之。本公債自民國十九年三月起，用抽籤法分年償還，計每年抽籤兩次，每次抽還總額二十五分之一計八十萬元。至民國三十一年三月底止，本息全數償清。」〔註11〕

由於捲煙統稅為國稅，雖實際已為東北截留使用，但仍需徵得南京國民政府許可。為此張學良以「遼寧除捲煙統稅以外別無他項鉅款收入可以指抵，務請特別維持照准」商請財政部同意。最終南京國民政府財政部也只能同意，並將該公債「定名為民國十八年遼寧省整理金融公債」，但同時也明示以後不准再援此例：「遼寧省奉票整理既已不容再緩，且當此中東路交涉吃緊之際，財政困難，別無鉅款可以指抵，自係實在。本部權衡輕重，顧念該省特殊情形，以及整理幣制之重要，擬准其通融照辦，作為該省暫行借撥，一俟財力充裕，仍應設法歸還本部。以後及其他各處均不得援以為例，以期兼顧而便整理。」〔註12〕得到南京國民政府批覆後，遼寧省財政廳致函東三省官銀號，

〔註10〕 《遼寧省政府維持奉票辦法布告》，遼寧省檔案館編：《奉系軍閥檔案史料彙編》⑧，南京：江蘇古籍出版社，1990 年，第 465～466 頁。

〔註11〕 《遼寧省政府公布捲煙統稅公債條例》，遼寧省檔案館編：《奉系軍閥檔案史料彙編》⑧，南京：江蘇古籍出版社，1990 年，第 689 頁。

〔註12〕 《國民政府訓令第 933 號》，《國民政府公報》，1929 年 10 月 1 日第 283 期；《民國十八年遼寧省整理金融公債條例》，《國民政府公報》，1929 年 10 月 16 日第 295 期。

將捲煙統稅列入了財政廳廳庫：「查捲煙統稅各款原解金庫，現因該款有指定用途，改解廳庫核收。嗣後各局解到該項稅款、罰款、票費均請列歸廳庫。」〔註13〕

（三）成立聯合發行準備庫並禁止現金出境

1929 年 7 月，遼寧省政府決議由省城東三省官銀號、邊業銀行、中國銀行及交通銀行各銀行號聯合組織發行準備庫，發行可兌現之現大洋券，用於流通調劑金融。《遼寧省城各銀行號聯合發行準備庫暫行章程》共計 22 條，主要內容有：遼寧省城各銀行號為慎重發行及保持兌換卷信用起見，組織聯合發行準備庫。準備庫除辦理下列事項外不得兼管其他營業：兌換券之發行；兌換券之印刷；兌換券之兌現；準備金之保管。準備庫所發行之紙幣與現大洋一律通用，由本庫無限制兌現，其準備現金須足七成得以銀塊元寶及其他銀兩充納之，其餘三成得以有價物品為保匯準備。匯金由準備庫經理保管，各銀行號派員監督，並各商會及各法團亦得檢查之，且該準備匯金及其他資產無論何時不得移作別用。各銀行號向準備庫領用兌換券應各加暗字，準備庫每日兌回若干應由原領券各銀行號照兌回券之數目交納十成現金。準備庫之帳目完全獨立，各銀行號如有意外營業損失，與準備庫無關。準備庫之經費及其他損益由加入本庫各銀行號按領券數目之多寡照成均攤之。〔註14〕

準備庫設監理官一人，由省政府委派，監察數人由各銀行號總理行長充之，設主任一人，並辦事員若干，均由各銀行號選派仍支原薪，由各銀行號開支。準備庫發行兌現紙幣暫用邊業銀行鈔券發行，並須在紙幣上加蓋聯合發行準備庫字樣，以示區別，如將來改以他種名義發行時，須將未發行鈔券如數繳回邊業，其已發行者仍用準備庫負責兌現。〔註15〕「準備庫無自家之票，各行亦不連帶負責。按組成準備庫之四行，乃中國交通邊業官銀號之謂。邊業銀行自有發行權，自有票料，無須假手於四行準備庫而發行。中國交通二銀行為外省銀行之分行，向不以發行為主業。二行在四行準備庫發行之數

〔註13〕　《函東三省官銀號為捲煙統稅各款嗣後應一律改歸廳庫核收文》，《遼寧財政月刊》，1929 年 10 月第 40 期。

〔註14〕　《遼寧省城各銀行聯合發行準備庫暫行章程》，遼寧省檔案館編：《奉系軍閥檔案史料彙編》⑧，南京：江蘇古籍出版社，1990 年，第 466 頁。

〔註15〕　《遼寧省城各銀行聯合發行準備庫暫行章程》，遼寧省檔案館編：《奉系軍閥檔案史料彙編》⑧，南京：江蘇古籍出版社，1990 年，第 466 頁。

合不過 200 萬元。其餘 1300 萬元之大數皆為官銀號之發行。簡言之，四行準備庫者乃官銀號假邊業銀行之現洋券而發行之外府也。」〔註16〕

在該聯合準備庫暫行章程頒布之際，遼寧省還頒布了《遼寧省城金融管理及禁止現金出境章程》，對聯合準備庫發行之現大洋券賦予官方地位，並以法令形式限制現大洋出境，以達到避免現大洋外流穩定金融之目的。該章程共計 10 條，主要內容為：本省城自聯合發行準備庫成立後，其他外埠銀行所發行之兌換紙幣應即收回，不准在市面流通。凡在本省城有發行權之銀行號，如欲發行現洋紙幣，均須加入準備庫，不得單獨發行，但邊業銀行已發行之現洋紙幣不在此限。準備庫發行之兌現紙幣，其現金準備須在七成以上，由省政府嚴加監督。準備庫發行之兌現紙幣與現大洋一律通用，不得折扣，且可兌換本位相同之兌現紙幣。準備庫發行之兌現紙幣由加入準備庫各銀行號無限制作匯，視市面情形可酌收匯水，但不得超過送現運費數目。本省城為穩固市面金融起見，禁止一切現金販運出省城境。各商民如有確實現金用途，數在一百元以下者准予攜帶出境。各關卡、車站、碼頭由軍警機關派人駐守檢查。如有帶運現金出境數在一百元以上，經軍警查出證實確係販運者，除沒收充公外，並科以擾亂金融罪，所沒收之款酌提一部充賞。〔註17〕

1930 年國際金融市場動盪，金貴銀賤加劇，實行金本位幣制的日本大肆在中國收購黃金。東北政務委員會接到報告後議決限制生金流出，並訓令遼寧省政府飭屬嚴查。「查數月以來金貴銀賤之波潮震動全國，商民惶惶不可終日。治本之策必以改用金本位制為歸，治標之策則以限制金銀出入口為要。」日方「聞已派出多人在三省境內向各金店及各小銀行錢鋪秘密高價收買，比其用意表面似為求其自身準備之充足，實則不免促進吾國金融之擾亂。」東北政委會認為「自非實行取締不足以杜生金之流出而彌金融之隱患」，並訓令遼寧省政府「轉飭所屬嚴密禁止，倘有不肖之徒貪圖厚利仍將生金售與外人運輸出境者，查獲後准一半充公一半充賞，以昭儆戒而杜私售。」〔註18〕

〔註16〕東三省金融整理委員會：《東三省金融整理委員會報告書》，（無出版者），1931年，「卷二」，第 247 頁。

〔註17〕《遼寧省城金融管理及禁止現金出境章程》，遼寧省檔案館編：《奉系軍閥檔案史料彙編》⑧，南京：江蘇古籍出版社，1990 年，第 464～466 頁。

〔註18〕《遼寧省政府為嚴禁將生金售與外人運輸出境給各縣密令》，遼寧省檔案館編：《奉系軍閥檔案史料彙編》⑩，南京：江蘇古籍出版社，1990 年，第 324頁。

（四）縮減財政支出及整頓各縣地方財政計劃

金融動盪，奉票貶值，東北財政困難。1929 年 8 月，東北政務委員會對遼寧省所呈送之 1929 年度行政經費預算進行審核後，議決各機關預算支出暫照五成支發，並指令遼寧省政府重新核減經費支出預算。東北政委會指令中稱：「查核議案內列十八年度全省政費每年約需現大洋 1200 萬元，臨時用款尚不在內。就經常一項比之十七年度舊案已超過甚巨，值此庫款支絀，應即切實核減，詳細審查，務須仰體時艱，力求撙節。在新預算未經核准以前，各機關預算暫准五成支發，凡屬兼職人員一律不准兼薪。現在十八年度業經開始，所有收支預算亟待匯核，仰即趕速呈會以憑辦理。」〔註 19〕

奉票貶值不僅使遼寧省財政受到影響，各縣地方財政更為困難。因此 1929 年 7 月下旬，遼寧省財政廳擬訂了整頓各縣地方財政計劃飭令各縣縣長督同縣財政局局長「認真辦理具報候核」，試圖改善各縣財政狀況。該整頓計劃共計 10 條，主要內容有：各縣 1929 年度地方預算因不敷支，編制殊感困難，應如何量入為出按成分配，速編送廳，俾便匯核。財政局經費，本廳前發預算標準係屬最高限度，仍應由各局長酌量減省免貽口實。各縣公款處收支帳目一律由各局長接收徹底清查具報。財政局應另擬妥善辦法改良簿記庶免套搭而便考查。嗣後警學等費務須根據核准預算或呈准原案請領，否則得由各局長拒絕支付。警學各機關現在似尚有自收自支之款，應否劃歸財政局以期收支統一。各機關經費實支若干，按月造具支出計算檢同證明單據報銷應由財政局核轉。各機關經費如有節餘，俟年度終了應即如數繳還不得移作別用。各縣所辦教養工廠電話局等機關，如有因收不敷支由地方款補助經費者應否停止。各縣地方財政月刊責成各局長按月造送，並對於支出均注明係預算某款或請准原案情形藉便稽核。〔註 20〕

（五）整理租稅充實財政

賦稅是財政之源，東北易幟後在整頓財政與金融的同時，東北政務委員

〔註 19〕　《東北政務委員會為各機關預算暫照五成支發的指令》（1929 年 8 月），遼寧省檔案館編：《奉系軍閥檔案史料彙編》⑧，南京：江蘇古籍出版社，1990年，第 678 頁。

〔註 20〕　《遼寧省財政廳為擬發整頓縣地方財政計劃案給各縣縣長訓令》（1929 年 7 月），遼寧省檔案館編：《奉系軍閥檔案史料彙編》⑧，南京：江蘇古籍出版社，1990 年，第 543 頁。

會也對東北賦稅進行了整理，重新梳理了賦稅種類，重新核定了稅率和徵收辦法，對充實財政起到了重要作用。1929 年 7 月，經東北政委會審核通過《遼寧省租稅徵收章程》，共計六章 40 條，對遼寧全省之稅種、稅率、徵收手續及獎懲等進行了重新規範。根據該章程之規定，本章程之效力及於遼寧省全部，但與中央法令有牴觸時不在此限，同時自本章程實行之日起本省以前施行之各種徵收章則凡與本章程牴觸者統失效力。本省租稅暫依下列三類徵收之：甲，國家稅：所得稅，繼承稅，消費稅；乙，省地方稅：田賦，契稅，剪課，營業稅，牲畜稅，漁業稅；丙，縣地方捐：車娟，房捐，船捐，廣告捐，屠宰捐，畝捐，其他之雜捐。所得和繼承兩稅均依中央政府之規定辦理。消費稅分奢侈品，特產品，普通品三種，並對各品種類及稅率進行了詳細規定。此外對省地方稅和縣地方捐種類和稅率也進行了詳細說明。比如，奢侈品消費稅之種類及稅率分三類：鹿茸、燕翅、虎骨、鹿胎及其他一切類似奢侈品者值百抽二十五；煙酒及其他之清涼飲料值百抽二十；絲毛織品、皮革皮裘、毛羽及其他無關貧民生計之一切物品值百抽十二。省地方稅中田賦分上中下及減則四等：上則每畝年課現洋 1 角 5 分 4 釐；中則每畝年課現洋 1 角 1 分；下則每畝年課現洋 6 分 6 釐；減則每畝年課現洋 3 分 3 釐。縣地方捐畝捐亦分四等：上則每畝年收現洋 1 角 4 分 6 釐；中則每畝年收現洋 1 角 4 分；下則每畝年收現洋 1 角 3 分 4 釐；減則每畝年收現洋 6 分 7 釐。〔註21〕遼寧省實際徵收稅種稅率參見第四章相關論述（表 18）。

1929 年東北政務委員會為緩解財政壓力改善金融狀況作了大量工作，相繼採取了多種措施。但由於受到國際金貴銀賤之金融動盪的影響，以銀本位幣制的民國經濟都受到了極大衝擊，東北也未能幸免，即便東北政委會在該年密集頒布多項改革措施，仍難以有效解決奉票跌落財政緊縮之狀況。有如東北政委會給遼寧省訓令中所言「治本之策必以改用金本位制為歸」〔註22〕，其他措施不過治標之法。

〔註21〕其餘各租稅稅種稅率等可詳見：《遼寧省政府發布徵收租稅章程》，遼寧省檔案館編：《奉系軍閥檔案史料彙編》⑧，南京：江蘇古籍出版社，1990 年，第 573～575 頁。

〔註22〕《遼寧省政府為嚴禁將生金售與外人運輸出境給各縣密令》（1930 年 7 月），遼寧省檔案館編：《奉系軍閥檔案史料彙編》⑩，南京：江蘇古籍出版社，1990 年，第 324 頁。

二、東三省金融改革計劃

　　東北金融動盪與毛荒，除了奉軍戰敗的時局影響外，另一重要原因就是東北各省金融均自成一系，缺乏三省統一的金融管理機關。所以東北政務委員會成立後，才會建立遼寧省城四銀行號聯合組織發行準備庫，意圖統一遼寧省紙幣發行權。1930 年隨著金貴銀賤加劇，東北內部要求改行金本位幣制呼聲漸高，東北政務委員會也試圖將實行金本位幣制和建立東三省統一金融管理機關合二為一，尋找一條從根本上解決東北金融問題的途徑。

（一）成立東三省金融整理委員會

　　「本省近七年來，錢法毛荒，民窮財困，敝國之幣日增，本國之鈔益亂，省財政虧空日大，點金術短，金融界奇緊萬分，百業頹敗，舉市恐慌，險象畢露。如不早日群策群力研求徹底辦法，則二三年後庫空民貧，非但全省財政有破產之危，即吾東省數千萬人民亦將興胥溺之歎矣。」〔註23〕進入 1930 年後，鑒於東北財政與金融問題未得到有效緩解，東北政務委員會於 3 月第 117 次會議議決按寧恩承建議設立東三省金融整理委員會，延聘臧式毅為委員長，寧恩承、蕭純錦、方煜恩、林成秀、荊有岩五人為委員，寧恩承為主任委員，李希庚為秘書。〔註24〕

　　依據《東三省金融整理委員會組織草案》之規定，該會以研究東三省金融之整理方策及討論財政上之設計為宗旨。該會設委員 5 人，秘書 2 人，速記 2 人，書記 2 人，委員由東北政務委員會遴選金融專家和實業界專門人才五人任之，並設顧問若干。該會根據研究之結果及討論之方策製成報告書於最短期內呈報東北政務委員會請其採擇施行。該會週一至週五每日上午十一時至下午三時為開會期間。該會除秘書速記書記外，委員及顧問均不支薪金。〔註25〕「該會為金融設計機關，非特干涉金融設施行政不在職會職權之內」。「職會之職務在於博訪意見，搜集事實，根據統計作深刻之研究，容納眾議為精密之設計。務使言有所據，計有所本。按近代金融原理，及東省經濟狀

〔註23〕東三省金融整理委員會：《東三省金融整理委員會報告書》，（無出版者），1931年，「卷三」，第 1 頁。

〔註24〕東三省金融整理委員會：《東三省金融整理委員會報告書》，（無出版者），1931年，「序」，第 1 頁。

〔註25〕東三省金融整理委員會：《東三省金融整理委員會報告書》，（無出版者），1931年，「卷三」，第 1～4 頁。

況，通盤籌劃。」「職會所研究者為制度，所建議者亦為制度。」〔註26〕同年4月7日東三省金融整理委員會在遼寧省政府內成立，開始辦公。同年12月下旬，歷時近9個月之久開會47次集合國內外250餘件意見書並根據東北尤其遼寧金融實情而草擬的東三省金本位幣制金融改革計劃才告完成，並以《東三省金融整理委員會報告書》形式呈送東北政務委員會核示。1931年5月，該報告書公開印行出版，東北金融大改革行將展開。

（二）金本位幣制改革計劃：東三省金融整理委員會報告書

《東三省金融整理委員會報告書》共分三大部分，「卷一」為金本位改革建議綱要及遼寧金融實情；「卷二」為金本位改革建議詳解；「卷三」為附錄各種金融相關條例及調查表等內容。根據該報告書，東北金本位金融改革計劃主要內容有以下幾方面。

第一，實行金本位之步驟。東三省金融整理委員會所擬定之施行金本位幣制之方案如下：

（1）籌集準備金。東三省金融整理委員會計劃採用漸進式方式實現金本位幣制，即改革初期採用金銀並行制。據該會以東三省人口估算，金本位施行時所需金條金幣共計5000萬元。籌集準備金方法為：商請財政部發行5000萬元金融公債，以東三省境內加徵之二五關稅或鹽稅之一部，或其他中央稅源如煙酒印花捲煙麥粉等項內擇定數目作為該公債擔保；中央在東三省之稅收多已在省留支，故公債擔保除財政部設法外，東三省政府亦應竭力節約騰挪共同設法；每年金兌換券及金輔幣發行所得利益；東北貿易公司之盈餘；甘末爾計劃第十八條項下收入，等等。

（2）規定金幣之價值單位。由於此時南京國民政府也在研究制訂金本位幣制改革計劃，並由外人甘末爾主持該計劃。因此東三省金融整理委員會認為幣制應全國一致，應與中央先行接洽，再定金幣與現行銀幣兌換之價值單位。

（3）設立幣制處及金匯兌委員會。幣制處設處長1人，副處長1人，其人選以有高深經濟學之訓練及銀行經驗者任之。

（4）主幣發行紙幣不鑄銀幣，只鼓鑄金本位各種輔幣。東三省金融整理委員會建議不流通金幣，只發行金本位兌換券。小額輔幣則採用甘末爾計劃

〔註26〕東三省金融整理委員會：《東三省金融整理委員會報告書》，（無出版者），1931年，「序」，第1～3頁。

中 5 角和 2 角之銀幣，1 角及 5 分之鎳幣，1 分及半分之銅幣六種。

（5）規定政府人員之薪資及稅收必須用金本位為計算根據，並用金券支付。然後推及其他人民之契約、交易、工資、物價，皆得用金券。

（6）收回現有各項紙幣，取締外國紙幣。按東三省金融整理委員會之計劃，紙幣發行權既集中於東三省準備銀行，則現有東三省各種紙幣自應分別收回。其收回之法，或以發行公債收回，或按市價回收，並兌換為相應金券。外國銀行之紙幣在東北只許在金銀市場買賣，不許交易通用，不許以外幣為記帳及債務契約之單位。

（7）金本位法幣日。至金幣推行已廣，而原有龐雜之其他紙幣已經收回後，金匯兌之運用已靈便時，乃宣布「金本位法幣日」，即金本位幣為唯一准許流通之法，取消金銀並用，撤除銀本位兌換券之法償幣資格。〔註27〕

第二，設立東三省發行準備銀行，發行金單位券。東三省金融整理委員會擬定了《東三省發行準備銀行條例草案》，共計 41 條，詳細規定了該行之組織和職責等事項。依據草案，該準備銀行為獨立之銀行機關，以維持東三省金本位之穩定及調劑金融為宗旨。該準備銀行之資本為國幣 5000 萬元，應募之數目分配如下：由遼寧、吉林和黑龍江三省政府各撥庫款 500 萬元作為官股；各農工商業銀行資本在 100 萬以上者，應募 1500 萬元；商民各界應募 2000 萬元。該準備銀行之股票面額為百元和千元兩種，皆為記名式，非中華民國公民不得為準備銀行之股東。

該準備銀行之總行設於哈爾濱，瀋陽、吉林、黑龍江各設分行，其支行得於各地設置。該準備銀行擁有發行金券、經理省庫和受中央政府之委託鑄造國幣之特權，並可經營下列各項業務：收受各種存款、確實商業票據之買賣貼現或重貼現、辦理匯兌、買賣生金生銀及各國貨幣、代人保管證券票據契約及其他貴重物品、代理收解各種款項、有抵押品之放款、對省政府及地方政府臨時放款、代收省公債或其他繳款、省庫券之貼現、代理存戶買賣公債及收取息票。該準備銀行發行之金券，分 1 圓、5 圓、10 圓、50 圓、100 圓、500 圓、1 千圓、1 萬圓八種面額。該準備銀行設發行及業務二部，其準備金只限於：金條金幣；在外國中央銀行以發行部之名義所存之活期結餘；90 日以內之金本位商業確實票據；外國政府之公債；定量銀幣。

〔註27〕東三省金融整理委員會：《東三省金融整理委員會報告書》，（無出版者），1931年，「卷二」，第 176～183 頁。

　　該準備銀行設理事會，由理事 11 人組織之，由東北政務委員會派理事 4 人，其餘 7 人由其他民股股東選舉之。民股理事六人中應有代表農工商界各 1 人。理事任期三年，可連任。下列人員不得為準備銀行理事：政府官吏或受政府津貼者；議會議員；其他銀行經理以上之職員。準備銀行設總裁 1 人，副總裁 1 人，由理事會選出 4 人，東北政務委員會由 4 人中指委 2 人充任之。但總裁必須為民股之理事，副總裁必須為官股理事，任期均為 3 年，可連任。

　　準備銀行設監理官 1 人，由東北政務委員會呈請南京國民政府簡任之，任期 5 年。監理官得稽核准備銀行一切人員帳簿資產文卷，並得出席理事會，無表決權；但有權否決理事會通過之議案，令理事會重議，如理事會重議之後仍持原議時，監理官須於 3 日內將該案原委附加否決之理由呈報東北政務委員會，政委會於 7 日內組織公斷會。公斷會由 3 人組織之，東北政委會及準備銀行各派 1 人，其主席 1 人由政委會及準備銀行合議延聘之，如雙方不能達成一致時，得由最高法院院長為主席。準備銀行設監事會，由民股股東選舉監事 5 人組織之，任期 5 年，每年改選 1 人。

　　該準備銀行每年純收益分配方法為：每年純收益項下提 25%為該行公積金，其餘數除付給股東一成外，其分配如下：第一個 500 萬政府與民股平分，各得五成；第二個 500 萬政府得 75%，民股得 25%；第三個 500 萬政府得 90%，民股得 10%；餘數全歸政府。只有當公積金與準備銀行資本相等時，政府所分之盈餘才可提出支用。政府分得之盈餘須存於準備銀行為乙種公積金。準備銀行以 30 年為營業期限，期滿得呈請延長之。〔註 28〕

　　第三，改組東北各省官銀號。東三省準備銀行為南京國民政府中央銀行之一部，即東北之中央銀行。因此現有之東三省各省官銀號，即東三省官銀號、永衡官銀號和廣信公司應將發行權及其他中央銀行職務轉讓於準備銀行，而三銀行專門從事於一部商業銀行之營業。與此同時，該三省官銀號之附屬營業合併改組為東北貿易公司，以仿傚英之東印度公司和日之滿鐵公司，以發揮其大量生產大規模組織之效。一方面可減少中間人之漁利；一方面可打倒外人經濟侵略之把持。而該公司之贏利又可作為東三省準備銀行之準備金。〔註 29〕

〔註 28〕東三省金融整理委員會：《東三省金融整理委員會報告書》，（無出版者），1931年，「卷二」，第 216～228 頁。

〔註 29〕東三省金融整理委員會：《東三省金融整理委員會報告書》，（無出版者），1931年，「卷一」，第 30 頁。

以上為東三省全局之改革方案，但當時東三省金融整理委員會提出報告書時並未對吉黑兩省金融實際情況進行調查，因此此方案之進行還有賴吉黑兩省仿遼寧省成例組織金融整理委員會，詳細研究擬訂具體改革實施辦法。而就當時遼寧省金融改革而言，東三省金融整理委員會提出的第一步改革辦法是改組東三省官銀號為遼寧省銀行，以「遼寧省金融之改善，以為東三省金融統一之初步。」

東三省官銀號改組遼寧省銀行之原則：遼寧省銀行之管理必須具有一定計劃及政策，其組織必須合於科學方法及近代金融原則。遼寧省銀行乃銀行機關，既非財政廳之一部，亦非糧行雜業。關於財政廳和軍需處之欠款和透支宜，在遼寧省銀行草案中進行限制。而官銀號現有之附屬營業宜完全劃出，另立一大規模公司。遼寧省銀行為發行機關，人民信託之地，必須取得人民之信任。該銀行之管理必須付與銀行學識經驗具備且學業品德兩無問題之人，同時發行部及準備金絕對公開。

依據《遼寧省銀行組織草案》，該銀行資本定額為國幣 3000 萬元，其中1500 萬元由省政府以現有官銀號之銀行部分撥入，作為官股，其餘 1500 萬元向商民募集。該銀行之管理交由 9 人組成之理事會，其中 4 人由遼寧省政府指派，其餘 5 人由民股選舉。遼寧省銀行將實行生銀兌現制度，以 1914 年國幣條例鑄造之現大洋為本位，明令東三省境內統一行使紙幣生銀兌換券，禁止銀貨流通。並規定每次兌現之數不得少於 5000 元，付現時給予銀條、銀幣和津滬匯票，並優先付與兌現人以 360 兩之大銀條，以防止其在本省境內行使，僅可現銀出境。同時規定遼寧境內任何機關或商民存藏銀條、寶銀或銀幣一萬元以上者，省銀行得強行以法價收買之。同時按市價將奉票全部收回，改行生銀兌換券。實行生銀兌現制度後，市面僅可流通紙幣而無銀貨流通，且銀貨集於遼寧省銀行。東三省金融整理委員會認為在此種情況下改行金本位較易。而對於遼寧省城四行號聯合發行準備庫，東三省金融整理委員會認為其名實不符，因為以四行號聯合準備庫名義發行的 1500 萬元現大洋兌換券中，邊業銀行分文未發，中國交通兩銀行合計僅發行 200 萬元，剩餘 1300 萬元全為東三省官銀號所發行，所以主張將該準備庫取消或歸併於遼寧省銀行之內。〔註30〕

〔註30〕東三省金融整理委員會：《東三省金融整理委員會報告書》，（無出版者），1931年，「卷一」，第 42～47 頁。

第二節　維護東北鐵路利權

一、維護東北鐵路利權的原因

東北山川河流眾多，土地肥沃，物產豐富，民國時期東北森林、畜牧、農業、礦產等種種物產，蘊藏之富，甲於全國。但就地緣政治而言，東北北臨俄國，南接朝鮮與日本，向來為邊防之要地，軍事之重鎮，更是外交之要衝。因此，無論從開發東北物產，還是抵制日俄強鄰覬覦，均要首先發展和建設東北自有鐵路。這也是時人對東北發展與建設的共識。

到東北易幟前，東北已有的鐵路，就勢力範圍而論，可以分為中日俄三大體系。中系鐵路即東西兩大鐵路幹線，總計 2700 多公里；日系鐵路以南滿鐵路為主幹，總計 1500 多公里；俄系鐵路以中東鐵路為主幹，總計 1700 多公里。〔註 31〕三大鐵路系統中，除了俄系鐵路為中俄合辦外，日系南滿鐵路及支線則全為日方投資與控制。所以東北自有鐵路系統的東西兩大幹線，實際上是為了與日本控制的南滿鐵路相競爭，爭奪利權。而這也被日本屢次以南滿鐵路「平行線」相稱，並加以抗議。

東北三大體系鐵路總長度達到 6000 多公里，而當時全國國有民有及外人自辦等所有鐵路總長度為 1.3 萬公里，東北鐵路總長度占到全國鐵路總長度的近半數，可知東北鐵路在當時之發達。而隨著東北鐵路的修建，鐵路沿線的人口逐漸增加，土地大量開墾，貿易也隨之逐漸繁盛，帶動了東北經濟的發展。東北三省人口，從 1908 年的 1700 多萬增加到 1928 年的 2700 多萬；開墾的土地從 1908 年的約 800 萬公頃增加到 1927 年的約 1300 萬公頃；國際貿易總額從 1908 年的 1 億兩白銀增加到 1927 年的 6.8 億兩白銀，其中出口貿易額從 0.47 億兩白銀增加到了 4.1 億兩白銀，進口貿易額從 0.53 億增加到 2.7 億兩白銀。〔註 32〕1908 年至 1928 年，東北鐵路總長度增加了五成，東北人口與開墾的土地則增長了六成，出口貿易額則增長了近 9 倍，可見東北鐵路發展對經濟的貢獻度之大，而這也是東北地方當局自 1922 年宣告東三省自治以來多方籌劃自建鐵路，且與日俄爭奪利權的考量所在。

東北三省北俄南日，一以中東路為大本營，一以南滿鐵路為總機關，均懷有經濟侵略東北之野心。中國尤其東北方面如欲抵抗侵略，無外乎兩種方

〔註 31〕《東北鐵路現勢及我國鐵路政策》，《東方雜誌》，第 27 卷第 19 期。
〔註 32〕《東北鐵路現勢及我國鐵路政策》，《東方雜誌》，第 27 卷第 19 期。

法，一是以武力驅逐日俄勢力，中東路事件也就是在這種背景下發生的，其結果東北軍大敗而歸；二則是以東北自建之鐵路網和海港與日俄的鐵路和港口對抗，爭奪利權。易幟後，東北政委會兩種方法均採用過，其中鐵路政策分述如下。

二、維護東北鐵路利權的舉措

（一）繼續修築東西兩大幹線鐵路網

　　東北自建鐵路東西兩大幹線計劃最早發端於 1922 年直奉戰爭之後。當時奉軍戰敗，張作霖宣布東三省自治，經過對戰敗的反思，張作霖深感奉天、吉林和黑龍江三省之間沒有東北自己能夠控制的鐵路，軍事運輸處處受制於日俄控制的南滿鐵路和中東鐵路，於是決定要修建連接三省省會的鐵路。1924 年 4 月，張作霖決定建立東北交通委員會，委派奉天省長王永江兼任該委員會委員長，籌劃自建鐵路計劃，決定修建奉海、吉海、洮昂、京奉鐵路大通支線等鐵路，〔註33〕與原有國有鐵路相連接，形成東西兩條幹線鐵路網。

　　東幹線，自瀋陽經朝陽鎮、吉林、敦化，歷東京城、寧古塔，接中東路之海林站，沿牡丹江以達三姓，沿松花江經樺山、富錦而至同江，再沿黑龍江而至中俄交界之綏遠。此條幹線足以開發東北部地區之富源，而截斷南滿鐵路在瀋陽以北的運輸，孤其勢力，亦為對日俄邊防之要路。易幟前已修成者有瀋海、吉敦兩條鐵路，吉海鐵路 1927 年 5 月動工開始修建，易幟後在東北交通委員會領導下繼續修建，至 1929 年 6 月完工。東幹線已完成瀋海、吉海和吉敦三條鐵路，遼吉兩省互通鐵路，初具規模，但該幹線至敦化而止，其餘往北所要修建者尚多。

　　西幹線，自北寧路的大通支線，由通遼東接四洮路之鄭家屯，至洮南連洮昂鐵路，接中東路昂昂溪站至龍江，而後北至黑河。同時以北寧路的葫蘆島港為出海口，則北滿東蒙之物產，可以棄南滿鐵路而取道於此西幹線，更能收對俄防務之效用，並破日本集中北滿物產於南滿鐵路及大連港之計劃。易幟前已成之鐵路有北寧鐵路及大通支線，和四洮、洮昂兩條鐵路。齊克鐵路 1928 年 10 月開工修建，易幟後在東北交通委員會領導下繼續修建，至 1931 年 12 月僅修築通車至黑龍江泰安和龍溪，因日本侵略而終止修建，並未至克

〔註33〕金士宣、徐文述編著：《中國鐵路發展史》，北京：中國鐵道出版社，1986 年，第 273 頁。

山。1930 年 2 月，在東北交通委員會主持下，洮索鐵路開工修建，後也因日本發動九一八事變而未修築完成。西幹線已完成北寧、四洮和洮昂等鐵路，正在修建齊克和洮索等鐵路，遼黑兩省互通鐵路，該幹線至泰安而止，其餘往北尚未修建者也有不少。由於東北地方財力有限，雖在東北政委會時期集中力量在西幹線建設，但仍未全部完成計劃。以上東西兩條幹線，皆以遼寧省城瀋陽為樞紐，並以北寧路為聯絡中心，成為交叉形勢。北則截斷中東路為兩段，南則包圍南滿鐵路，可以爭奪中東南滿兩路之利源。〔註34〕

（二）實行東西兩大幹線聯運

東北境內國有省有鐵路修建年代不一，分歸不同路局管轄，大部分鐵道長度相較短，且各路或為省有，或為對外借款合辦，或為商辦，或外資自辦，導致各路局各自為政，管理與經營方法迥異，以至於跨各路運輸頗為不便。為了提高鐵路效用，降低各路運營成本，各路聯運就成為必然選擇。所謂聯運，就是統一原本各自為政各路的運輸方法，以便利客貨運輸，同時形成集合優勢，降低客貨運輸成本和時間。但東北鐵路最初的聯運卻不是互利互惠，而是使東北國有省有鐵路成為南滿鐵路的「營養線」。東北鐵路聯運最早可以追溯至 1908 年京奉鐵路和南滿鐵路旅客聯運，當時兩路簽訂了旅客聯運協定，在奉天南滿站換車聯運。1913 年日本和朝鮮鐵路、南滿鐵路、中東鐵路、京奉鐵路等在東京召開聯運會議，簽訂了中日俄旅客和行李包裹聯運合同。京奉鐵路自 1915 年 10 月正式實行中日旅客聯運，1917 年 9 月開始辦理行李包裹聯運。貨物聯運由於關係進出口貿易利益重大，京奉鐵路並未參與其中。〔註35〕而國有吉長、吉敦、四洮和瀋海鐵路，或由於利用日資修建，或由於條約關係，或由於自身車輛不足向南滿鐵路租車，導致這四條鐵路相繼與日方南滿鐵路簽訂客貨聯運協議，成為南滿鐵路的培養線。東北東西兩大幹線，西幹線除了四洮鐵路外，北寧鐵路僅與南滿鐵路簽訂有旅客聯運協議；東幹線的瀋海、吉敦鐵路與南滿鐵路則簽訂有客貨聯運協議，這導致了易幟後西幹線四路客貨聯運進展順利，而東幹線四路客貨聯運則進展遲緩。

早在 1927 年，東北交通委員會就提倡各路聯運，但因當時南北戰爭影響，未能實行。1928 年 2 月發生瀋海鐵路向南滿鐵路租車並簽訂客貨聯運協

〔註34〕 《東北鐵路現勢及我國鐵路政策》，《東方雜誌》，第 27 卷第 19 期。

〔註35〕 金士宣、徐文述編著：《中國鐵路發展史》，北京：中國鐵道出版社，1986 年，第 347 頁。

定，〔註36〕雖然協議簽訂當日東北交通委員會就宣布將改路收歸國有，廢除聯運協定，但由於瀋海鐵路缺少客貨列車的實際困難，導致廢除協定的努力失敗。這件事極大地刺激了東北高層，東北交通委員會決心再次推進東西各路聯運事宜。1928 年 6 月東北軍撤回關外時，將原屬京漢、隴海、津浦、京綏等鐵路的大量機車和客貨列車開至北寧鐵路關外存放，這為東北新建鐵路及辦理東西四路客貨聯運創造了條件。1928 年 11 月，瀋陽的北寧鐵路管理局召集北寧、四洮、洮昂、齊克等西四路聯運會議和北寧、瀋海兩路聯運會議，決定各路旅客及行李包裹聯運。該年底經西幹線的瀋陽至龍江之間直達旅客列車開通，遼寧與黑龍江省會之間交通不必再取道南滿鐵路與中東鐵路。1929 年 6 月，東北交通委員會召集西四路貨物聯運會議，四洮鐵路因借日款修築，其日方車務處長在會議中百般阻撓，最終決定西四路聯運車輛全部由北寧鐵路調撥與南滿鐵路相同的載重 30 噸並裝有風閘的貨車，並由北寧鐵路局承擔在通遼的換車裝卸費用，車租費每噸每 12 小時僅收現大洋 2 分 5 釐，運費則按照各路里程分配。〔註37〕

　　東四路聯運問題，由於瀋海鐵路 1928 年與南滿鐵路訂有聯運協議，吉敦與吉海兩路在吉林城接軌事宜被日方阻撓，進展遲緩。1929 年西四路客貨聯運實現後，東北交通委員會開始推動東四路客貨聯運事宜。1930 年 4 月召集北寧、瀋海、吉海和吉敦等東四路聯運會議決定客貨聯運，並擴充營口北岸碼頭，修築葫蘆島港，暫時利用秦皇島開灤礦務局碼頭，調撥客貨列車為東四路聯運實現貨物運輸進行準備，還決定以瀋海鐵路瀋陽東站為聯運車輛交接站。1930 年 10 月北平經瀋陽直達吉林省會的平吉列車開通，並在 1931 年 1 月實行東四路貨物聯運，打破了南滿鐵路對北滿和東滿運輸壟斷的局面。〔註38〕

　　東北國有省有鐵路客貨聯運後，內部統一，效率提高，成本降低，同時運價更加便宜，對日本南滿鐵路造成較大衝擊。而東西兩線鐵路網將南滿鐵路夾在中間，從空間布局上看，與南滿鐵路相對平行，所以這也被日本屢屢攻訐，並成為日本屢次阻撓我方自建鐵路的藉口。但東北地方當局，經過長

〔註36〕《瀋海與南滿聯運合同》，《工商半月刊》，1929 年第 21 期。

〔註37〕金士宣、徐文述編著：《中國鐵路發展史》，北京：中國鐵道出版社，1986 年，第 348 頁。

〔註38〕金士宣、徐文述編著：《中國鐵路發展史》，北京：中國鐵道出版社，1986 年，第 348 頁。

期努力，最終還是突破了日本南滿鐵路對東北客貨運輸的壟斷，挽回了部分利權。除了鐵路網建設，東北地方當局為了對抗日本控制的大連港，還計劃修築葫蘆島海港，通過支線與北寧鐵路和東西兩線鐵路網相連，使部分東北貨物進出口可以避開大連，挽回更大利權。但由於九一八事變發生，葫蘆島築港未成，功虧一簣。

表 42：1930～1931 年東北東西四路貨物聯運統計表

	1930 年〔註 39〕		1931 年	
西四路	4.78 萬噸	316.8 萬元	28.5 萬噸	1687.3 萬元
東四路	9.57 萬噸	32.3 萬元	41 萬噸	381.3 萬元
總計	14.35 萬噸	349.1 萬元	69.5 萬噸	2068.6 萬元

資料來源：金士宣、徐文述編著：《中國鐵路發展史》，北京：中國鐵道出版社，1986 年，第 348 頁。

　　雖然實行東西四路聯運後，客貨運輸增加較多，對南滿鐵路也形成衝擊，但實際上東西兩條幹線各路由於機車和車輛普遍缺乏，導致各路多向南滿鐵路租車而造成東西四路聯運很大程度受制於日方。例如，四洮鐵路只有機車 12 輛，其他各種車輛均長期向南滿鐵路租用；洮昂、齊克兩路有少數機車及客貨車輛，但運輸旺季仍需向南滿鐵路臨時租車；吉長鐵路與南滿鐵路簽訂有聯運合同，凡直通貨物須使用滿鐵車輛裝運，租車費用甚巨；吉敦鐵路機車及客貨車輛尚能敷用，但運往滿鐵的聯運貨物仍須用滿鐵車輛；吉海鐵路機車及車輛數量較少，運輸旺季由瀋海鐵路臨時租借；瀋海有機車 37 輛，其他客貨車輛尚能敷用，但因部分租借吉海鐵路，導致運輸旺季需向滿鐵臨時租用。瀋陽為東四路聯運轉運樞紐，但由於旺季各路均需向南滿鐵路租車，導致車輛支配備受限制。冬季運輸旺季，凡用南滿鐵路所運輸之貨物，皆隨到隨裝，待運日期最多不過 10 日，且大豆豆餅等特種貨物還有混合保管之託運辦法，為之保障。而凡經瀋陽用北寧鐵路運輸者，皆限制車數，增加運費，以致貨物積壓，待運日期多則 80 至 90 日，積壓貨物車輛數上千車以之多。〔註 40〕這就迫使很多商家不得不雇用馬車，將貨物運往南滿鐵路的開原、鐵嶺或

〔註39〕1930 年東四路僅有北寧與瀋海兩路聯運，故該年僅為該兩路聯運統計數額。1931 年為九一八事變前統計數額。
〔註40〕《中日鐵道競爭之真相》，《外交月報》，1932 年第 3 期。

公主嶺、范家屯、郭家店、四平街等站點由滿鐵託運，可見當時東北自建鐵路發展之艱難。

（三）以北寧鐵路為中心發展運輸

北寧鐵路，是東北三省與關內各地聯絡的唯一通道，也是東北三省物產吐納的咽喉。東北的出口良港大連旅順已被日本侵佔，東北急需另謀良港，否則遍布東北境內的自建鐵路網就會成為中東路之海參崴或南滿鐵路之大連的培養線。而縱觀東北全境，唯有北寧路沿線有港口，即營口、秦皇島和葫蘆島。依靠北寧路，對外可輸出所產物資以增國際貿易，對內則可以分配物產運往全國以補中原各省之不足。〔註41〕所以東北交通委員會採用以瀋陽為樞紐，以北寧路為中心連接東西兩條幹線的鐵路政策，並採取了多種措施，確保東西兩幹線在與日俄鐵路競爭中具有優勢。

首先，關外糧食減價運輸。東北物產豐富，糧食富足，每年輸出國外者以豆類為大宗商品。關內各省如山東、河北、河南、山西等，兵災戰事不斷，且又有水旱天災，饑民眾多，其糧食來源多賴東北接濟。而早前東北境內糧食轉運入關，皆由南滿鐵路至大連，並由日本商船運至天津，而不從北寧鐵路轉運。此項運輸費用全為南滿鐵路及日商獲取，北寧鐵路利益受損巨大。隨著 1927 年北寧鐵路大通支線修築完成，1929 年齊克鐵路動工修建，在西幹線連接貫通的情況下，北寧鐵路管理局決定於 1929 年 12 月 5 日起關外糧食運至平津及營口一帶減收運費。〔註42〕此方法實行後，商民貨運捨棄南滿鐵路而從東西幹線轉運，北寧鐵路等路局收入增加，挽回已失之利權。

其次，關內移民減價運輸。東三省地廣人稀，據當時調查東三省境內每平方英里平均僅有 66 人，而關內各省，如河南每平方英里平均 486 人，河北平均 335 人，浙江平均 657 人。而當時民國各省平均每平方英里也有 254 人，是東三省的四倍。既往關內山東、河南、河北等省人口移民東北主要有兩條通道，一是走海路，由煙臺、龍口和青島等地乘船至大連經南滿鐵路北上，或乘船至營口經北寧支線北上；二是陸路，由北平或天津經北寧鐵路出關。據統計，1926 年關內移民東北人口約 57 萬人，1927 年因關內戰亂導致移民

〔註41〕　《東北鐵路現勢及我國鐵路政策》，《東方雜誌》，第 27 卷第 19 期。
〔註42〕　《東北鐵路現勢及我國鐵路政策》，《東方雜誌》，第 27 卷第 19 期。

激增，關內移民東北人數達到 105 萬人，1928 年達到 109 萬人，1929 年南北統一後仍有移民 105 萬人，可見關內移民關外人口數量之多。這麼龐大的移民數量，若走海路則大部分利益為日本南滿鐵路獲得，所以為了與日本爭奪利權，同時促進關內移民事宜，北寧鐵路管理局特發售低價之出關小工票。從 1926 年至 1930 年，北寧鐵路發售的出關小工票連年遞增，1926 年只發售 3300 餘張，1927 年則猛增至 4.26 萬張，1928 年達 6 萬張，1929 年達 8.54 萬張，1930 年則增至 11.1 萬張。出關小工票相比於普通客運票價格低廉得多，從天津至瀋陽每人僅收票價 5 元，而且婦孺免費。此項移民出關辦法，多在春季，由二月下旬至五月上旬，等到秋季移民還鄉時則另訂有減價優待辦法。1930 年北寧鐵路管理局再次降低出關小工票票價，由天津至營口每人 4.5 元，其他由天津至關外各站一律 3.5 元，眷屬及年齡在 12 歲以下之子女，同樣免費。與此同時該年東北鐵路西四路聯運制定有減價運送移民辦法並付諸實施，這些措施都促進了關內人口經北寧路移民東北。〔註43〕

（四）葫蘆島築港

東北四省每年物產產額，農產 2100 萬噸，林產 435 萬噸，礦產 836 萬噸，畜產 24 萬噸，物產非常豐富。但東北進出口貿易權益，卻因沒有屬於自己的優良海港，而被日蘇兩強壟斷。清末民國時期，東北進出口貨物主要通道有三條：一為中東鐵路通海參崴，二為南滿鐵路通大連，三為中東鐵路通西伯利亞鐵路，而由國內的北寧鐵路通平津者，微乎其微。所以，東北進出口貨物，向為日俄人專利。由於沒有屬於自己的出口良港，東北豐富物產想要出口，只能東走海參崴，或南走大連，而與這兩大港口連接的中東鐵路或南滿鐵路則為蘇日兩國控制，鐵路運價被外人操縱，造成四洮、吉長、吉敦、瀋海、洮昂、齊克等鐵路，名為我有，實則徒為外路之滋養線，給東北官商民眾造成巨大經濟損失。

而縱觀東北各路，唯有北寧鐵路沿線沿海，具有築港條件，即營口、葫蘆島和秦皇島三地。東北鐵路東西兩條幹線，東幹線各路經由瀋陽可取道北寧鐵路，亦可取道南滿鐵路；西幹線經由鄭家屯、通遼可取道北寧鐵路，亦可取道南滿鐵路。以瀋陽和鄭家屯兩地為中心，比較經東西兩條幹線和南滿鐵路至上述三港和大連港的距離，即可知道在上述三地築港的優劣。自瀋陽

〔註43〕《東北鐵路現勢及我國鐵路政策》，《東方雜誌》，第 27 卷第 19 期。

經南滿鐵路至營口 180 公里，自瀋陽經北寧鐵路及支線 295 公里，從瀋陽至營口經南滿鐵路要近 115 公里；自鄭家屯經南滿鐵路至營口 457 公里，自鄭家屯經北寧鐵路至營口 524 公里，從鄭家屯經南滿鐵路至營口要近 67 公里。可見東西兩條幹線無論是從瀋陽還是從鄭家屯至營口，都是取道南滿鐵路更近，北寧鐵路和營口港都不具有比較優勢。自瀋陽經南滿鐵路至大連 397 公里，自瀋陽經北寧鐵路至葫蘆島 301 公里，葫蘆島要近 96 公里；自鄭家屯經四平街走南滿鐵路至大連 675 公里，自鄭家屯經通遼走北寧鐵路至葫蘆島 530 公里，葫蘆島要近 145 公里。顯然東西幹線無論從瀋陽還是鄭家屯經北寧鐵路至葫蘆島都比經南滿鐵路至大連更近，因此北寧鐵路和葫蘆島更有比較優勢。而自瀋陽經北寧鐵路至秦皇島 444 公里，比自瀋陽經南滿鐵路至大連的 397 公里要遠了 47 公里；自鄭家屯經通遼走北寧鐵路至秦皇島 672 公里，比自鄭家屯經四平街走南滿鐵路至大連的 675 公里僅近 3 公里。〔註 44〕顯然西幹線貨物無論從秦皇島還是大連出口都相差無幾，而東幹線貨物經南滿鐵路從大連出口則要比從秦皇島出口更近，所以秦皇島與大連比較也不具有優勢。

　　通過分析比較，我們可以看出即便營口早已建有港口，且相比較大連、葫蘆島和秦皇島都更近，但由於日本控制的南滿鐵路鐵路支線也能抵達營口港，導致東北貨物經北寧鐵路運輸要更遠，運價更高，貨商們顯然更願意經南滿鐵路運輸。所以東北政委會如果大力發展營口港，則無異於將東北物產運輸利益拱手讓與日本南滿鐵路，這顯然是東北政委會高層不想看到的結果。同時營口港海域航道水淺，吞吐能力有限，冬季結冰封港長達三四月之久等等不利因素，導致東北高層最終放棄發展營口港。而秦皇島相比較大連，雖然劣勢較小，但與營口和葫蘆島比較，則東北貨物出口距離要更遠的多。加之秦皇島地處關內，東北政委會不利控制，所以即便秦皇島自身築港條件較為優越對於東北政委會而言也不是最佳選擇。葫蘆島位於遼寧錦縣西南，在渤海灣北岸，北緯 40 度 45 分，東經 121 度，距離北寧鐵路連山站僅 11 公里，修築有葫蘆島支線鐵路。且葫蘆島介於營口和秦皇島之間，全島地勢由西北而東南，伸入海中，長約六七里，微成磬折形，北部內斂，南部外突，中部稍狹，宛若葫蘆，冬無厚冰，夏無巨風，海水極深，一年結冰期平均不

〔註 44〕《東北鐵路現勢及我國鐵路政策》，《東方雜誌》，第 27 卷第 19 期。

過旬日左右，在營口、秦皇島結冰封口之際，往來葫蘆島之船舶，尚能航行自由，可見葫蘆島港之優勢。〔註45〕同時較之大連港，距離上要近很多，所以在葫蘆島築港成為東北政委會的最佳選擇。

東北當局深知此中利害關係，早有葫蘆島築港之議，希望以此與大連相抗衡，挽回權益。葫蘆島築港之議，遠在清末之時。當時徐世昌任東三省總督，聘請英國工程師休斯進行勘測，選定葫蘆島為建築商港最適宜之地，並開工建設，且修建了從連山至葫蘆島的支線鐵路。但隨後因辛亥革命清朝滅亡，經費短缺，葫蘆島築港一事被迫暫停。民國初期，雖多次重議葫蘆島築港，但皆因經費缺乏，軍閥內戰，而宣告中斷。直到1930年，東北交通委員會副委員長高紀毅兼任北寧鐵路局局長，鑒於葫蘆島地勢之重要，且關係東北鐵路及華北經濟，於是東北政務委員會商承鐵路部，重續前議，修建葫蘆島港。同時與荷蘭治港公司簽訂協議，代辦工程，由北寧鐵路盈利之中，每月撥出50萬元作為葫蘆島築港基金，分期籌撥築港經費。當時北寧鐵路每月營業收入250萬元，營業支出171萬元，淨收入78萬元，〔註46〕每月撥款50萬元用於築港資金，並在北寧鐵路局內附設港務處以辦理其事，可見東北政務委員會對葫蘆島築港的重視。1930年7月2日，舉行葫蘆島港開工典禮，限期五年半完成。關於撥用北寧鐵路盈餘，作為葫蘆島築港經費，最初英國政府以北寧路尚有英國債務關係，提出抗議。民國政府詳加解釋，聲明「該路係於開支及償還英款本息以外，取其餘存，開築海港，於借款本身不加影響，且與荷蘭公司所訂築港合同，僅屬付款交工等性質，乃鐵路上工事問題，與借款問題毫無牴觸」〔註47〕，於是英國政府才無異議，築港工事才得以順利進行。

南滿鐵路每年收入大約一億一千萬元，而其收入如此之巨，全賴大連港為之吸引。而將來葫蘆島開港後，東北進出口貨物可以通過葫蘆島港，則北寧鐵路每年收入之增加，可以預期。同時，錦朝、洮熱等鐵路，正在籌劃之中，此兩線距離葫蘆島甚近，且能連接洮昂、齊克等線。若葫蘆島開港以後，黑龍江和熱河兩省物產，可以集中於此，而遼寧和吉林兩省之貨物，亦可由

〔註45〕 東北文化社年鑒編印處：《東北年鑒》，瀋陽：東北印刷局，1931年，第549頁。

〔註46〕 北寧鐵路局：《葫蘆島築港開工典禮紀念冊》，1930年7月2日。

〔註47〕 東北文化社年鑒編印處：《東北年鑒》，瀋陽：東北印刷局，1931年，第550頁。

四洮、吉海、瀋海各線接運而來。所以從地理位置與經濟收益角度來看，葫蘆島開港，可以將東北自有鐵路充分運用，自成貨運體系，足以抵抗帝國主義對東北的經濟侵略，同時亦可促進農工商業之發展。

葫蘆島築港工程計劃概況：1.混凝土碼頭：計長 3700 英尺；2.混凝土防波堤：計長 5100 英尺；3.大碎石護岸堤：計長 7900 英尺；4.港內挖掘面積：計 700 萬平方英尺；5.填平沿岸低地：計用泥沙 400 萬立方碼，碎石塊 80 萬立方碼，混凝土塊 32 萬立方碼。此為全部工程的主要計劃，其他如燈塔、船塢、貨倉等等，皆為開港的附帶工程，亦同時修築。至於葫蘆島商埠計劃，擬劃出縱橫各 30 里之地帶，以建築商埠用地，並聘請專家設計市政規劃方案。〔註48〕

1930 年 1 月 24 日，北寧鐵路管理局局長高紀毅，奉國民政府鐵路部訓令，並受東北交通委員會監督，代表北寧鐵路管理局，與荷蘭治港公司駐華總代表陶普施，於天津簽訂葫蘆島築港合同。該合同經鐵道部修正，行政院會議議決，呈奉南京國民政府核准。

《建築葫蘆島海港合同》全文共計 16 條，對葫蘆島築港總造價、付款方式、工期、保修期、雙方權責、合同失效等方面進行了較為詳細的規定。雙方約定的主要內容有：

（1）總造價。葫蘆島築港總造價為美金 640 萬元。（2）付款方式。北寧鐵路管理局於每月月終分批交付之。每批定為美金 9.5 萬元，至總數付清時為止。（3）特別擔保金和保證金。管理局應於其按月撥付之款內，扣除百分之五，作為履行本合同之特別擔保。此項擔保金，至本合同所載之保修期限期滿時為止，所扣除及保留之數不超過造價總數之百分之五，即美金 32 萬元，並由管理局存入「葫蘆島準備金」賬戶下。此外在本合同簽字之日起三日內，承辦人荷蘭治港公司應即辦妥現大洋 50 萬元之銀行保證，作為履行本合同之特別保證金。承辦人對於管理局所受之任何損失或它種賠償，得由此項保證金項下支付之。（4）築港經費存管與支取。在本合同簽字後，管理局應在雙方同意之某中國銀行，以「葫蘆島準備金」名義，存入現大洋 100 萬元，作為履行本合同之用。此項存款之半數，即現大洋 50 萬元，非由管理局與承辦人在華代表會同簽字，不能支取。但在管理局交納第 63 批付款

〔註48〕東北文化社年鑑編印處：《東北年鑑》，瀋陽：東北印刷局，1931 年，第 551 頁。

後，或在按照合同規定本合同對於管理局停止發生效力時，得由管理局一方簽字，將款取出。（5）承辦期限與保修期限。承辦人應從速實地動工，至遲不得過 1930 年 4 月 15 日。全部工程應在 1935 年 10 月 15 日以前，即自實地動工之日起五年六個月以內完竣交於管理局。如承辦人不能依照上項規定期限，將全部工程完交管理局時，應每日付管理局現大洋 1000 元，作為損失賠償，至完全交工日為止。承辦人於築港工程完竣交於管理局之日起，對於該工程保修一年。承辦人對於本合同所附圖樣中之工程計劃，應負完全責任，並對於按照此項計劃所建工程之堅固，自保修期限期滿之日起，擔保十年。（6）使用工程先成之部分。如管理局欲在本合同規定之工作期限內，開用葫蘆島海港先成之一部分，承辦人不得拒絕。（7）損失負責。自本合同簽字之日起至保修期限期滿之日止，凡整理及補償關於工程上之一切毀壞損失，並完成一切因計劃之不善，建築之不固，工作之不良，材料之不佳，施行之不慎，以及其他原故而應改造或修理之工作，概應由承辦人出資負責承辦之。如在工程進行時期內或在保修時期內，發生天災，如地震及其導致的土崩、海嘯或兵事，以致工程被毀壞或損失時，該項修理費應由管理局按照實需工料價格償付之。（8）合同失效。合同雙方，或任何一方，不能履行本合同規定之義務時，且在三個月內無法達成解決辦法，或辦法不能在三個月內遵行，則受損失一方，應即不受本合同束縛，並應享有經對方承認，或公斷人斷定之損失賠償。〔註 49〕

從 1930 年動工到 1931 年底，葫蘆島港口建設計劃完成大半，投資總額達到 570 萬元現大洋。但隨著日本發動九一八事變，尤其日軍佔領山海關後，荷蘭治港公司築港工程進行困難，被迫停工。

（五）東北鐵路網新計劃

1929 年 4 月，東北各省曾籌劃擬定東北各省鐵路修築計劃，規模甚大，所要修築之鐵路較多。遼寧省計劃修築之鐵路有遼熱線，由遼寧至熱河；興臨線，由興京至熱河；南興線，由奉海路之札木站至興京；齊黑線，由齊齊哈爾至黑河；安拜線，由安達站至拜泉，瀋鐵法線，由瀋陽經鐵嶺和法庫三縣。其中遼熱線，規劃由遼寧錦縣至熱河，即由北寧鐵路錦朝支線延伸。吉

〔註49〕詳見東北文化社年鑑編印處：《東北年鑑》，瀋陽：東北印刷局，1931 年，第552～554 頁。

林省計劃修築之鐵路有瀋海路朝輝支線，由朝陽鎮至輝南縣；吉海路磐濛支線，由磐石縣至濛江縣；珠方鐵路，由珠河至方正縣後至依蘭；吉同鐵路，由吉林至同江縣，全長一千公里，途徑舒蘭、五常、同賓、方正、依蘭、樺甸、富錦等縣；海寧鐵路，海林縣至寧安。〔註50〕各路短者幾十公里，長者千餘公里，但多數都是兩縣或數縣間鐵路，並為現有鐵路之支線。而但凡計劃修築鐵路各縣，均是物產豐富之區，修築鐵路之目的均在於便利所產貨物運輸。上述鐵路計劃，多是地方政府與紳商主張修築之線路，著眼於物產運輸與經濟發展。但鐵路修築耗資巨大，僅朝輝支線，由朝陽鎮至輝南縣不過幾公里的路程，鐵路修築費用就高達現大洋100萬元；珠方鐵路，90公里共需經費哈大洋500萬元。資金來源，或官辦由各省政府和路局撥款，或商辦由紳商籌款，或官商合辦，或向銀行團借款。

　　自遼吉各地方紛紛提出鐵路修築計劃後，1930年，東北各省地方總共提出了200餘條欲要修築之鐵路，而其中條件具備可修築者有58條之多，其中規劃里程超過一百公里的鐵路就至少有25條（參見下表），其他規劃在百公里以下的鐵路尚有30餘條。〔註51〕

表43：1930年東北鐵路計劃中修築百公里以上鐵路略表

鐵路	起止點	長度（公里）	鐵路	起止點	長度（公里）
洮熱鐵路	洮南至熱河	888	磐大鐵路	磐石至大虎山	240
臨安鐵路	臨江至安東	275	密富鐵路	密山至富錦	288
開林鐵路	開魯至林西	345	開扶鐵路	開通至扶餘	148
赤林鐵路	赤峰至林西	270	吉呼鐵路	吉林至呼蘭	208
臨長鐵路	臨江至長白	184	興臨鐵路	興江至臨江	320
長大鐵路	長春至大賚	212	海索鐵路	海拉爾至索倫	480
吉五鐵路	吉林至五常	162	濱依鐵路	哈爾濱至依蘭	308
朝安鐵路	朝安鎮至安圖	358	同五鐵路	同賓至五常	168

〔註50〕　《東北鐵路網計劃遼寧當局準備大投資》，《民國日報》，1929年4月24日，第5版。

〔註51〕　《東北鐵路網計劃》，《申報》，1930年7月10日，第7版；《東北鐵路網》，《民國日報》，1930年11月30日，第4版；《東北交委會籌建之東北鐵路網計劃》，《中央日報》，1930年11月29日，第1版。

呼鶴鐵路	呼蘭至鶴崗	463	海鏡鐵路	海林至鏡泊湖	138
穆三鐵路	穆棱至三姓	265	扶哈鐵路	扶餘至哈爾濱	218
黑安鐵路	黑河經林甸至安達	112	齊扶鐵路	齊齊哈爾至扶餘	247
海嫩鐵路	海倫至嫩江	270	安拜鐵路	安達至拜泉	173
一依鐵路	一面坡至依蘭	225			

　　僅規劃百公里以上的這 25 條鐵路總里程就超過了 6700 公里，比當時東北中日俄三大體系的鐵路總里程還要長 700 公里。這 58 條鐵路網計劃完全實現，東北交通委員會預計需款超過 9000 萬元現大洋，其中東北四省官商集資出 5000 萬元現大洋，其餘不足的 4000 萬元部分則計劃向德國資本團借款。〔註52〕東北已有日俄資本控制的中東鐵路和南滿鐵路，所以東北政委會不可能在向日俄借款。而德國在一戰時即與俄日為敵，且一戰戰敗導致在華勢力範圍被日本獲得，所以東北政委會向德借款藉以制衡日俄的策略是可取的。只不過東北龐大的鐵路網計劃尚未來得及實行，九一八事變就發生了，致使一切努力付之東流。

　　東北鐵路網新計劃比王永江任東北交通委員會委員長時所制訂的東西兩大幹線計劃要規模龐大的多，為了分期推進實施，東北交通委員會根據已有之鐵路幹線支線和實際需求，制訂了第一步實施計劃，即首先建設三大幹線：第一條幹線為南北幹線，由大虎山、通遼、洮南經黑龍江齊齊哈爾、嫩江至黑河，即繼續修築完成原西幹線並加修各條支線；第二條幹線為新東幹線，由瀋陽經吉林海龍、永吉經穆棱、依蘭、同江至撫遠，即修築完成原東幹線並加修各條支線；第三條幹線為新西幹線，由錦縣經熱河朝陽、赤峰至庫倫和多倫，並修築各條支線。〔註53〕

　　東北三大鐵路幹線是以葫蘆島港為出海口的鐵路修築計劃，新東幹線仍以瀋陽為樞紐，中線的南北幹線仍以鄭家屯、通遼為樞紐，新西幹線則以錦縣為樞紐，依託北寧鐵路聯運，形成以北寧鐵路為運輸中心將遼寧與吉黑熱三省相連互通鐵路的新交通管理體系。

〔註52〕《東北鐵路網》，《民國日報》，1930 年 11 月 30 日，第四版。
〔註53〕《東北鐵路網》，《民國日報》，1930 年 11 月 30 日，第四版；金士宣、徐文述編著：《中國鐵路發展史》，北京：中國鐵道出版社，1986 年，第 346 頁。

圖 5：1931 年前東北鐵路圖

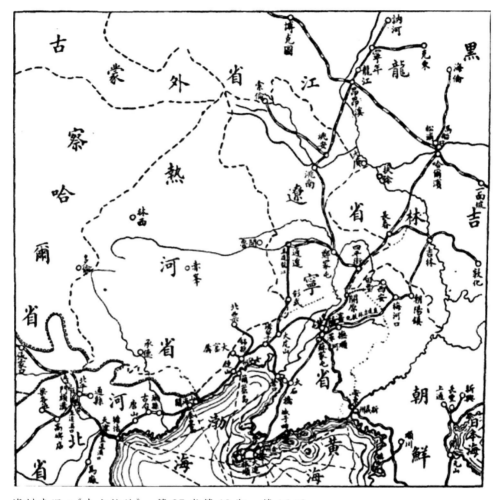

資料來源：《東方雜誌》，第 27 卷第 19 期，第 16 頁。

第三節 保護和發展民族工商業

工商業是賦稅之源，也是東北集團生存與發展的保障。因此退回關外的東北集團，在南北統一已成大勢所趨的情形下，積極籌劃工商業發展。早在1928 年 11 月，奉天實業廳廳長劉鶴齡就曾擬定實業行政大綱 30 條，如改進農業、清查官荒、促進墾殖、興發林業、發展畜牧、籌辦水產、整理水利、推辦礦業、救濟失業工人、廣設製造工廠、提倡國際貿易、整頓農工商會及實業團體、籌設縣實業局等，其內容覆蓋農、林、牧、漁、工、礦、商、外

貿及管理機構等各個領域。〔註54〕但由於受限於財政困難，實際實行者甚少，或即便實行也是流於形式。比如各縣實業局的設置，雖然 1929 年 7 月就通過了《遼寧省各縣實業局暫行組織條例》，但除了財政較為寬裕且實業相對較為發達的少數縣市和商埠外，大部分縣均無力單獨設置實業局，即便該條例內有「縣實業局若在偏僻縣區無單獨設立之必要時，得合二縣以上設立一局辦理之」的規定，但因涉及職權和經費以及人才短缺等問題實行起來仍是困難重重。〔註55〕現就易幟後東北所實施之旨在促進工商業發展的各項重要措施分述如下。

一、籌劃和建立東北實業團體

運用經濟方式侵略中國，是當時西方列強侵略中國的重要方式。在東北的西方列強勢力中，以日蘇兩國最為勢大，但並非每個行業均處於壟斷地位。比如大豆、豆油與火柴，屬於近代中國民族資本相對集中的輕工業，在東北民族資本就佔有主體地位。尤其大豆及豆油、豆餅等豆製品，更是當時東北出口貿易之大宗商品。但出口貿易受國際環境影響較大，且國內各種賦稅較為沉重，無論是收集與交流外貿信息，還是與國內各級官廳主管部門打交道，亦或是對抗西方列強經濟侵略，均需要有實業團體為之操辦。實際上，東北農工商會早有建立，如奉天總商會，各縣則有縣農工商會。但這些團體均是不區分具體行業的總農會或工商總會，難以做到對各個行業不同訴求的及時響應和處理，因此東北易幟後各行業成立同業聯合會就非常有必要。

東北油坊同業聯合會就是在這種背景下成立的。1929 年 3 月，東北各油坊企業為成立東北油坊同業聯合會致函奉天商會曾明言：「我國東北出產大豆甲於天下，凡東西洋製豆油者皆仰給我國之原料，尚皆逐日工作獲利豐厚。而我東北油坊原料不待外，求其工作程度自必日以繼夜矣。然考其實，我東北同業終年之內有工作幾個月者，有長年不開碾者，夫開油坊而不工作，不獨無獲利之望，且有消耗之費。」而且「外國對於油坊保育周至，購原料免

〔註54〕《奉天實業廳廳長劉鶴齡為報送實業行政大綱給奉天省長呈》，遼寧省檔案館編：《奉系軍閥檔案史料彙編》⑦，南京：江蘇古籍出版社，1990 年，第 642～647 頁。

〔註55〕根據條例規定縣實業局設兩科，局長為委任職，薦任待遇，且有學歷資歷等任職要求。詳見《遼寧省政府委員王樹常邢士廉等為籌設遼寧省各縣實業局的提案》（1929 年 7 月），遼寧省檔案館編：《奉系軍閥檔案史料彙編》⑧，南京：江蘇古籍出版社，1990 年，第 559～560 頁。

入口稅，輸油餅免出口稅，故其物價低廉。而我國則捐稅煩苛，購入原料納捐稅六七次，輸出油餅納關稅甚重」，「以致豆油、豆餅價高，難與外商角逐」。而且關稅自主以來，「關稅不但未減而又大增，豆餅一千甫特納出口稅銀六兩三錢一分八釐，今則外加七兩八錢九分三釐，共納銀十四兩二錢一分一釐；豆油一千甫特納稅銀五十四兩一錢五分二釐，今則外加六十七兩六錢九分，共納銀一百二十一兩八錢四分二釐。未蒙拯救之恩，更遭加稅之苦，若不設法維持，則奄奄一息之油坊，尚安有生存之希望耶。」「試觀政府規定麥粉每包納稅三角，經上海火磨同業招集全國火磨同業聯合會向政府請願，已蒙批准，洋麥進口仍納稅三角，本國麥粉則納稅一角，此其例也。敝處同業親嘗苛稅之況味，目觀火磨之情形，發起聯合三省油坊同業在哈爾濱組設東北油坊同業聯合會，草擬簡章，假油坊公會為會址，定於 4 月 10 號開聯合會會議，研究救濟辦法，公舉代表詣政府請願，以救危亡。」〔註 56〕

　　根據《東北油坊同業聯合會規章》之規定，該會以「研究製品之優良，謀對外貿易之發展，直接裕稅源，間接裕民生為宗旨」，會所設於哈爾濱，設總務處，主任一人，內分文書、研究、考查三股。該會設執行委員 35 人，監察委員 17 人，常務委員 7 人，委員由各同業公會推任之，常務委員由執行委員內推任之，並由常務委員內公推一人為主席。委員任期二年，期滿由同業公會另行推任，可連任。常務委員辦理會內一切事務，對內對外均負全責；執行委員提議評議會內一切事務；監察委員監督及審議會內一切事務；總務處主任掌管文書、化驗、調查各種事務。每年春秋兩季開執監委員會一次，其日常事務則由常務委員臨時會議辦理之，遇有特別重要事務得臨時召集執監委員會。執監委員會非有委員到會過半數不能開議，但經第二次開議，不論人數多少所議即為有效。〔註 57〕

　　東北大豆製品豆油行業在與外商競爭中，主要受制於沉重的國內賦稅，而成立東北油坊同業聯合會的目的則主要在於與東北官方溝通降低賦稅。而同為民族資本佔有一定優勢的東北火柴行業則主要受到世界火柴業巨頭瑞典火柴公司的威脅，成立東北火柴聯合會之目的則主要在於與瑞典火柴競爭，

〔註 56〕　《東北油坊同業聯合會籌備處為發送東北油坊同業聯合會規章致奉天商會函》，遼寧省檔案館編：《奉系軍閥檔案史料彙編》⑧，南京：江蘇古籍出版社，1990 年，第 234 頁。
〔註 57〕　《東北油坊同業聯合會規章》，遼寧省檔案館編：《奉系軍閥檔案史料彙編》⑧，南京：江蘇古籍出版社，1990 年，第 234～235 頁。

爭奪利權。

　　瑞典火柴股份公司是「世界火柴托拉斯」,「其勢力浸及於 28 國,聯合之火柴工廠 150 餘所,使用工人在 5 萬以上」,如以其直屬及附屬之公司「生產總額計之,約占世界火柴總生產額百分之七十乃至百分之七十五」。〔註58〕由此可見瑞典火柴公司實力之強大。中國人口眾多,消費市場廣闊,又擁有豐富的工業原料,且民族工業不發達,這些使中國成為世界壟斷巨頭侵略的對象,而東北便是瑞典火柴公司對中國侵略的主要方向之一。瑞典火柴對中國的輸入始於一戰之後,並逐年擴張最終取代了日本的地位。

　　面對瑞典火柴巨頭的直接威脅,東北火柴行業首先做出反應,早在 1927 年 10 月便決定組設東三省火柴同業聯合會,團結內部共同抵禦外敵。在當時奉天惠臨火柴公司協理金恩祺等人給張作霖的呈文中說明了東北火柴業發展狀況及成立東三省火柴同業聯合會之緣起:火柴為「日用必需之物品,而國人原無,單獨首創之者,先是中日合辦之日清燐寸會社成立於長春,日辦吉林燐寸株式會社開設於吉林,應社會之需要」在東北設廠生產火柴,「於是東省火柴幾為其專利」。隨後東北民辦火柴公司逐漸創建,如營口關東、三明、牲牲,吉林增昌、金華,奉天惠臨,龍江魯昌等火柴公司。火柴生產企業增多,火柴「供過於求,互相競賣,遂致均虧成本,形將衰閉」,不得已於 1925 年 7 月奉天惠臨和營口關東、三明、牲牲四個火柴公司發起組織奉天火柴同業聯合會,「先由奉省著手組設總批發處於省城,分批發處於營口、四平街、開原、洮南、錦縣等處,經理售貨」。但隨著瑞典火柴公司憑藉其巨大資本,將東北的日本火柴工廠大半收購後,又以瑞中洋行〔註 59〕名義謀在華設廠製造,冀圖壟斷而壓迫東北火柴業。據「最近調查統計,東省所有各廠每年生產量總在 40 萬箱以上,而三省需要不過 30 萬箱,所餘尚非少數,正苦銷路無由。設再增開工廠製造火柴則貨品充斥,不但新營業推銷匪易,舊公司保持愈艱,是直接妨礙原有公司之營業,即間接阻礙吾國實業之發展,國家經濟社會前途實堪顧慮。於是乃由奉吉黑三省已辦之火柴公司聯合組織東三省

〔註58〕 《瑞典火柴托拉斯侵略我國火柴工業之野心及其托拉斯在國際上之地位》,《工商半月刊》,1929 年第 13 期。
〔註59〕 瑞中洋行於 1915 年在上海設立,是瑞典正式在我國設立的火柴行銷機構,經理是尤霖・歐倫,主要任務是將瑞典火柴販運到中國推銷。中國日用化工協會火柴分會編:《中國火柴工業史》,北京:中國輕工業出版社,2001 年,第22 頁。

火柴同業聯合會，草擬章程以聯合同業維護利權，矯正弊害，力圖營業之均衡及協力抵制外貨之侵入為宗旨。請鈞座特別維護准予備案，並懇令行奉吉黑三省省長公署轉飭實業廳通令各縣查照，限制中外商人不准再有火柴工廠之增設，破壞聯合大局，致有物品過剩之虞。〔註60〕

金恩祺等人在呈上文時還一併將《東三省火柴同業聯合會章程》及發起人一覽表等呈送審核。該聯合會章程主要內容有：該會設事務所於奉天省城，以維持同業公共利益，矯正營業之弊害及協力抵制外貨之侵入為宗旨。該會會員以現在成立之東三省各火柴公司為限，每公司為一會員，並應於該各公司現任董事或經理指派一人為代表。會員要交納會費，正式加入本會享受及擔負本會一切權力義務。該會會議分為兩種：第一，定期會議，年會每年一次，於陽曆12月間舉行之；職員會每月兩次，於每月1日、15日舉行之。第二，臨時會議，無定期，於必要時由會長或董事2人以上或會員5人以上請會長召集之。該會設會長一人，副會長一人，董事五人，皆名譽職。該會經費以會費充之。會費分入會費、常年會費、特別會費三種。第一，初入會之會員須納入會費現大洋200元。第二，常年會費各公司按制出成品每箱提繳現大洋三分，每年分四期繳納，於1、4、7、10各月初旬徵收之。第三，特別會費於本會有特別支出時由會員分擔之。〔註61〕

東三省火柴同業聯合會發起人有：代表奉天火柴業各公司之魯侯東、金恩祺、秦嘉勤、孫家樹、劉天榮，代表吉林火柴業各公司之孫光烈、孫錦英，代表黑龍江省火柴公司之譚法周，以及代表日本在東北之火柴公司的佐藤精一和前田伊織。〔註62〕東三省火柴同業聯合會選定的重要職員有：會長金恩祺，副會長佐藤精一，董事有五人，為秦嘉勤、孫家樹、前田伊織、孫光烈、譚法周。〔註63〕

由上述呈文及章程可知，東北火柴業不僅要抵禦外貨，內部亦有競爭。為了協調內部關係，奉天火柴公司組織了奉天火柴同業聯合會，並與吉林火

〔註60〕　《鎮威上將軍公署給奉天省長訓令》，遼寧省檔案館編：《奉系軍閥檔案史料彙編》⑥，南京：江蘇古籍出版社，1990年，第602頁。

〔註61〕　《東三省火柴同業聯合會章程》，遼寧省檔案館編：《奉系軍閥檔案史料彙編》⑥，南京：江蘇古籍出版社，1990年，第604～605頁。

〔註62〕　《東三省火柴同業聯合會發起人一覽表》，遼寧省檔案館編：《奉系軍閥檔案史料彙編》⑥，南京：江蘇古籍出版社，1990年，第606頁。

〔註63〕　《東三省火柴同業聯合會選定職員一覽表》，遼寧省檔案館編：《奉系軍閥檔案史料彙編》⑥，南京：江蘇古籍出版社，1990年，第607頁。

柴各公司訂立公約，避免內部惡性競爭。而隨著 1927 年瑞典火柴公司的逐步東侵，東三省火柴業又決定加強團結合作，聯合起來組織東三省火柴同業聯合會，一方面分配產額調整內部關係，另一方面則共同研究抵禦外貨方法，並以法團資格使東北火柴業與東北政府可以形成直接聯絡，傳遞下情，如請求政府禁止中外商人再在東北設立火柴工廠，以此保護民族工業，便是這種作用的體現。而通過該聯合會發起人及所選定職員又可看出，東三省火柴業在面臨世界火柴業壟斷巨頭瑞典火柴公司的威脅時，希望聯合昔日的競爭對手即在東北的日本火柴公司共同合作以排斥強敵。但當時正值奉系應付國民黨北伐時期，因時局關係致使東三省火柴同業聯合會並未如願成立。

直到 1929 年因瑞典火柴公司經濟侵略加劇，東北火柴業生存艱難時刻，東三省火柴同業聯合會才得以批准建立。東北火柴各公司成立東三省火柴同業聯合會的目的，在於通過同業聯合會「評定價格，調劑產景」，以達到「矯正營業弊害，營謀公共福利」之宗旨，同時實行團結，對瑞典火柴公司之瑞中洋行一致防禦，並「相約各公司不得轉讓股份於該行，遇同業中有無力支持者公同籌款救濟，有被該行擠兌賠累者共同設法補助，若該行故意低價售貨傾軋華商時則出資收買，以調劑市價，同業等謀私營業之存立無非在使我東省火柴市場不為該行獨霸，生活必需之品不為該行操縱，庶於國家實業社會經濟兩有裨益。」在組織東三省火柴同業聯合會時，曾想聯合日本在東北的兩家火柴公司，以期共同抵禦瑞典火柴的入侵，並認為日商「雖加入聯合，但國人火柴營業多於外人者數倍，聯合行動取決多數，實權操之於我，決不至為外商所左右，且可羈縻外商」。但在 1929 年 2 月初奉天火柴同業聯合會函請吉長日本兩火柴會社入會時，卻「日久不復」，原來此時瑞典火柴公司已「收買日人經營之日清、吉林二燐寸會社股份十分之六」。〔註64〕因此最終成立之東三省火柴同業聯合會之會員並無日商公司。

二、嚴查偷稅漏稅與禁阻外商在遼寧增設工廠

由於受到近代不平等條約的束縛，民國政府對西方列強在華工廠和商行生產和銷售的商品所徵收的賦稅很是低廉，一般均值百抽五，而對國內企業

〔註64〕以上均詳見《奉天火柴同業聯合會為請阻止瑞典火柴公司在遼寧設廠以保護奉天火柴工業給瞿文選呈》（1929 年 3 月），遼寧省檔案館編：《奉系軍閥檔案史料彙編》⑧，南京：江蘇古籍出版社，1990 年，第 241～245 頁。

徵收的賦稅則沉重得多，不僅徵收正稅還徵收多種附加稅乃至釐捐。然而即便憑藉賦稅低廉的優勢，在與國內同行企業競爭中已經獲得更多利潤，但這些外商們仍不滿足，還會採取各種辦法偷稅漏稅。比如駐華英美煙公司在東北銷售煙捲時，就在值百抽五的「值」上面做文章，與地方稅局長官勾結將銷售價格曲解為出廠價格，以更低的價格納稅。「以前省城稅捐局齊局長未按向章辦理，私與各該公司函商，允照應納稅款折半徵收，變名為廠煙價格，實則減納半稅，即每百元僅收二元五角，數年以來國庫損失頗巨。」這顯然是偷稅漏稅的行為，奉天財政廳在 1928 年 11 月詳查奉天財政廳與英美煙公司所簽訂的納稅辦法時，發現了這一問題，於是按照行銷價格值百抽五，「並通令各局如該公司不允照向章納稅，即嚴行禁運，以示抵制，而促反省。」英美煙公司先「以省局齊錢局長往返函件為憑證，堅執已得利權不肯放棄，繼則請求增加折扣暨種種無理要挾，希圖延宕」。後見奉天財政廳始終堅持不肯退讓，該公司遂以英國駐奉總領事提出交涉，言辭激烈，大肆詰難，將事態升級為外交事件，「自此以後各國領署函電交涉，或目為破壞條約，或指為歧視外商，誹議橫加恫嚇備至」。〔註65〕

英國駐奉天總領事寶爾慈在給奉天省長翟文選的函件中說：奉天財政廳及交涉署與英美煙公司於 1923 年「協定一約，云奉天煙廠製造之煙捲須按原值抽納百分之五。自 1923 年該約成立後，煙稅均按該約抽納，向無爭執」。「乃新任財政廳長突然進犯該約滿意之條款，並陳述一特別見解，云該協約內所稱之原值價並非煙廠之價，係行銷之價，此價自然較煙廠之價大為昂貴」。英方認為奉天財政廳「約內所云係為賣價」的說法，「誠屬牽強附會，勒索強取」，並對奉天財政廳還「拒絕發與行銷證」的做法更為不滿，並聲稱「此等情況再繼續數日，該廠必須停工關閉。不但數百華工將貧苦無依，即奉天稅課亦將損失」大宗煙稅。英領還認為「如果該廳意為該約五年前之意義，應當另行解釋時，本應有一相當辦法提出詳解該約之案，以便雙方友誼斟酌的解決。」並指責奉方「而今毫無預告，竟要將履行五年之手續遽行改變，實乃魯莽難堪之舉。且對於奉天官憲，此等自露粗暴武斷之舉動，毫無友邦觀念，實施於一在中國最久且對於中國官商有利益之英商。」最後英領要求「貴省長幸

〔註65〕《關於奉天財政廳與英美煙公司交涉按值百抽五納稅的文件》（1929 年 1 月），遼寧省檔案館編：《奉系軍閥檔案史料彙編》⑧，南京：江蘇古籍出版社，1990 年，第 93 頁。

毋耽延，立查此案，並請至少亦須令飭發與英美煙公司行銷證，俾得進行營業暨恢復該約有秩序至相當之地步」。〔註66〕

收到英國駐奉天總領事函件後，翟文選非常重視，當即批示交奉天財政廳廳長張振鷺核辦。張振鷺隨後向翟文選說明了實際情況：「查本廳與英美煙公司前定納稅辦法內載，駐華英美煙公司在奉天所製造之煙銷售於東三省境內，無論商埠或內地，當按所值價格繳納值百抽五之稅」。「所謂銷售東三省境內按所值價格值百抽五，當然係指捲煙行銷價格而言，原協定中並無按照廠價字樣之規定。該總領事來函妄稱廠價，可謂毫無根據。並將『所值』改為『原值』，牽混意義，忍心昧理。」並認為「本廳之正當解釋」不是「特別見解」，英領純屬「口舌爭也」。對於「拒絕發與行銷證一節」，張振鷺認為英領「尤為昧於事理」，因該公司所製煙捲未能「承認遵照協定納稅」，財政廳才拒絕發照。對於英領指責「毫無預告竟將履行五年之手續遽行改變」一節，張認為「本廳依照協定認真收稅，純為本廳職權範圍以內之事，並非修改協定增加稅率，殊無預告之必要。再就從前言之，即使該商有少納或漏納稅款情事，亦只能認係一種貶價省稅不當利得，本廳不令照章補稅追究懲罰，實為對待友邦商人之厚意，絕不能據為抵抗協定之理由。」〔註67〕

瞭解實情後，奉天省長翟文選指令奉天交涉員依據1923年所簽訂的英美煙公司納稅辦法七條及附則五條，據理力爭。〔註68〕此後，「此案需時歷經數月之久，交涉經數十次之多」。最終因奉方寸步不讓，不予頒發行銷證且禁運禁售，英美煙公司在奉天各捲煙廠面臨停產風險的情況下，為了避免更大損失，「卒拋成見，履行原定納稅辦法」，「由民國十七年十一月一日起照售貨價之值百抽五繳納捐稅」。接到英美煙公司同意照章納稅的函件後，奉天財政廳立即訓令各縣稅捐局：「查該商等前按值百抽二五納稅，與原協定不合，當經

〔註66〕《英駐奉總領事竇爾慈為奉天財政廳拒發英美煙公司行銷證事致翟文選函》（1928年11月9日），遼寧省檔案館編：《奉系軍閥檔案史料彙編》⑦，南京：江蘇古籍出版社，1990年，第668頁。

〔註67〕《奉天財政廳為駁覆英領關於拒發英美煙公司行銷證等無理詰難致政務廳函》（1928年11月），遼寧省檔案館編：《奉系軍閥檔案史料彙編》⑦，南京：江蘇古籍出版社，1990年，第676頁。

〔註68〕1923年奉英雙方所簽訂的英美煙公司製造煙捲納稅辦法及附則，可詳見《奉天省長公署為駁覆英領非理責難附抄英美煙公司納稅辦法給奉天交涉員令》（1928年11月26日），遼寧省檔案館編：《奉系軍閥檔案史料彙編》⑦，南京：江蘇古籍出版社，1990年，第688～690頁。

本廳嚴加禁止，令按核實納稅在案。惟該商等堅不承認，迭經爭議，時逾兩月。今始就範，除呈報分行並令省城局遵照徵稅及發給運照外，合令各局一體查照。」而在英美煙公司納稅問題解決後，「其他中俄東亞各公司亦已照章納稅，和平解決所有」衝突，外商捲煙各公司原值百僅抽二五的納稅舊法基本廢除。〔註 69〕奉天財政廳及省長公署此種交涉做法，有理有據，既按照舊約徵稅不給西方列強以口實，又打擊了外商的偷稅漏稅行為，在增加奉天財政收入的同時，客觀上對民族煙草行業發展起到一定保護作用。

　　外商偷稅漏稅行為在捲煙行業常見，在其他行業也存在。比如火柴行業，當時全球實力最為強大的瑞典火柴公司在華建有火柴工廠和商行，在全國範圍內銷售火柴。其在東北銷售火柴時，就存在偷稅漏稅情況，被遼寧火柴同業聯合會舉報，遼寧財政廳訓令各縣稅捐局嚴查偷稅之瑞典火柴。據 1930 年 7 月遼寧火柴同業聯合會呈稱：「據駐營火柴批發處報稱，查滿鐵附屬地有大宗瑞典公司得保牌火柴，不貼特稅印花廉價出售，影響各公司出品銷路甚巨，又有將箱皮倒出改成包裹向附屬地外推銷，偷漏國稅，公私兩有損失。請嚴查重罰，以杜流弊。」據此，遼寧省財政廳訓令各稅捐局：「查瑞典火柴公司肆行侵略，國有營業瀕於危亡。鈞廳為保護國營火柴業頒行特稅辦法，火柴箱上黏貼印花以資限制，實行以來受惠良多。乃彼奸巧伎倆愈演愈奇，改箱為包零星出售，一面以避特稅，一面仍實行侵略，似此狼子野心亟應斷然制止，以保持特稅之效力而維我幼稚之實業。據此查瑞典火柴公司藉滿鐵用地為護符，零售火柴希圖省稅，如果實在，殊堪痛恨。令該局隨時注意嚴行堵截，查獲重罰，以儆效尤。」〔註 70〕

　　實際上，當時瑞典火柴大肆侵略東北，已經十數年時間。除了偷稅漏稅，低價傾軋，還曾企圖在遼寧直接投資設廠生產火柴，1929 年 3 月駐遼英總領事致函外交部遼寧交涉署稱：「茲據英商東三省瑞典國火柴公司總代表波蘭恩稟稱，現擬在本城商埠地創設一火柴製造廠。惟尚未覓得相當地點，俟勘有一定地址組設開辦時，再為函告。本總領事先行函請貴交涉員查照，即希轉

〔註 69〕　《關於奉天財政廳與英美煙公司交涉按值百抽五納稅的文件》（1929 年 1 月），遼寧省檔案館編：《奉系軍閥檔案史料彙編》⑧，南京：江蘇古籍出版社，1990 年，第 93 頁。

〔註 70〕　《訓令各稅捐局為瑞典火柴公司零售偷稅嚴查懲辦由》，《遼寧財政月刊》，1930 年第 49 期。

達該管商埠地方官員知照」。〔註71〕如果此事得逞則東北火柴業勢必面臨工廠倒閉或被瑞典火柴吞併之結局，為此奉天火柴同業聯合會曾多次上呈遼寧省政府，懇請阻止瑞典火柴公司在遼寧設廠。

在這些呈文中，奉天火柴同業聯合會對東三省火柴業的發展與現狀、內憂與外患、從前內部之聯合與東北地方官廳對其保護之經過均做了回顧與闡述，其主要陳述之重點有：第一，揭露瑞典火柴經濟侵略東北之行徑。1928年瑞典火柴公司「謀發展其勢力於我東省，設賬房於哈爾濱，任英人波蘭恩為東三省總代表。」近來「以瑞中洋行名義，設廠大連，製出得寶牌火柴，冒充國貨」，「發售奉營一帶」，「向中國火柴業開始攻擊」。〔註72〕「查瑞典火柴公司久存壟斷東亞火柴業之野心，如日本火柴業被其收買大半，至今朝野尚皆痛惡。該波蘭恩原以日人久彌田名義在附屬地設廠，關東廳、滿鐵領事各方面洞燭其奸，未准設立。無奈以籠絡手段收買〔東三省〕各公司股份，而各公司深明大體嚴予拒絕。近乃貶價售貨，以實行擠兌吾國火柴業，現已勢難支持，復巧計在遼設廠製造，野心益熾毫不顧忌。」1929年「7月間接江蘇火柴同業聯合會來函，稱已受瑞典公司擠兌，吾國火柴業業經呈准工商部轉令各省總商會調查壟斷及損失實況，以憑查禁。復於8月24日接准丹華火柴公司函，以瑞典公司貶價競賣收買華廠壟斷市場情形，前經電請工商部轉諮財政部徵收屯並稅，以保護吾國火柴業。」「是該公司侵略陰謀業已暴露，全國一致反對，波蘭恩此次設廠亟應嚴行阻止而免墜其計中。」〔註73〕

第二，瑞典火柴製造成本及售價較之我方均更低廉。瑞典火柴公司以瑞中洋行「利用合資名義，設東方火柴工廠於奉天、營口，由該行出資供料交華人出名辦理」。而據「該行說明書內稱，俟其東方火柴廠成立，火柴每箱5

〔註71〕《遼寧省會公安局局長白銘鎮為應否禁止瑞典火柴公司在商埠地設廠給遼寧省政府呈》，遼寧省檔案館：《奉系軍閥檔案史料彙編》⑧，南京：江蘇古籍出版社，1990年，第246頁。

〔註72〕《奉天火柴同業聯合會為請阻止瑞典火柴公司在遼寧設廠以保護奉天火柴工業給翟文選呈》，遼寧省檔案館編：《奉系軍閥檔案史料彙編》⑧，南京：江蘇古籍出版社，1990年，第242～244頁。《遼寧火柴同業聯合會給遼寧總商會呈》，遼寧省檔案館編：《奉系軍閥檔案史料彙編》⑧，南京：江蘇古籍出版社，1990年，第392～393頁。

〔註73〕《遼寧火柴同業聯合會為請阻止瑞典公司在商埠地假亞細亞煤油公司名義修建火柴廠給遼寧省政府呈》，遼寧省檔案館編：《奉系軍閥檔案史料彙編》⑨，南京：江蘇古籍出版社，1990年，第10頁。

元 5 角，即能銷售等語。現在我東省各公司所製火柴，每箱最低成本尚須 6 元左右，無論如何不能再行低廉」。「如該行預計價格，非惟與奉營各埠之成本相差懸殊，即吉林日商火柴向不納稅，原本特別低廉，亦難辦到。該東方火柴廠如果成立，結果我東省各火柴廠勢必全數荒閉，我東省火柴工業將為彼一家外商所捏奪。況該行野心純係經濟壓迫，倘不幸至我東省各工廠全因此而失業，彼必任意操縱壟斷」。〔註74〕

第三，外商在東北經商應遵守我國法律法令。「按諸國際法之通例，外國人在內國通商應服從所在地內國之一切法令與章程，吾奉前實業廳既有不准再設火柴工廠之明令於前，則瑞典火柴公司之代表人即應遵守勿違，何得再妄請設立工廠，致妨害吾國幼稚工業。且近世國際間之通商原以彼國投資者無礙於此國商情國情與經濟狀況為原則，查吾遼火柴產額已經供過於求，倘瑞典公司再行設廠製造，產額蓋形充滯，則吾遼火柴業之經濟狀況勢必發生劇烈變動。再國際私法及各國民法對於內外國商人向採權利平等主義，外國商人在內國者與內國商人應盡同一之義務，享受平等之待遇，吾遼既限制本國人不准在省境內再設火柴工廠，今又以同一之辦法限制瑞典公司之代表英人波蘭恩，正與內國人與外國人待遇平等之原則相符。」〔註75〕

第四，提出保護東北火柴行業之辦法。一是須統籌三省全局，因勢利導，先行籌設東三省火柴同業聯合會。二是減免火柴課稅。奉省各火柴公司所制國貨原納銷場稅，一道行銷省內概不重徵，1928 年 12 月底即行期滿，仍應准予展期，方能與外貨竟售。對於外貨之輸入，嚴令各稅局堵徵捐稅，免其暢銷。三是嗣後無論中外商人在東三省境內有呈請設立新火柴製造公司者，一律予以禁止。官廳既興以保護，更可實行監督，責成聯合會按照工本評定價格，逐月呈報以防壟斷，設工廠監察員隨時調查製造販賣火柴實在情形，俾免舞弊。四是指導民眾對外運動，喚起民眾注意，即設法宣傳阻止民眾不與瑞典火柴業工作，並購用國貨而預防將來經濟壓迫。〔註76〕

〔註74〕 《奉天火柴同業聯合會為請阻止瑞典火柴公司在遼寧設廠以保護奉天火柴工業給翟文選呈》，遼寧省檔案館編：《奉系軍閥檔案史料彙編》⑧，南京：江蘇古籍出版社，1990 年，第 242～244 頁。

〔註75〕 《遼寧火柴同業聯合會給遼寧總商會呈》，遼寧省檔案館編：《奉系軍閥檔案史料彙編》⑧，南京：江蘇古籍出版社，1990 年，第 392～393 頁。

〔註76〕 《奉天火柴同業聯合會為請阻止瑞典火柴公司在遼寧設廠以保護奉天火柴工業給翟文選呈》，遼寧省檔案館編：《奉系軍閥檔案史料彙編》⑧，南京：江蘇古籍出版社，1990 年，第 242～244 頁。

收到奉天火柴同業聯合會的呈文後，遼寧省政府對於瑞典火柴公司擬在瀋陽商埠地設廠一事非常重視，於1929年4月令遼寧交涉署會同農礦廳核議辦法，後又令該署廳會同遼寧總商會一起核議辦法。經過兩個月的研究，6月初該三部門將核議結果呈報省政府：「經職署會同廳會核議，咸以該公司代表英人波蘭恩恃有雄厚資本，侵略吾國火柴業，百計營謀在遼設廠，冀遂其壟斷之野心，除早已拒絕外，無論如何我官商決不任其設廠製造，以符成案」。〔註77〕隨後遼寧省政府將決議上呈東北政務委員會核示，7月初經東北政委會核議後指令遼寧省政府：「查東省火柴工廠林立，出品既已供過於求，自未便再准添設新廠。英商瑞典火柴公司擬在遼寧省城商埠地覓地設廠一案，應飭由交涉署向英領事具函聲明理由，阻其進行，一面分行商埠、公安兩局及總商會知照」。〔註78〕

直接建廠不成，瑞典火柴公司在1929年7月初假借亞細亞煤油公司建築倉庫名義修建火柴廠，企圖矇騙過關。遼寧火柴同業聯合會發現該情況後，揭穿其騙局：「波蘭恩知個人請求設廠必受批駁，乃在商埠地亞細亞煤油公司地皮假亞細亞煤油公司建築倉庫名義，呈請商埠局領得86號許可證，於7月1日開工，11月25日工竣。茲據惠臨火柴公司經理佟殿元報稱，8月17日前往瑞典公司買妥之亞細亞公司地皮，查看內有工人20餘名，運土搬石，如火柴工廠應設之烘燥室、女工廠、挾機部、賬房等均已規劃就緒，各部圍牆亦多砌起二三尺高，並非只限倉庫等語。查該地於去年冬季亞細亞公司已以四萬元代價賣給瑞典火柴公司，前領許可證仍用亞細亞公司名義，顯係存心蒙混，且所請許可僅建倉庫，而工程盡係製造火柴，規模亦與原報不符，狡詐伎倆誠屬可畏。」〔註79〕

對於瑞典火柴公司假借名義建廠之企圖，遼寧省政府遵從東北政委會前指令，令省城公安局派員前往勒令停工。而瑞典火柴公司仍不敢罷休，於1929年10月至12月又多次致函瀋陽商埠局，「呈請准予繼續開工建築」，而瀋陽

〔註77〕《劉鶴齡金恩祺王鏡寰等給遼寧省政府呈覆》，遼寧省檔案館編：《奉系軍閥檔案史料彙編》⑧，南京：江蘇古籍出版社，1990年，第395頁。

〔註78〕《東北政務委員會給遼寧省政府指令》（1929年7月），遼寧省檔案館編：《奉系軍閥檔案史料彙編》⑧，南京：江蘇古籍出版社，1990年，第396頁。

〔註79〕《遼寧火柴同業聯合會為請阻止瑞典公司在商埠地假亞細亞煤油公司名義修建火柴廠給遼寧省政府呈》，遼寧省檔案館編：《奉系軍閥檔案史料彙編》⑨，南京：江蘇古籍出版社，1990年，第10頁。

商埠局則以「此案既已遵奉鈞府明令查禁」，「無論如何自不能准予其建築」，進行駁覆。後因瑞典火柴公司始終不肯放棄，屢次來函「仍以因何不准見問」，「職局實不堪其擾，已於此次通知內聲明，此後關於同樣之來函不再作覆矣」。遼寧省政府則飭令省城公安局隨時查禁具報瑞典火柴公司有無強行建築情事。而據遼寧省城公安局局長白銘鎮報告，「瑞典火柴公司自前次勒令停止之後，並無私自建築工作情事」，並指令分局隨時查禁具報。〔註80〕最終在東三省官商共同努力和堅持下，瑞典火柴公司在瀋陽商埠地建廠的企圖破產。而隨著東三省火柴同業聯合會的建立，內部協調生產與銷售，共同對抗瑞典火柴，東北民族火柴業得以在曲折中發展。

三、徵收特稅與實行專賣

　　面對瑞典火柴公司的大舉入侵，東三省火柴同業數次呈請東北官廳保護，其提出的保護辦法也基本被東北政委會採納，如禁止瑞典火柴公司設廠、批准成立東三省火柴同業聯合會、還批准繼續按照銷場稅徵收辦法而減免課稅一年等。為了擴大稅源，同時保護東北火柴業，遼寧省政府於 1930 年 1 月制定並施行《遼寧省火柴特稅章程》。該章程規定：凡在遼寧省製造火柴及由外運入者，均照本章程徵收特稅。此項特稅以貼用印花徵收之，按照火柴箱數徵收，每箱貼一印花，收現洋 1 元 5 角。不論何種火柴，凡未貼此項印花者不准銷售。凡在遼寧省製造各種火柴，須於裝箱時購領印花，照章黏貼不得遺漏。凡由外輸入之火柴，一到指銷地點，即須購領印花按箱黏貼不得遺漏。違反本章程規定者，除責令補貼印花外，並處以五倍罰金。〔註81〕

　　該特稅章程「施行以來，凡在本省境內行銷各種火柴均經照章納稅，並未發現外商反抗情事，惟聞有暗行透漏拆毀大箱零包售賣希圖省稅者」。〔註82〕而該「希圖省稅者」即瑞典火柴公司，因該章程對其成本影響最大。因為雖然規定每箱「中外一律貼印花稅 1 元 5 角」，但由於東北政委會早已批准東

〔註80〕　《白銘鎮為報查禁瑞典火柴公司在商埠地建築火柴工廠情形給遼寧省政府呈》，遼寧省檔案館編：《奉系軍閥檔案史料彙編》⑨，南京：江蘇古籍出版社，1990 年，第 383 頁。

〔註81〕　《遼寧省火柴特稅章程》，遼寧省檔案館編：《奉系軍閥檔案史料彙編》⑨，南京：江蘇古籍出版社，1990 年，第 513 頁。

〔註82〕　《諮吉林財政廳為諮覆徵收火柴特稅辦法由》，《遼寧財政月刊》，1930 年第 50 期。

三省火柴業繼續按照銷場稅徵收辦法實行，所以「實際上華廠則只納稅洋 3
角」〔註83〕。按諸前文，瑞典火柴每箱在東北售價 5 元 5 角，而東北火柴每
箱售價最低 6 元左右，而加徵火柴特稅後，瑞典火柴每箱最低為 7 元，華商
火柴每箱最低為 6 元 3 角左右。所以才有前文所述瑞典火柴公司暗自拆箱零
售逃貼印花，而東北官廳則嚴查該公司偷漏稅之舉動。

　　當時瑞典火柴公司不僅試圖壟斷東北火柴市場，還企圖控制全中國的火
柴市場，平津、江浙滬等關內火柴主要產地均發生過瑞典火柴公司擠兌華商
事件。有鑑於此，關內各省火柴同業聯合會及全國火柴同業聯合會均向國民
政府呈文，歷陳保護民族火柴業意見，並請求制止瑞典火柴公司在內地設廠。
〔註84〕對於如何保護民族火柴業，1930 年南京國民政府曾研究實行火柴專賣
制度。「查我國火柴業受外商侵略一案」，經研究「以為根本救濟辦法，宜由
官商合作，試辦專賣制度，方足以防止外柴侵略，當經擬具火柴專賣施行原
則，提經行政會議議決通過原則，並飭妥籌詳細辦法。當以此項專賣制度，
在我國為首創之舉，與商人尤有密切關係，而各地情形容有不同，允宜廣事
諮詢，實地調查。即經令行全國火柴業聯合會及該會徵詢關於專賣意見，並
派本部設計委員徐祖善、主管科長王世鼎等分往滬、漢、平、津、遼寧、吉
林等處調查火柴市場及製造之狀況，外商壓迫之情形。」〔註85〕

　　而憑藉雄厚資本，通過借款取得該國火柴專賣權，以壟斷其市場，便是
瑞典火柴公司向歐亞美等洲各國進行擴張的主要方法之一。〔註86〕因此在南
京國民政府準備試行專賣之際，瑞典火柴公司乘機與南京國民政府接觸，企
圖以 500～2000 萬元貸款作為誘餌，換得其在中國 50 年的火柴專賣權。該消
息為香港報紙披露，引起全國火柴業的反對和輿論譁然，並在各方反對之下
此事最終不了了之，〔註87〕南京國民政府試行專賣政策也沒了下文。瑞典火
柴公司雖未取得中國火柴專賣權，南京國民政府的火柴專賣政策也就此夭
折，然而實行火柴專賣卻為東北應對瑞典火柴入侵提供了可選擇的方案。

〔註83〕《全國火柴業會議》，《工商半月刊》，1931 年第 2 期。
〔註84〕詳見《浙江火柴工會請願制止瑞典商設火柴廠》，《工商半月刊》，1929 年第
　　　　12 期；《全國火柴業會議》，《工商半月刊》，1931 年第 2 期。
〔註85〕《火柴專賣真相》，《工商半月刊》，1930 年第 23 期。
〔註86〕參見《稱霸世界之瑞典火柴業現況》，《時事月報》，1931 年第 4 卷合訂本。
〔註87〕中國日用化工協會火柴分會編：《中國火柴工業史》，北京：中國輕工業出版
　　　　社，2001 年，第 25 頁。

　　在遼寧省實行火柴特稅之後，東北政委會便令遼寧省研究火柴專賣事宜。1930 年 6 月，遼寧省財政廳擬具火柴專賣意見並附呈專賣條例呈省政府轉呈東北政委會核示。〔註 88〕到 8 月吉林省財政廳向遼寧省財政廳諮詢徵收火柴特稅辦法時，東北政委會對火柴專賣實行與否還尚未做出決定，遼寧省財政廳在諮覆中僅稱：「至由省專賣一節，聞東北政委會有此擬議，能否實行尚未可知。」〔註 89〕到了 10 月份，經過近四個月的研究，東北政委會就「擬設火柴專賣局一節准予試辦」，頒布《東北火柴專賣條例》，令遼吉黑熱四省政府遵行。而其「設立火柴專賣局進行辦法如下：（1）調查東省火柴工廠數目及名稱；（2）各工廠資本金額及開設地點；（3）每年銷售額數及暢銷何地，一俟查明後即行成立。」〔註 90〕經過各項前期準備後，決定於 1931 年 5 月 1 日正式實行火柴專賣。〔註 91〕

　　由遼寧省財政廳擬定經東北政委會核准的《東北火柴專賣條例》共 38 條，詳細規定了火柴的來源、配額原則、銷售程序、專賣價格、設火柴廠與出讓限制、稅收規定、製造火柴器械與材料管制、入境火柴限制及罰則等各方面內容。其主要內容如下：東北政務委員會在遼吉黑熱四省境內有火柴專賣權。為實行火柴專賣，東北政務委員會設立火柴專賣局主管火柴專賣事宜。在專賣局未設製造廠以前，得收買東北四省境內各火柴廠所製及輸入之火柴，並委華商火柴同業會承辦之。非專賣局所賣之火柴，不得在東北四省境內行銷及使用。各廠每年之製造火柴種類及數量，由專賣局按市場需要狀況為標準比例支配之。專賣局收買各廠製造火柴，分別貨色等差，按照成本價加給利益，得自百分之十至百分之二十作為收買價。專賣局收買境內火柴廠製造火柴，認為已足供給市場需要之時，對於外來進口火柴得拒絕收買。火柴專賣價格由專賣局核定呈報東北政委會備案，但比照收買價至多不得過百分之三十。整賣商以整箱為限，零賣商以整包零盒為限，均不得將貼有專賣印花之各種火柴箱包拆開改裝分售。整賣商及零賣商販賣火柴於專賣局規定專賣價格以外所得利益至多不得過百分之十。專賣印花，不論何種火柴，均按每百

〔註 88〕　《呈省政府為擬具火柴專賣意見附呈條例請鑒核轉呈文》，《遼寧財政月刊》，1930 年第 48 期。
〔註 89〕　《諮吉林財政廳為諮覆徵收火柴特稅辦法由》，《遼寧財政月刊》，1930 年第 50 期。
〔註 90〕　《東省擬設火柴專賣局》，《黑龍江財政月刊》，1931 年第 66 期。
〔註 91〕　《東北火柴專賣稅率》，《銀行週報》，1931 年第 17 號。

枚小盒貼印花二釐,其不足百枚者按百枚論,百枚以上不足二百枚者貼印花四釐,以此類推。進口火柴收買後,交指定之倉庫保管,按箱貼花,其黏貼額數,按內容包數枚數計之。凡在東北四省境內設立火柴製造廠,須經專賣局許可。火柴廠之許可設立,以其製造火柴為專賣局必須收買之數為限,如火柴產量已足供給市場需要之時,即不准添設新廠。火柴廠讓於他人時須經專賣局核准。完全華商設立之火柴廠不得讓於外國人。自專賣條例施行後,在東北四省境內如有私賣未貼印花之火柴,按下列情形分別處罰,並沒收其火柴:第一,火柴廠私賣者,照所查見私賣火柴之價格百倍處罰,並取消其製造權;第二,整賣商,照五十倍處罰;第三,零賣商,照二十倍處罰。〔註92〕

由該條例可知,東北火柴實行專賣,第一是產與銷分離,生產商僅能將火柴賣與專賣局而不准私自售賣;第二是生產實行配額,按市場需要由專賣局對各生產商劃分配額並進行調節;第三是生產與銷售利潤實行定額,專賣局的收購價與整賣零賣商的售價均有固定比例額度;第四是不准再新設火柴廠,以保證現有火柴廠正常生產;第四是華商火柴廠不准出讓與外商。這些措施顯然對保護東北民族火柴業具有巨大好處,首先瑞典火柴公司僅在東北有三家火柴廠,其生產又實行配額,而且不准其再建新廠,生產能力已固定;其次火柴利潤定額,專賣局按照成本價以固定比例加給利益,瑞典火柴即使成本在低廉也只能與東北火柴業一樣獲得同比例利潤。

然而仔細研究條例,我們又能發現火柴專賣在排斥外商火柴保護華商火柴業的同時,實際上獲利最大的還是官方,因為火柴專賣局在收取巨額印花稅的同時,還能獲得專賣價與收購價的巨大差額。與生產商和銷售商僅被允許獲利10%至20%相比,專賣局獲利則可達到30%,再加上印花稅〔註93〕,東北火柴專賣局獲利巨大。

四、適度減免捐稅

賦稅是財政收入的主要來源,對於擁有數十萬東北軍需要龐大軍費支出的張學良和東北政務委員會而言,賦稅自然是越多越好,這也是前文東北政務委員會整頓東北財政與金融以及遼寧財政廳對外商嚴查並切實執行值百抽

〔註92〕《東北火柴專賣條例》,《民政月刊》,1930年第14期;《東北火柴專賣條例》,《工商半月刊》,1931年第1期。

〔註93〕一箱火柴為2400盒,該條例規定印花稅為每小盒2釐,則一箱火柴需貼印花稅4.8元。

五納稅的原因。而為了保護和促進幼稚的東北民族工商業發展，且與外商爭奪利權，東北政委會在東北財政大局不致受到影響的情況下，在多個領域採取了適度減免捐稅的措施。

第一，減收鹽稅並裁撤安東和長春常關稅。奉軍與北伐軍戰爭期間，為了籌措軍費，奉系曾在鹽稅正稅外加徵附稅 4 元，導致鹽稅每擔達到 8 元，稅收沉重。奉軍撤回東北後，為了緩解民眾壓力，奉天省長翟文選提出減收鹽稅裁撤常關稅提案。對於減收鹽稅，該提案「擬辦法三項，一由正稅項下減去兩元，二將正稅附稅各減一元，三將附稅減去兩元，總以每擔減稅兩元為準，庶民力得紓」。對於裁撤常關稅，該提案說明：「民國十六年經安東關監督呈准設立常關，並將稅捐局徵收之糧貨船捐劃歸該關辦理，預計五十里外常稅每年可收現大洋七十餘萬元」。然而「綜計該關開辦常稅以來，經種種波折，所收五十里外常稅全年統計不過十六萬數千元，而支出經費則至十七萬三千餘元。該監督以地方多故，收數無多呈請將五十里外常關一律裁撤，業經照准在案。其五十里內應收常稅，據該關所報告每年不過十餘萬元。本此查核情形，此項稅收在公家所得無多而商民擔負未免太重，擬予一律裁撤，以紓民力，而示體恤。至長春常關現在正在籌設，與安東情事相同，擬請一併停辦」。「至糧貨船捐一項，維屬五十里內常稅性質，但商民負擔已久，非新設者可比，仍應撥歸稅捐局徵收，以符原案」。1928 年 9 月，經東北臨時保安委員會議決，鹽稅「每擔正稅附稅各減收現洋一元」，即鹽稅由 8 元降至 6 元；所有安東關五十里內應收常稅一律裁撤；長春關應即停辦；糧貨船捐仍撥歸稅捐局徵收。〔註 94〕東北易幟後，該項減稅裁關方案繼續實施並未改變。

第二，對東北華商火柴和窯瓷等實業繼續減徵捐稅。為救濟東北火柴業，早在 1926 年 12 月間曾由奉天財政廳「批准將各火柴公司製品按照銷場徵稅辦法，自十六年一月至十七年十二月展限兩年」。1928 年底，鑒於東北火柴業受到瑞典火柴公司入侵之實際情況，奉天財政廳決定按照銷場稅辦法「再准展緩一年，以示體恤，自十八年一月至十八年十二月止」，即在此期間華商火柴「在奉營兩稅局完納行銷省內，概不重徵」捐稅，而「逾期即照章繳納各

〔註 94〕　《奉天省長公署轉發張學良翟文選提及說明書》（1928 年 9 月），遼寧省檔案館編：《奉系軍閥檔案史料彙編》⑦，南京：江蘇古籍出版社，1990 年，第 528頁。

種捐稅」。〔註95〕1928年肇新窯業公司呈請免稅，為發展實業計經奉天財政廳批示「准免一年」。1929年9月該公司呈稱「公司規模宏大，耗費殊巨，為提倡實業抵制外貨計，所定出品價目特別低廉，損失尤屬不貲。若僅免稅一年即行遵章納稅，則發達無由，虧累堪虞，非僅不足以資抵制外貨，而熱心實業者勢必視為畏途，均裹足不前。查海城東華瓷器公司之小本營業尚有免稅三年特獎之例，公司資本在五十萬以上，年來調查原料、建築廠房、購置機器，經四年之久方才創成，計所投之資須十餘年後始能收回成本」，「懇仍按原請免稅五年」。經遼寧財政廳核查，「所稱各節尚屬實情，准予免稅五年，以資提倡，而示體恤。自十八年九月一日至二十三年八月底止，作為免稅期間，期滿仍應遵章納稅」。〔註96〕

第三，為了與日俄鐵路競爭，對北寧等鐵路運輸貨物減免捐稅。比如，山海關監督公署減輕常稅：貨物每十噸原收12元，改為不分種類每噸0.6元；大豆、豆油、豆餅每噸收稅0.45元；雜糧每噸收稅0.3元；營瀋和營通兩段鐵路一律辦理，並改善報關手續，自1930年2月16日實行。山海關常關附加二成善後經費免除，1930年4月1日實行。由齊克、四洮、洮昂等路經北寧鐵路過山海關至秦皇島出口之聯運糧食，所有溝幫子常關稅捐暫行豁免，山海關統稅減去七成，1930年6月起實行。〔註97〕

除了上述各項保護和發展民族工商業的舉措外，東北政務委員會也曾試圖制訂相關商業法規，規範東北商業行為，如遼寧省農礦廳曾擬定遼寧省公司及商業註冊暫行規則及附則等法規，希圖藉此督促商民依法註冊。但由於商民法律觀念甚淺，「呈請註冊者尚屬寥寥」。〔註98〕此外遼寧省政府還曾制定《贊助建設事業暫行獎勵章程》，對捐助資產及努力協助建設事業者進行獎勵，其獎勵包括立碑、立像、匾額、獎章及獎狀等，以此鼓勵商民贊助東北建設。〔註99〕東北工商實業法團亦曾提出實業與教育發展建

〔註95〕《奉天公報》，1929年1月1日第6006號，第5頁。

〔註96〕《訓令各稅局為免稅期短不足發展營業懇請再緩四年納稅由》，《遼寧財政月刊》，1929年第39期。

〔註97〕《東北鐵路現勢及我國鐵路政策》，《東方雜誌》，第27卷第19期。

〔註98〕《農礦廳劉鶴齡擬具遼寧省公司及商業註冊暫行規則等議案》，遼寧省檔案館編：《奉系軍閥檔案史料彙編》⑧，南京：江蘇古籍出版社，1990年，第493頁。

〔註99〕《遼寧省政府公布贊助建設事業暫行獎勵章程》，遼寧省檔案館編：《奉系軍閥檔案史料彙編》⑧，南京：江蘇古籍出版社，1990年，第499頁。

議，如盧廣績給奉天省長翟文選的條陳中提出了開發礦產、經營墾殖、注重沿海水產事業、農作物及畜牧改良、興建工廠、修築鐵路、建立工商專科學校、減免苛捐雜稅等建議。〔註100〕這些建議均屬綱要性質，要麼是東北當局正在實施者，如開發礦產早有東北礦務局、經營墾殖已有興安屯墾區、修築鐵路已有三大鐵路幹線和葫蘆島港計劃、減免捐稅也已經量力而行等，要麼是需要進行大量投資才能實施。這對於財政拮据的東北政務委員會而言，無論是繼續在已有各項舉措基礎上加大投入，還是另起爐灶推動其他工商實業發展，都無異於天方夜譚。所以對於此時的東北政務委員會而言，最佳的工商實業發展舉措是低成本發展工商之辦法或短期能夠獲得高收益的工商實業舉措，比如火柴專賣、鐵路增修與聯運及葫蘆島築港等。因此這些工商法規、獎勵章程和法團建議等，實際上對於東北工商業之發展所起效果微乎其微。

縱觀九一八事變之前，東北經濟發展仍屬緩慢與滯後。從 1931 年東北各省從事各職業人數及識字人數來分析，遼寧省除金縣外的 58 個縣，從事農業者 667.5 萬人，從事工業者 75.6 萬人，從事商業者 93.5 萬人，從事學界者 72.4 萬人，識字人數 539.8 萬人。吉林省從事農業者 244.7 萬人，從事工業者 116 萬人，從事商業者 25.7 萬人，從事學界者 38.9 萬人，識字人數 244.5 萬人。黑龍江從事農業者 148.7 萬人，從事工業者 14.6 萬人，從事商業者 18.2 萬人，從事學界者 18.6 萬人，識字人數 103.9 萬人。熱河省從事農業者 127 萬人，從事工業者 10.5 萬人，從事商業者 13.2 萬人，從事學界者 4.5 萬人，識字人數 47.6 萬人。〔註101〕通過對東北各職業人數統計分析，從事農業者約占 70%，從事工業者約占 13%，從事商業者約占 10%，從事學界者約占 6%。〔註102〕可見當時東北還是以農業為主，同時全東北識字人數還不足總人口半數，知識精英普遍匱乏，加之東北處於日蘇兩強夾縫中生存，其經濟發展難度更甚。

〔註100〕《盧廣績對關係東省興衰的實業與教育兩大問題給奉天省長翟文選的條陳》，遼寧省檔案館編：《奉系軍閥檔案史料彙編》⑨，南京：江蘇古籍出版社，1990 年，第 27 頁。

〔註101〕東北文化社年鑒編印處：《東北年鑒》，瀋陽：東北印刷局，1931 年，第 163～172 頁。

〔註102〕東北文化社年鑒編印處：《東北年鑒》，瀋陽：東北印刷局，1931 年，第 176 頁。

第四節　推行地方自治

一、試辦區自治

　　地方自治是國民黨建國理論的重要內容，在《國民政府建國大綱》中，對於國家建設如何從訓政步入憲政，孫中山有詳細的闡述，其主要內容即為地方自治。孫中山認為「縣為自治之單位，省立於中央與縣之間，以收聯絡之效」，「每縣開創自治之時，必須先規定全縣私有土地之價。其法由地主自報之，地方政府則照價徵稅，並可隨時照價收買。自此次報價之後，若土地因政治之改良，社會之進步而增價者，則其利益當為全縣人民所共享，而原主不得而私之。」「一完全自治之縣，其國民有直接選舉官員之權，有直接罷免官員之權，有直接創製法律之權，有直接復決法律之權」。「每縣地方自治政府成立後，得選國民代表一員，以組織代表會，參與中央政事。」「凡一省全數之縣皆達完全自治者，則為憲政開始時期，國民代表會得選舉省長，為本省自治之監督。至於該省內國家行政，則省長受中央之指揮。」〔註103〕同時對於中央與地方之關係，孫中山還主張既不偏於中央集權，也不偏於地方分權，而是在中央與省之間實行均權制度，即凡屬全國一致性質之各項權限，均歸由中央掌管；而凡屬一地一域性質之各項權限，則歸由地方各省掌管。〔註104〕

　　可見，在孫中山建國理論中，縣自治是地方自治的基礎，無縣自治的完成便無省自治的實現，更無憲政的開始。孫中山的自治理論是從建國的高度，提出以縣為自治單位，具有提綱挈領之意。而在具體實施地方自治時，面對從未受過任何「四權」訓練的民眾，縣自治又該以何處為起點，以何為單位，這便是南京國民政府成立後在推行地方自治時必須首先加以解決的問題。〔註105〕最終國民政府決定對縣制進行改革，於1928年9月頒布《縣組織法》，在縣下設區，區下設村裏，村下設閭鄰，並以村為自治的基本單位。1929年6月，南京國民政府修正《縣組織法》，規定區下設鄉鎮，鄉下設閭鄰，村裏與

〔註103〕《國民政府建國大綱》，中國國民黨黨史委員會編訂：《國父全集》第一冊，臺北：中央文物供應社，1981年，第752～753頁。

〔註104〕《國民政府建國大綱》，中國國民黨黨史委員會編訂：《國父全集》第一冊，臺北：中央文物供應社，1981年，第753頁。

〔註105〕有關討論可參見：《縣自治單位的討論》，《革命評論》，1928年第4期。

鄉鎮實際同級，僅是名稱不同而已，均以百戶以上為標準。〔註106〕

遼寧省「在民國12年間，即已施行區村制章程，頗為完密，只因區長程度問題，遂致滋生流弊，人民極為痛惡。」於是1928年11月遼寧省決定廢除區制，改革村制，未及實行改組而東北已然易幟。「原擬於省政府設村政處專辦其事」，東北易幟後「嗣經省委會議決改為民政廳附設村政研究委員會，業經釐定組織規則，由省委會通過，東北政委會核示，現已預擬村政大綱及各項規約」，〔註107〕準備擇期實行。所以雖然南京國民政府於1929年6月修正《縣組織法》和8月《區長訓練所條例》相繼頒布，但由於東北剛剛將區制廢除不久，故東北政務委員會對恢復區制及實行區自治頗為遲滯。加之中東路事件爆發，「彼時正值東北邊疆多事，本省冬防吃緊，當經省府決議暫行從緩辦理」，迨至1930年1月份間遼寧省民政廳「復以中俄交涉漸趨和平，地方亦日就安，應否即劃自治區並設區長訓練所以期造就人才呈奉省政府。令開區長人選極難，應先擇交通便利數縣試辦，俟有效果再行逐漸推行」。〔註108〕遼寧省所指定先行試辦之數縣「為第一期試辦自治及訓練區長縣份」，並規定「上列指定各縣辦理自治，暫以區自治為止，區以下仍按村制施行，所有鄉鎮閭鄰各自治統行從緩」。〔註109〕可見東北地方自治的實施方針為：有限度地試辦區自治，推行村自治，暫緩鄉鎮閭鄰制。

對於試辦區自治，遼寧省民政廳曾提議各縣自治區長擬暫委各縣公安局長兼充，但遼寧省政府未予採納，「經省政府討論以自治區長人選極難，應先擇交通便利二三縣試辦，俟有效果再行逐漸推行」，據此遼寧省民政廳擬定了《分期試辦自治及訓練區長辦法大綱》十條。〔註110〕按照該辦法大綱之規定，遼寧省「指定瀋陽、遼陽、錦縣、東豐、昌圖等五縣為第一期試辦自治及訓練區長縣份，俟有成績再行指定第二期試辦縣份。上列指定各縣所有試辦之自治區界應以從前區長制劃定之舊區界為準，如果有變更之必要得由縣另行劃定繪圖分呈。上列指定縣份由各縣長依部頒區長訓練所條例第十二至十四

〔註106〕該兩法詳見《國民政府公報》，1928年9月第92期；《國民政府公報》，1929年6月6日第184期。
〔註107〕《專件關於村政》，《民政月刊》，1929年第2期。
〔註108〕《呈內政部為具報本省辦理區長訓練所情形文》，《民政月刊》，1930年第10期。
〔註109〕《擬定分期試辦自治及訓練區長辦法大綱》，《民政月刊》，1930年第10期。
〔註110〕《呈省政府為籌議試辦自治及訓練區長辦法文》，《民政月刊》，1930年第10期。

各條所規定之資格及限制每區保送學員二人，限於七月一日以前來廳報到，聽候定期考試合格取錄入所訓練。」訓練期限依照條例定為三個月，訓練所學員膳宿各費照章由地方款支給，訓練所一切需用經費照條例由省庫支給。「訓練期滿後依縣組織法第三十三條之規定就考試合格人員由廳發回原送各該縣委充區長，同時設立區公所，並依區自治施行法辦理區自治。上列指定各縣辦理自治，暫以區自治為止，區以下仍按村制施行，所有鄉鎮閭鄰各自治統行從緩。」〔註111〕

如果「以從前區長制劃定之舊區界為準」作為試辦自治區界，那麼「擇二三縣試辦對於設所訓練區長一節，依照部訂條例每縣每區保送學員二人，統計人數只有 34 人，不能成為一班」，所以遼寧省民政廳所擬定的該辦法大綱才指定五縣，「係為多培自治人才節省訓練經費起見」。〔註112〕

為了做好第一期區長訓練，遼寧省還制訂了《第一期訓練自治區長施行辦法》，規定區長訓練所地點借用省會教育會，「訓練所組織按部章〔註113〕係分教務、訓育、事務三股，各設主任及股員、雇員、教員若干。茲擬刪繁就簡，將三股改為教務、事務兩股，每股設主任一人，股員一人，雇員二人，並聘教員四人。」〔註114〕區長訓練所「所長依區長訓練條例第五條規定由民政廳長兼任」，「本所辦公時間規定每日上午 8 時至 11 時，下午 1 時至 5 時」。〔註115〕

1930 年 7 月 10 日及 11 日，遼寧省民政廳舉行了區長訓練所入學考試。「先後舉行筆試口試，分派人員詳為評校，以平均分數滿 60 分者為合格，視分數之多少定名次之高低，其筆試或口試不及格者概不錄取。計瀋陽分劃 9 區，照區數加倍保送學員 18 名，錄取 13 名；遼陽、東豐兩縣均分劃 10 區，各保送 20 名，各錄取 14 名；錦縣、昌圖兩縣均分劃 8 區，各保送 16 名，各取 11 名。共取學員 63 名，定於本月 21 日開學授課」。〔註116〕而區長「訓練所課程，

〔註111〕《擬定分期試辦自治及訓練區長辦法大綱》，《民政月刊》，1930 年第 10 期。
〔註112〕《呈省政府為籌議試辦自治及訓練區長辦法文》，《民政月刊》，1930 年第 10 期。
〔註113〕1929 年 8 月 30 日內政部頒布《區長訓練所條例》，詳見《國民政府公報》，1929 年 10 月 16 日。
〔註114〕《擬定第一期訓練自治區長施行辦法》，《民政月刊》，1930 年第 10 期。
〔註115〕《遼寧省區長訓練所辦事細則》，《民政月刊》，1930 年第 10 期。
〔註116〕《呈省政府為區長訓練所開學日期暨經辦情形文》，《民政月刊》，1930 年第 11 期。

部章共 21 門」，遼寧省「擬擇其切要者 8 門講授，以期實用」，分別為：三民主義、實業書大要、統計學概要、地方自治實施法、現行地方自治制度、市政概要、本省現行法令、公文程序。〔註 117〕

　　經考試合格錄取入區長訓練所之學員共計 63 人，「每區保送 2 人，10 人取錄 7 人，其中 2 人為候補」，即「瀋陽縣取錄 13 名：李德新，楊久恩，趙賡霖，趙德英，黃紀元，郭永奉，關維屏，馬繼武，趙萬寶，陳家泰，馬殿文，曹景福，程昱啟；遼陽縣取錄 14 名：虞賡昌，郭中怡，張奎辰，梅香林，高元大，吳殿弼，王春桂，蘇震亨，姜文恩，許潤溥，成啟先，杜鳳芝，陳鳳翥，王雨峰；錦縣取錄 11 名：金玉庚，李守春，李有翼，周興武，周國恩，劉品清，叚師夏，魏占中，劉鶴年，李福臣，李漢章；昌圖縣取錄 11 名：王佐廷，劉延武，李孟春，郭樹枌，梁文玉，胡靖藩，王述忠，孫玉，張漢良，劉尊嚴，徐嶧陽；東豐縣取錄 14 名：劉明善，曾廣慶，李德新，劉國章，姚其昌，邱述勤，韓俊凌，李成之，趙應銓，馬常義，趙鍾，赫成德，烏玉海，鞏成祥」。〔註 118〕

二、推行村自治

　　對於各縣地方自治如何進行，地方政治如何刷新，遼寧省民政廳廳長陳文學決定於 1929 年 8 月 1 日召開遼寧各縣縣長行政會議，進行商討。「值此庶政革新之際，凡全省及各縣民政事項何者應興何者應革，亟應召集會議共謀整頓，茲定於 8 月 1 日開行政會議，各縣縣長均應如期來省與議。對於全省或各該縣關於民政範圍應行興革事項並應本其平日所見妥擬議案，先期呈送以憑編列議程。其各縣長如有特別情形未能晉省，准其委派該縣政府第一科科長代表到會，仍先期呈報備案。惟職廳關念邊政，所有長白、撫松、安圖、臨江、輯安、通化及瞻榆、突泉、洮安、鎮東、安東等十一縣縣長務應親身來省與議，藉詢邊情。至縣長應召來省，縣份所有職務應由縣政府第一科科長代拆代行，地方防務責成公安局長切實維持。」〔註 119〕

　　後來由於民政廳籌備村政研究委員會及中蘇關係緊張，故對行政會議之

〔註 117〕《擬定第一期訓練自治區長施行辦法》，《民政月刊》，1930 年第 10 期。
〔註 118〕《本廳第一次錄取區長題名》，《民政月刊》，1930 年第 10 期。
〔註 119〕《民政廳長陳文學為開各縣縣長行政會議共謀民政應行興革事項給遼寧省政府呈》，遼寧省檔案館編：《奉系軍閥檔案史料彙編》⑧，南京：江蘇古籍出版社，1990 年，第 511 頁。

會期一推再推，最後「展至 9 月 20 日舉行」。在行政會議開幕時，陳文學曾發表致詞對於召集此次會議的意圖進行了闡述：「現在我們東北的地方，政治設施，為全國所重視，亦且為世界所重視。是以中外各方面，先後都來參觀、考察我們。本省又向是東北首善之區，一舉一動吉江兩省都看著做榜樣。然而我們的政治設施，近年以來是否有顯著之進步，值得人家來觀察，做得人家的榜樣」？「我們現處黨治之下，講三民主義，是不是要先重民生，又當著訓政時期，要想政治上進步，是不是要先解除人民痛苦？目下人民所痛苦者，是不是不能聊生之匪患？這個答案，也毋庸在說了。」〔註 120〕可見易幟後國民黨對東北政治之巨大影響，「三民主義」與「黨治」、「訓政」等國民黨話語似乎一下子成了東北地方政治行為評價的準則。

此次行政會議共收到「提案 231 起，內除密案 5 起，正在請示，暫不發表外，其餘須呈候省政府核示者，計 17 起；當場通過應由職廳逕行飭縣照辦者，計 50 起；又當場否決撤銷者，計 30 案；其餘事關財政、教育、建設、農礦、司法、警務、交涉，應行諮請各該主管機關核辦者，計 129 案。」〔註 121〕其中有關村自治，民政廳提出「擬定本省村制大綱及各項村制章程案」：「查村政為民治基礎，關係地方至為重要。」「本廳自奉令籌設村政研究委員會以來，即經參照河北、山西兩省村製辦法，並體察本省從前區村制情形，斟酌損益，擬定村制大綱及各項村制簡章共 11 件」，「惟事關全省村制，特檢同各章則提付公決。」〔註 122〕交付此次行政會議研究討論的村制相關章程有：《遼寧省暫行村制大綱》，《遼寧省村公所章程》，《遼寧省村民會議章程》，《遼寧省村長副訓練章程》，《遼寧省村監察委員會章程》，《遼寧省村息訟會章程》，《遼寧省村公約章程》，《遼寧省村長副獎懲章程》，《遼寧省村長副待遇及保障章程》，《遼寧省各村攤款章程》，《遼寧省村長副村董選舉規則》。〔註 123〕

〔註 120〕遼寧省民政廳行政會議秘書處編：《遼寧省民政廳第一次行政會議紀要》，第一編，（無出版者），1930 年，第 12 頁。

〔註 121〕遼寧省民政廳行政會議秘書處編：《遼寧省民政廳第一次行政會議紀要》，第一編，（無出版者），1930 年，第 15 頁。

〔註 122〕《擬定本省村制大綱及各項村制章程案》，遼寧省民政廳行政會議秘書處編：《遼寧省民政廳第一次行政會議紀要》，第二編，（無出版者），1930 年，第 11 頁。

〔註 123〕此次會議提案及該法規詳見《民政廳行政會議議案一覽表》，遼寧省民政廳行政會議秘書處編：《遼寧省民政廳第一次行政會議紀要》，第二編，（無出版者），1930 年，第 10～80 頁。

此次會議議決通過的提案及各法規，呈遼寧省政府核准後公布施行。村自治各法規通過後，遼寧省民政廳隨後制定了村制施行程序時間表，並於 12 月末飭令各縣按期辦理村自治。

表 44：東北易幟後遼寧省各縣村自治實施時間表

事項	完成呈報日期	呈報時應注意之要點
劃村	1930 年 1 月 15 日	應說明全縣劃分若干村，是否按照舊日原村，如係更定並應述明更定原因及情形，並送簡明村界圖
召集村民會議	1930 年 1 月底	是否全縣各村一律成立，如未能一律成立是何原因
選舉村長副、村董	1930 年 1 月底	應附送村長副、村董人名表
成立村公所	1930 年 2 月 15 日	應造送各村公所執行村務人名冊
成立村監察委員會及息訟會	1930 年 2 月 15 日	應造送各村監察委員、息訟委員名冊
訓練村長副	1930 年 2 月底	應造送講演員及受訓練之村長副人名冊

資料來源：《村制施行程序期間表》，《民政月刊》，1930 年第 9 期。

通過遼寧省與南京國民政府村自治各法規的比較，我們可以看出，東北村制改革及村自治的推行與前述省縣制改革一樣，均具有遵照國民黨法規與東北地方特殊情形結合的特點。比如對於鄉村劃分標準，南京國民政府所制訂的《縣組織法》和《鄉鎮自治施行法》等法規規定「凡縣內百戶以上之鄉村地方為村，其不滿百戶者得聯合數村編為一村」；遼寧省所制訂之《遼寧省暫行村制大綱》等法規則規定「凡村內居民滿 300 戶以上者為獨立村，不足 300 戶者應聯合附近小村為一村，由縣指定戶口較多之村為主村」。〔註 124〕而村組織規模之所以不同，是因為易幟前遼寧實行區村制時，村長副均為義務職，沒有薪水，而此次村制改革村長副均為公職，有薪水，而東北各省鄉村較之江浙滬一帶要為貧窮得多，所以村規模只能擴大，否則村民負擔則太重。

對於鄉村居民大會參加資格，南京國民政府相關法規規定「中華民國人民無論男女在本鄉鎮區域內居住一年或有住所達二年以上，年滿 20 歲經宣誓

〔註 124〕 《縣組織法》，《國民政府公報》，1928 年 9 月第 92 期；《鄉鎮自治施行法》，《國民政府公報》，1929 年 9 月 19 日第 273 期；《遼寧省暫行村制大綱》，《東北政務委員會週刊》，1929 年第 32 期。

登記後為鄉鎮公民，有出席鄉民大會或鎮民大會及行使選舉、罷免、創制、復決之權。」而遼寧省相關法規之規定則為：「村內居民在 20 歲以上之男子均得參與村民會議」。〔註 125〕顯然二者對參加村民會議的村民資格之規定不同。關內各省戰亂頻繁，人口流動性強，而東北從 1905 年日俄戰爭之後便沒有大規模的戰亂發生，鄉村土著人口少且流動性差。所以國府有居住年限和登記鄉鎮公民的限制，而東北無此要求。此外國府規定參與村民大會男女不限，而東北則規定僅男子有資格與會議事，女子無此資格。可見東北還保留著濃厚的男尊女卑思想，與國民黨提倡男女平等的進步思想差距較大。

對於鄉村公所組織構成，南京國民政府法規規定鄉公所設鄉長副，附設監察委員會和調解委員會，〔註 126〕而遼寧省法規則規定村公所設村長副及村董，附設監察委員會和息訟會。其中主要的不同是遼寧省對村董的設置，而息訟會雖然與調解委員會名稱不同但職權基本相同。國府規定鄉下設閭鄰，並以鄉長副及閭長組織鄉務會議，而遼寧則尚無閭鄰之設置，故增設村董以補其缺，以完善村公所而利村務會議之進行。

遼寧省所實施之村自治主要內容有以下幾方面。第一，村自治組織，主要有村公所、村民會議、村監察委員會、村息訟會。每村組織村公所，設村長村副各 1 人，村董 5 人至 11 人，其聯合村數目較多者得增設村副 1 人。村長副及村董均由村民選舉之，任期二年，得連任，但村長副只准連任一次。〔註 127〕

村公所，是村自治執行機構。村公所「以村長副及村董組織之，村長副及村董均由村民會議選舉之，村長副選舉後呈縣加委，村董選定後呈縣備案」。村公所應設於「本村適宜地點建築，或租賃或就原有公會房屋及公共廟宇作為會議室及辦公室，門首懸掛木牌，書名某村村公所字樣，並應備黨旗國旗各一面，遇有慶祝例假開會時懸掛」。村公所直隸縣政府，受縣長監督指揮辦理下列事項：整理村界、會同警察調查戶口、籌辦保衛團、協助警察偵緝匪徒、報告盜案災款及外國人僑居調查並其他特別發生事項、查禁煙賭取締游民、提倡及整頓學務、發展實業、改良農田水利、備築鐵路橋梁、提倡種樹造林、辦理救濟事項、提倡種痘及衛生事項、禁止邪教巫覡、保存

〔註 125〕《鄉鎮自治施行法》，《國民政府公報》，1929 年 9 月 19 日第 273 期；《遼寧省暫行村制大綱》，《東北政務委員會週刊》，1929 年第 32 期。
〔註 126〕《鄉鎮自治施行法》，《國民政府公報》，1929 年 9 月 19 日第 273 期。
〔註 127〕《遼寧省暫行村制大綱》，《東北政務委員會週刊》，1929 年第 32 期。

古物古蹟、經理會產及因公攤款事宜、執行村民會議議決事項、宣布官廳命令、執行縣政府委辦及警區委託事項、幫同警察催徵課賦、其他關於各種公益事項。為辦理上述事項，村公所需召開村務會議，「由村長召集，每月開常會一次，村務會議須有村董三分之二以上出席方得開會，議事取決於多數，同數取決於主席」。村公所經費主要支出部分是村公所職員的薪金收入，各員薪金標準為：村長每月工資 12 至 20 元，村副每月工資 10 至 15 元，村公所雇員每月工資 8 至 10 元，村丁每月工資 4 至 10 元。村公所之各項經費由各縣政府按照各村繁華與否，以及事務之繁簡，在上述標準內製訂預算書，並由省民政廳和財政廳核准後，由村公所在各村按照土地數量進行攤款籌得。〔註 128〕

　　村民會議，是村自治決策機構。村內居民在 20 歲以上之男子均得參與村民會議，但有下列各款情形之一者不得參與會議：劣紳土豪營私舞弊欺壓鄉民確有實據者；販運吸食鴉片及其他毒品者；窩賭及賭博者；酗酒好鬥不務正業者；有精神病者；受禁治產宣告者；曾受刑事處分尚未復權者；經村民會議議決不准參與會議者。村民會議附設於公所內，議辦事項有：選舉村長副董及村監察委員和息訟會評議員、彈劾本村辦事人員失職事項、省縣法令規定應議事項、縣政府交議事項、監察委員會提交事項、議定及修改村公約事項、村長副提議事項、本村興革事項、村民 20 人以上之提議事項、村務會議提交事項。村民會議分常會和臨時會，常會每年 2 月間舉行一次，臨時會隨時由村長召集。村民會議議決事項以到會人過半數之同意決定之。〔註 129〕

　　村公約是村民應遵守之自治規則。村民均有遵守村公約之義務，村公約不得與現行法令牴觸，其範圍包括如下各事項：公眾安寧、公眾秩序、公共衛生、公共交通、公共清潔、一村風俗、其他一切應共同遵守或禁止之事項。村公約由村務會議議定，提出村民會議議決，呈縣查核。村民違反公約由村長副召集村務會議，多數議決，議處：停止參與村民會議權一次或二次；繳納 5 元以下 1 角以上之村公費；訓誡。村長副村董如與違反公約之人有牽涉，應迴避。村長副村董違反公約由村監察委員會報縣核辦。〔註 130〕

〔註 128〕《遼寧省村公所章程》，《東北政務委員會週刊》，1929 年第 39 期。
〔註 129〕《遼寧省村民會議章程》，《東北政務委員會週刊》，1929 年第 39 期。
〔註 130〕《遼寧省村公約章程》，《東北政務委員會週刊》，1929 年第 39 期。

村監察委員會，是村自治監察機構。村監察委員會附設於村公所內，由村民會議於村民中選舉監察委員 3 至 7 人組織之。監察委員為無給職，任期一年並可連任，但不得兼任村公所內其他職務。村監察委員會設首席檢查員一人，由監察委員互推之，呈縣備案。村監察委員會之職務為：監察村財政、監察村內辦公人員有無瀆職情事、受理村民 5 人以上之請求關於監察事項。該會每月開會一次，也可臨時召集，議事取決多數，同數取決首席。對於每月村長副報告花銷應詳加審核，連同其他監察情形報告於村民會議。〔註 131〕

村息訟會，是村自治爭端調解與評議機構。村息訟會附設村公所內，由村民會議選舉評議員 5 或 7 人組織之，並設首席評議員，評議員任期一年得連任，為無給職。村息訟會評議案件以民事為限，遇有村民請求評議事件，應由首席評議員於兩日內召集開會評議，評議期間至遲不得過 10 日。村息訟會評議案件取決多數，同數取決於首席。評議事件有涉評議員本身及同居親屬者，應迴避。兩村以上村民如有爭執事件由各該村評議員組臨時息訟會處理。〔註 132〕

第二，村長副之選舉、訓練與政治待遇保障。凡有資格參與村民會議之村民，均得為村長副董之選舉人。選票由縣政府印製，酌收工本費。村民在 25 歲以上，50 歲以下，具有下列資格之一者，可為村長副及村董之被選人：曾在中等學校畢業辦理行政職務在一年以上者；曾任地方公職或行政職務二年以上者；辦理地方公益確有成績者；品行端正家道殷實素孚鄉望者。但有下列情事之一者，不得為村長副及村董之被選人：武斷鄉曲欺壓善良確有實據者；侵吞公款確有實據者；品行不端弗齒鄉里者；曾受刑事處分未復公權者；沾染不良嗜好者；不通文義素無恆產者。〔註 133〕村長副董選舉時報請縣政府派員監視之。選舉設投票箱，採用記名投票，最多為村長，次多為村副，村董同日依法另票選舉。不能繕寫的村民選舉時，請明監視員認可，並指定某人代書，但代書人應問明本人意見不能武斷。各村監察委員會檢查員及息訟評議員之選舉亦適用本規則。〔註 134〕

村長副之訓練應設訓練所於縣政府所在地。村長訓練所設所長一人，由

〔註 131〕《遼寧省村監察委員會章程》，《東北政務委員會週刊》，1929 年第 39 期。
〔註 132〕《遼寧省村息訟會章程》，《東北政務委員會週刊》，1929 年第 39 期。
〔註 133〕《遼寧省暫行村制大綱》，《東北政務委員會週刊》，1929 年第 32 期。
〔註 134〕《遼寧省村長副董選舉規則》，《東北政務委員會週刊》，1929 年第 39 期。

縣長兼任，主任一人，演講員 5 至 7 人，由所長就各機關人員或當地士紳中聘委，均為義務職。而依據訓練章程，村長及村副的訓練有六個科目，第一個科目為「黨義三民主義」，與縣長區長訓練之首個科目相同，這是國民黨黨治體制在東北鄉村層面推行的體現；第二至第五個訓練科目則均與村自治密切相關，如「地方自治要義」和「村長副職務須知」兩科目是要讓村長副明瞭國民政府實行地方自治之意義所在和實施村自治過程中村長副應負之職責，「村制大綱及村制各項章則」和「與村政有關之現行法令」兩科目是要讓村長副熟知村自治有關之各項規章制度，「其他關於村內行政一切應有之常識」這一科目則是要培訓村長副作為最底層行政人員之施政能力。村長副訓練為期 40 日，村長村副分別進行輪訓，每日訓練 7 小時為限。訓練時膳宿等費，悉由村長副於應得薪費項下自行開支，每人並納學費 2 元，為印刷講義及一切設備之需，期滿後核實公布，有餘盡數發還，不足由縣地方公款項下酌予彌補。〔註135〕

村長副為一村之長，由易幟前之無給職轉變為村自治實施下有薪水之公職，也就意味著南京國民政府意圖將國家政權由縣延伸到鄉村。既然村長副成為南京國民政府黨治體制內最基層的一環，那麼村長副自然也要享受體制內應有的政治待遇，為此遼寧省制訂了村長副待遇及保障章程。該章程規定村民無正當事故不得在村長副辦公室圍集喧嘩，違者以妨害公務論。縣政府及各機關派下赴鄉之委員及各區警察隊官長對於村長副應以禮貌待遇接洽辦事，不得任意使喚以種種之輕慢。村長副遇有應辦事項赴縣陳述時，縣長應隨時接見，不得延遲輕慢，但村長副除陳述應辦事項外不得有所請託及干預職務外一切事項。村民呈控村長副，經縣長查有誣陷實據者，將原告人送交法院依法處辦。〔註136〕

此外，對於村長副之工作得失自然也要行考核，為此遼寧省制訂了村長副獎懲章程。該章程規定，村長副之獎勵分為給獎章、加薪、記功，記功三次者為一大功，記大功三次酌給獎章或加薪一次，加薪以原薪十分之一為限。有下列行為之村長副則行懲戒：玩忽職守、游民取締不力、盜匪通匪案件迭出、煙賭案件迭出、敷衍因循毫無成績者等等。懲戒則分為撤革、扣薪、記過，記過三次為一大過，大過三次扣薪一次，扣薪三次撤革，扣薪每次以原

〔註135〕《遼寧省村長副訓練章程》，《東北政務委員會週刊》，1929 年第 39 期。
〔註136〕《遼寧省村長副待遇及保障章程》，《東北政務委員會週刊》，1929 年第 39 期。

薪十分之一為限。對村長副之獎懲可以功過相抵，但有下列情形者，要依法懲辦：藉勢摧殘學校者、藉勢破壞公益者、藉勢包庇煙賭者、侵吞村會公款、賄賂或窩藏盜匪、其他違法行為。〔註137〕

第三，村自治經費。由於村監察委員、評議委員等均為無給職，所以村自治經費支出範圍僅有村長副、雇員及村丁之薪金以及村公所及各機構的日常辦公和臨時支出等費。村自治經費來自於村公產收入以及各村攤款，為此遼寧省特制訂了《遼寧省各村攤款章程》。該章程規定，各村用款應先盡本村公產收入項下開支，如公產收入不足或村無公款時，始得依本章程規定攤派之。攤款原則為按地攤派，應採屬地主義，以縣政府糧冊地數等為標準。地主自種者由地主擔負，招佃者如何擔負從其契約，無契約者依地方習慣。如村戶無地而有資財者得由村務會議議決酌量攤派。遇有全縣攤款時，除由商工各界擔負外，應按全縣地畝均攤，不得以村為單位，全區攤款時亦同。各村經常費用應於每年6月及12月各攤一次，其臨時用款隨時攤籌。未屆攤款時期以前，得按用款數目先行按戶預借，但須經村務會議議決。各村無論攤款及預借，均須由村公所製印收據加蓋村章，發給村戶以資證明。〔註138〕

三、村自治實施中的問題與原因

「查村制施行程序早於上年12月末核定通令，時逾半載，關於表列事項辦理完竣者，僅遼中、金川、遼源三縣。其餘各縣或僅報劃村、選舉或僅報成立村公所、訓練村長副等一二事，於表列原定事項均未完成，且辦理程序亦與原定多不相符。其遼陽、黑山、盤山、義縣、興城、錦西、柳河、岫岩、清原、康平、鎮東、雙山、突泉等13縣，自通令以來迄未將經辦詳情具報」。〔註139〕這便是1930年7月遼寧省民政廳對新村制推行半年來的總結。雖然東北村自治法規的制定已經兼顧了地方特殊情形，但在新村制推行中還是無法避免地遇到了諸多問題。

新村制推行中遇到的主要問題是劃並村屯的紛爭。由於劃並村屯牽涉地畝等村民切身利益，由此引發了眾多糾紛，有的告到省廳甚至還驚動了東北

〔註137〕《遼寧省村長副獎懲章程》，《東北政務委員會週刊》，1929年第39期。
〔註138〕《遼寧省各村攤款章程》，《東北政務委員會週刊》，1929年第39期。
〔註139〕《訓令瀋陽等三十一縣催辦新村制情形》，《民政月刊》，1930年第10期。

政委會。如撫順縣鮑家屯與二沖村〔註140〕爭奪台山堡一案。台山堡「向與五道沖聯村，辦事多年，並有槍械器物等項均係公共所買」，該縣劃村時卻將該堡劃分予鮑家屯。而台山堡村民認為「如果民村劃歸鮑家屯所有，公購物品實難分劈，無論如何民村不能歸鮑家屯」，由此產生糾紛。先是「五道沖到縣呈請將台山堡仍歸該村」，其結果該縣「竟將台山堡復劃歸五道沖」。鮑家屯村因此不滿，認為「民村原劃入台山堡，時係經李前分局長首倡，當經發票選舉結有六村公約」，且「就民村之戶數總計為315戶，土地為4090畝，並有財政局商租與日韓土地700餘畝，較之五道沖戶數地畝均屬相差」，所以呈請縣政府仍將台山堡劃歸鮑家屯。而二沖村則覆稱：「自去歲劃村時，原擬以太平溝劃歸民村，台山堡劃歸鮑家屯，當場表決。後太平溝反悔，回公家寨子村。而民村太平溝未得，台山堡復失，遂具呈縣政府請將台山堡仍歸原村」，而「全村計共有土地670餘畝〔註141〕，戶數共420餘戶」，並不比鮑家屯村戶數多出多少。雙方各執一詞，對此紛爭，撫順縣擬定的解決辦法是：「查台山堡劃歸下頭沖原村時，曾經令該管分局查明，論地論戶均屬適宜，且鮑家屯已有戶口330戶之多，按照規定並非不足成村」，且「台山堡村民亦不願劃歸他村」，所以鮑家屯村「自無強求台山堡聯合之必要」，決議仍將台山堡劃歸二沖村。〔註142〕該案便是經東北政委會訓令遼寧省政府飭令撫順縣核查處理的，最終不得不以尊重民意，維持原有區劃而收場。

再如岫岩縣花紅峪村民以劃村不當呈請重行劃分一案。「花紅峪扼鳳海要衝，商鋪較繁，儼然鄉村一小集鎮」，並設有郵局和警察，「況花紅峪興隆會成立至今，已垂四百餘年」，而大桃溝和黑峪兩村則較之花紅峪貧窮得多。但岫岩縣在劃村時卻「不審地勢、不納輿情，強令大桃溝、黑峪、花紅峪三村合併兩村，將花紅峪瓜分與大桃溝、黑峪兩村」，這讓花紅峪村民非常不滿，於是上呈遼寧省民政廳請求「轉飭該縣重行區劃，將大桃溝或黑峪劃歸花紅峪，不然三村獨立辦事，以順輿情。」〔註143〕

各縣頻發劃村糾紛的主要原因，是各縣在具體施行劃村過程中，沒有尊

〔註140〕該案中「五道沖」、「下頭沖村」、「二沖村」均指同一個聯村，以二沖村指代。

〔註141〕該畝數有誤，疑因印刷排版疏漏，似應為6700餘畝。

〔註142〕《呈省政府為具報查明撫順縣民李春文等控告徐文彬破壞村制一案情形文》，《民政月刊》，1930年第11期。

〔註143〕《訓令岫岩縣為據該縣村民呈以劃村不當請重行劃分一案》，《民政月刊》，1930年第13期。

重民意民俗，而是按主觀意圖強行分拆部分原有村落人口地畝併入他村，營口縣甚至發生劃村「限定非 300 戶以上 400 戶以下不可」之事。遼寧民政廳查究此因後飭令各縣，要求對於劃並村屯要採取因地制宜之方法：村制大綱「規定 300 戶以上為獨立村一節，原為減輕人民負擔起見，所定戶數不過大概標準，並非限定每村必在 300 戶以上若干戶以下不可。各縣實行劃村時自應斟酌當地情形，體察立法本意，總以不背習慣、不違輿論及求地勢上種種便利為歸宿。如某村在習慣及地勢上果有應成獨立村情形，則雖不及 300 戶或超過 300 戶一倍以上，亦未始不可劃定為一村，固不必拘泥定章，致違民意也。」〔註 144〕

　　而各縣在劃村中之所以沒有因地制宜，一個重要因素便是東北鄉村教育落後村長副人選困難。比如村制大綱中明確規定了遼寧省各村長副候選人應有之資格為中等學校畢業，但在 1920 年代末民眾教育水平普遍較低的東北，中等學校畢業的資歷已經完全可以勝任諸如縣屬科長科員等縣佐治人員了。所以在鄉村尤其偏僻地域之鄉村想要尋覓中等學校畢業的村長副人選，無異於大海撈針。早在遼寧省民政廳召集第一次行政會議時，便有邊縣縣長提出村長難選問題，如臨江縣縣長提出《邊縣村長難選應如何辦理案》，稱「邊縣地廣偏僻，文化晚進」，「鄉僻人民識字者極少，間有文理通順之人，非腦筋腐舊，即品行不端。對於村長人選，萬分為難」。〔註 145〕這一客觀問題當時並未引起民政廳重視，僅以「應遵照村政章程辦理」加以敷衍。而在新村制實施中村長人選問題果然暴露出來，並引起了諸多劃村問題。如輯安縣「山嶺重疊、戶口稀少」，且鄉村「讀書識字之人口百不一二，故村長、村董各會會員之人選頗感困難」，於是在村制施行後，放大村界，將原來全縣 54 村更定為 16 村。對此，遼寧省民政廳認為該縣放大村界之舉「所擬未妥」，並擬定整改和補救方法：「該縣村民總數 2 萬餘戶，若照原設 54 村規劃，每村仍足 400 餘戶，尚覺易於治理。至村長副資格，如果實無相當者，不妨酌量變通降格，以求一面照章訓練，以資造就。」〔註 146〕

　　當然如前文所述，在遼寧省村自治法規中是有專門對村長副進行訓練之

〔註 144〕《呈省政府為通飭各縣對於劃並村屯應因地制宜以利進行文》，《民政月刊》，1930 年第 10 期。

〔註 145〕《邊縣村長難選應如何辦理案》，遼寧省民政廳行政會議秘書處編：《遼寧省民政廳第一次行政會議紀要》，第二編，（無出版者），1930 年，第 75 頁。

〔註 146〕《呈省政府為據輯安縣呈報更定村界情形文》，《民政月刊》，1930 年第 10 期。

章程的，而訓練科目除了前述六科外，1930 年遼寧省政府為了促進鄉村農業發展又補增了「農村及農業改進問題」這一訓練科目。〔註147〕但由於很多縣降格選拔村長副，這些初識文字甚至目不識丁者僅通過短短 40 天的集中訓練，顯然無法真正領會國民黨黨義及各項專門知識，很難達到指導村民充分訓練「四權」之目的，村自治恐將流於形式，而鄉村社會組織政權化傾向恐將加劇。

　　新村制實施中遇到的另一個重要問題是村公費的來源與支配。在新村制實施中，「印製選舉票紙，辦理各村選舉派員監察應需川資食宿暨發村公所圖記」，均「需款為數不少，將來係歸何項抵補」，洮安縣長曾就此事請示省政府。對此，遼寧省民政廳擬就辦法：「村長副村董選舉章程第二條第二款對於印製選舉票紙，業經規定得由縣酌收工本費用。辦理圖記一項，每顆需款應飭各該村公所攤繳。至監察員一項可派就近公安分局或分所人員前往監視，以資便捷，自無另開川資。惟應用飯食准由選舉村供給，在併入村花銷內分攤，但以普通飯食為限，不得需索美食，致滋苛擾。」〔註148〕

　　對於各村攤款，民政廳早已制定了攤款章程，少數富裕村屯有村公產收入，還可以少量攤派以資彌補，而大部分貧苦鄉村村公費來源只能依靠村民攤款。雖然攤款章程中規定是「按地攤派」，但這實際上仍然無法減輕村民的負擔。因為按地攤派的實質僅是保證攤款能順利地得以收繳，而當時東北鄉村是以壯勞力為分地原則，孩童與老弱病殘者無地，所以按地攤派其實也是按戶攤派，只不過地多者多攤，地少者少派而已。

　　對於村財政，雖然有村監察委員會進行監督，但由於是「無給職」，其對村長副使用村公費情況很難限制。而在村制改革中發生諸多劃村紛爭，使大量村公費充作村長副訴訟費，而村民呈控又需各該村按地攤派，既增加村民負擔又使縣政府纏訟不止。鐵嶺縣發現該問題後向遼寧省政府呈報所擬定之涉訟花費限制辦法，並被遼寧省民政廳所採納。該辦法主要內容為：一，各村長副如因花戶擾鬧會務、抗納會款，可請由該區鄉農會轉請縣政府專案究辦；如係因公訴訟非親身到縣不可者，所有川資旅費及一切正當花銷亦應撙節支用，事畢詳開清單連同單據回村報由村監察委員會公同核實而後報銷。

〔註147〕《諮農礦廳為奉令訓練村長副科目內增加農村及農業改進問題請核定課本》，《民政月刊》，1930 年第 10 期。

〔註148〕《呈省政府為核飭洮安縣辦理村制事項花費如何抵補一案》，《民政月刊》，1930 年第 10 期。

二，各村花戶來縣呈控村長副時，所有旅費及一切花銷無論訴訟勝敗概須原告人自備，不准回村按地攤派；且如原告花戶理曲，所有村長副一切花銷都須由原告人賠償。〔註149〕

該辦法雖然以預防耗費公款、減輕村民負擔為出發點，但制定辦法之取向卻是袒村長抑村民，其對村長副公款報銷之限制力度如何便可想而知了。雖然該法可以有效打擊少數劣戶訟棍假公濟私行為〔註150〕，但同時也無辜地打擊了大部分樸實理直的村民。因為呈控村長副侵吞公款等劣跡，維護的是全村村民的共同利益，對於貧苦村民而言由全村攤款並不為過，而該法卻將全村之公事強行化為呈控者之私事，增加其訴訟成本，必然打擊其揭發村長副劣跡的積極性。而揭發渠道受阻後，村長副侵吞公款行為又無法單靠村監察委員會抑制，該辦法防耗費、減負擔的初衷也就自然無法真正實現。

面對在新村制實施中遇到的諸多問題，遼寧省不得不將村制大綱及各章程進行變通，緩行新制：「查新法，分割各自治區域一節，實行各級自治，首重人才之訓練及智識之普遍，本省各縣自治人才現在尚缺乏，遽議舉辦恐利未見而害先隨之」，尤其「現在各縣因劃並村莊、選舉村長、支配村費辦理未善，爭議迭起，呈控之案不一而足」。「再舉辦村政，人才經費均為要著，村長應如何訓練選委使其程度提高，村費應如何統籌減輕人民負擔，必此數者首先規劃妥協準備完全，然後方克舉行，實行日期不能過於迫促，致有欲速不達之虞。」〔註151〕

1930 年 8 月，遼寧省民政廳對已辦理新村制八個月之久的各縣進行考核，並限令於 9 月 1 日前必須辦理完成，而此時早已超出村制實施程序時間表規定的期限達半年之久了。「查新村制自頒布以來已八月有餘」，「至今日關於表列事項辦理完成者僅有遼中、綏中、安圖、輝南、金川、洮南、遼源、安廣、東豐、臨江、義縣、新賓等 12 縣。其餘多未完成，尤以黑山、盤山、錦西、岫岩、鎮東、雙山等六縣已否舉辦竟無隻字具報。就各該縣辦理情形分別酌

〔註149〕《呈省政府為核飭鐵嶺縣擬定限制各村涉訴訟花銷辦法文》，《民政月刊》，1930 年第 10 期。

〔註150〕當時東北鄉村多有以訴訟謀私利者，如遼陽縣民夏萬好「性好訴訟，鄉里有此莠民實為害群之馬，其捏陷已構成刑事罪名，依法送交法院查辦。」詳見《呈省政府為據遼陽縣查明民人夏萬好控村長姜文愈挾嫌陷害縣長偏聽擅押一案情形文》，《民政月刊》，1930 年第 9 期。

〔註151〕《呈省政府為遵令核覆各縣劃並村莊選舉村長支配村費各節業經妥擬辦法另呈文》，《民政月刊》，1930 年第 10 期。

加獎懲，以重村政而儆疲頑。查核已完成之遼中等 12 縣傳令嘉獎，已辦未完之瀋陽、遼陽、營口、海城、蓋平、鐵嶺、開原、西豐、西安、錦縣、新民、北鎮、興城、臺安、復縣、安東、興城、寬緬、通化、桓仁、輯安、長白、撫松、撫順、本溪、海龍、柳河、莊河、清原、昌圖、懷德、開通、梨樹、康平」等 40 餘縣，「雖據呈報進行，惟迄未辦理完竣，殊嫌遲延，姑先從寬申斥，以示薄懲。至始終未報之黑山等 6 縣，漠視功令玩忽要政，各予記過一次，照章扣俸，以示懲戒。以上已辦未完及未報告各縣，無論現在已辦至如何程度，均限於 9 月 1 日前一律按照前發程序表克速辦理完成，倘再逾延定予呈請從嚴懲處。」〔註 152〕

　　本來預計兩個月完成的村制，結果八個月尚未最後辦竣，可見即便是考慮了東北特殊情形而制定的村自治法規，仍然無法完全適應東北的情況，說明國民黨以其實際控制的江南各省為藍本制定的法律法規還不具有全國普遍性，東北地方政治制度的國民黨化顯然只能是掛羊頭賣狗肉，以國民黨法規為外衣，以東北舊有習慣法為內容，即東北地方政治制度的發展方向，實際仍處在東北政委會的掌握之中。

第五節　強化治安與維持社會穩定

　　從 1916 年張作霖將東三省均納入奉系勢力範圍以來，東北就再未發生過大規模戰爭，即便是 1925 年底郭松齡反奉也不過是月餘便告結束。雖然少有兵事滋擾，但東北地廣人稀山嶺林密，土匪卻眾多，所以張作霖統治東三省時屢次派兵收繳土匪，並在土匪較多之地方設置鎮守使領軍一團或二團，維持地方秩序。易幟後雖然大股土匪已然絕跡，但小股土匪仍有出沒，所以東北政務委員會及東三省政府仍以維持地方社會穩定為己任，採取多種措施，一面加強社會治安，一面設法減少破產農民並安置破產農民墾荒，以減少社會不安定因素。

一、強化社會治安

　　地方治安除了由省縣各級公安局負責外，東北各省施行了多項防範匪患之法規，並設置了專門維持地方治安的聯村自衛團等組織。

〔註 152〕《訓令各縣為遵令考核各縣辦理新村制情形酌加獎懲一案》，《民政月刊》，1930 年第 11 期。

第一，施行南京國民政府所制訂之《懲治盜匪暫行條例及綁匪條例》。1929年 2 月，遼寧省政府接到南京國民政府頒發施行的這兩個條例。經遼寧省政府內研究議決「嗣後各縣盜匪案件應由兼任清鄉專辦之縣知事，依照國府新頒懲治盜匪暫行條例審實後報由高等法院核轉並分報清鄉局備查，以符法令，而昭慎重。再現在懲治盜匪既已改用國府新法，本省從前頒行清鄉章程自難完全適用，應由高等法院會同公安管理處查酌修改呈候核奪」，[註153]並訓令省會、營口、安東各公安局，各縣知事，高等法院，公安管理處抄發兩條例，刊發布告，令商民周知。

《懲治盜匪暫行條例及綁匪條例》懲處極其嚴厲，凡有下列行為之一者處以死刑：擄人勒贖者；意圖詐財而留爆裂物或恐嚇信致人受損害者；意圖擾害公安而製造收藏或攜帶爆裂物者；聚眾掠奪公署之兵器彈藥船艦錢糧及其他軍需品或公然佔據軍用地者；嘯聚山澤抗拒官兵者；煽惑人心擾害公安而起暴動者；潰兵遊勇結夥搶劫或擾害公安者；私梟聚眾持械拒捕者；結合大幫肆行搶劫者；持械劫囚者；因人聚眾以強暴脅迫脫逃之首魁及教唆者；行劫而故意殺人或傷人致死者或致篤疾或傷害二人以上者；聚眾搶劫而執持槍械者；在海上行劫者；於盜所強姦婦女者；放火燒毀城鎮房屋、各種倉庫等他人所有物者。綁匪無論正犯、從犯還是教唆犯均處死刑。凡有下列情形均以綁匪論處：代綁匪向被綁之戶通訊或過付金錢取贖者；包庇窩藏綁匪或恐嚇設局誘禁勒贖者。凡被綁者之戶主或負責人秘而不報，或既報請官署偵緝後仍與綁匪秘密接洽，以金錢取贖而不將其取贖經過情形報告官署者，處一年以上五年以下有期徒刑。[註154]

第二，實行清鄉與互保。1929 年 4 月，因「本省從前清鄉章程與國府現頒懲治盜匪暫行條例之規定諸多不合」，經「高等法院會同公安管理處查酌修改」，並經遼寧省政府議決通過《遼寧全省清鄉暫行章程》。該章程共計 27 條，主要內容：為消弭匪患保衛地方，所有清鄉事務責成由全省公安管理處督飭所屬負責辦理。公安管理處及各縣政府對於新頒懲治盜匪暫行條例及懲治綁匪條例所列各匪督飭警隊剿捕，遇必要時得函請駐軍協剿。盜匪或綁匪案件各匪被捕獲後經預訊取得草供後，要移交該管司法機關審理，並呈報上級官

〔註153〕《關於制定懲治盜匪條例的文件》（1929 年 2 月），遼寧省檔案館編：《奉系軍閥檔案史料彙編》⑧，南京：江蘇古籍出版社，1990 年，第 151 頁。
〔註154〕《關於制定懲治盜匪條例的文件》（1929 年 2 月），遼寧省檔案館編：《奉系軍閥檔案史料彙編》⑧，南京：江蘇古籍出版社，1990 年，第 152～153 頁。

廳備查。兼理司法之各縣長及各司法機關審理各匪判處死刑時，應按照條例規定附具全案呈由高等法院院長加具意見報省政府核示判決。所捕獲各匪如係現役軍人，應交該管高級軍官依法審理。各縣公安局編查戶口，屬行互保，取締游民，調驗私槍。清查戶口時於戶內發現生事游民時送交教養工廠訓練，並對該戶科以 5 元以上 30 元以下罰款。〔註 155〕

　　該年 8 月《遼寧全省施行清鄉互保章程》制訂並公布，作為上述清鄉暫行章程中村民互保之規則。該互保章程 18 條，意圖通過讓村民互保的方式隔絕與各種土匪盜匪之聯繫，主要內容有：凡現在居住各縣之人民，無論祖居寄居，非取具鄰右六戶以至十戶之互保不得於本縣境內居住。互保以十戶為限，如不滿五戶併入鄰保，其滿六戶以上者得自相互保。互保各戶內有下列違法行為之一者，其餘各戶應負有報告責任：為盜匪行為者；有通窩濟匪行為者；有勾結匪類嫌疑者；私造私藏私運軍器爆裂物及危險物者；設賭吸煙及販賣違禁物者；誘惑群眾意圖不軌者；勾結外國人為不利於國家或個人之行為者；身無正業有擾害公安之虞者；土豪劣紳武斷鄉里者；違背刑法或其他法令之規定認為犯罪及有犯罪嫌疑者。互保各戶知情不報者，處於 300 元以下 10 元以上之罰款，無力完納者每一元折合拘役一日。所有罰款以四成充賞原辦人，以五成留存縣政府辦理清鄉經費，其餘一成呈解公安管理處。〔註 156〕

　　第三，建立聯村自衛團。除了上述各項辦法外，為了對抗匪患，遼寧省還建立各縣聯村自衛團，實行村民自衛，並制訂了《遼寧省各縣聯村自衛團暫行組織章程》。該章程規定，為人民自衛並互衛起見，各縣組織聯村自衛團，目的在於補助警隊防剿匪患排除危害。各縣聯村自衛團以村為單位，應由本村抽選民丁限一月內編制完成。每村民丁無定額，凡本村人民在 18 歲以上 50 歲以下，身無疾病，無其他公職之男子，皆有充當民丁之義務，其非本村人民在本村雇工者亦同。五百戶以上之村三分之一，千戶以上之村四分之一為最低額數，均以本村壯丁及在本村雇工壯丁輪流充之。聯村自衛團於所在地應負之責任：甲，水火災變應消滅之；乙，潰兵或盜匪入村及暴徒聚眾擾害治安者應剿除之；丙，嚴禁游民，「即村居之家無恆產身無正業者」；丁，嚴

〔註 155〕　《遼寧省政府刊發經修正議決的遼寧全省清鄉暫行章程》，遼寧省檔案館編：《奉系軍閥檔案史料彙編》⑧，南京：江蘇古籍出版社，1990 年，第 348 頁。
〔註 156〕　《遼寧全省施行清鄉互保章程》，《東北政務委員會週刊》，1929 年第 24 期。

厲盤查行旅,「凡有不識之人經過各本村須嚴查其來去及職業,疑則送辦」;戊,執行縣長公安局長分局長隊長關於防剿匪患排除危害之命令;己,執行鄰縣或鄰村緊急之請求。民丁使用之槍械由村自備之。遇有匪警時村長副及十家長應依下列三方法處理:一,迅鳴鐘或鑼示警;二,督同民丁急馳抵禦;三,馳報就近警察區所及公安隊。凡警報相聞之村聞他村有警須立即齊集赴援,其相距較遠者得以轉牌書明匪數地點時期遞相傳送。聯村自衛團民丁有事則聚,無事則散,不得常住於一定處所。〔註 157〕

　　第四,設立省縣清鄉局。實行清鄉,雖由省政府責令全省公安管理處負責,並由司法機關審理,但公安管理處並非僅限清鄉一項事務,且東北地方司法機關並不健全。清鄉一事由多部門合辦,勢必效率緩慢,所以為了更好地貫徹清鄉事宜,1929 年 11 月東北政委會轉發遼寧省省縣清鄉局組織規程及辦事細則給各省政府,訓令各省一體遵照執行建立省縣清鄉局以總覽其事。東北政委會認為遼寧省政府所擬清鄉局組織規程「雖視中央條例略有變通,按之東北現時情形頗屬適當」,「東北四省事同一體,辦法自應從同」。依據《遼寧省清鄉總局組織規程》之規定,清鄉總局設局長一員,由省政府主席兼任;副局長二員,由民政廳長及警務處長兼任;事務主任一員,由局長遴選有法律學識及經驗者充之。清鄉總局分設兩處:審判處,審核各縣清鄉局呈送盜匪案件;行政處,辦理局內一切行政事務。審判處設處長一人,正副審判員各二人,審核所有清鄉案件。審判處處長及正副審判員需有任法官三年以上經驗。行政處設處長一人,處員 6 至 8 人,掌管會計、庶務、文書、統計等事項。依據《縣清鄉局組織規程》之規定,縣清鄉局設局長一員,由縣長兼任;設副局長一員,由縣公安局長兼任。縣清鄉局設助理員 2 至 4 人,由縣政府及公安局人員兼充。縣清鄉局設審判員一人,於必要時得設副審判員一人,審理清鄉案件。審判員需法官或承審員三年以上經驗。〔註 158〕通過設立清鄉局,清鄉案件勿用再通過法院審理,辦事效率大大提升,審理案件也更為迅速。

〔註157〕《遼寧省政府為擬定各縣聯村自衛團暫行組織章程給東北政委會呈》,遼寧省檔案館編:《奉系軍閥檔案史料彙編》⑧,南京:江蘇古籍出版社,1990 年,第 424 頁。
〔註158〕《東北政務委員會為轉發遼寧省縣清鄉局組織規程及辦事細則給熱河省政府訓令》,遼寧省檔案館編:《奉系軍閥檔案史料彙編》⑨,南京:江蘇古籍出版社,1990 年,第 288 頁。

南京國民政府清鄉條例意在將懲治盜匪及清鄉事宜納入民政及司法系統加以解決，而非使用暴力機器加以打壓。而東北情形特殊，雖無大股土匪但其他匪患仍為猖獗，較之關內地少人多之省份嚴重的多，單純使用法律手段在民政與司法系統內恐難以奏效。所以東北政委會從東北實際情形出發，借鑒東北集團從前辦理清鄉的經驗，將警察這一國家暴力機器也融入到清鄉事宜中去，希圖以暴力加以控制匪情，以平定社會。縣清鄉局以縣長兼任局長，這就意味著在清鄉局組織系統中，除了省政府主席——民政廳長——縣長，這一原有行政系統的自然上下級關係外，又因警務處辦理清鄉事宜而增加了警務處長——縣長，這一新的領導與被領導關係。清鄉事宜打擊對象是盜匪綁匪等不法分子，有著維持社會治安與穩定的作用，所以涉及範圍很大只要與打擊盜匪穩定社會有關之事均可被認為是清鄉事宜，這就容易滋生出新的問題。警務處權力過大，腐敗自然容易滋生，而整個社會也演變為時刻處於國家暴力機器的嚴密控制。

二、推行移民墾荒

（一）民屯與軍屯並舉

東北地廣人稀，尤其東北北部地區，適宜開墾之荒地更多。以吉林一省為例，1929 年該省已墾耕田為 596.5 萬畝，而未開之荒地則有 622 萬畝。而已現有耕地與現居人口核算，僅吉黑兩省就至少可容納移民千萬以上。〔註159〕所以為了促進地方經濟發展和戍邊，東北屢有移民墾荒之議。如 1925 年通遼縣排山達忠義農場經理留美農學碩士張鴻鈞為移兵屯墾及移民屯墾事宜上呈奉天省長，「認為我東省土地亦不乏荒蕪，難免經濟之困乏，強鄰且復接壤，豈無侵掠之隱患，邊防空虛，民生凋敝，如終不設法墾荒，農業卒無發展之日，則國家亦何有富強之時。今幸聞憲臺勵精圖治，百廢俱舉，現已設立屯墾處於公署內，所有屯墾一切事宜莫不籌劃進行，將來東省開墾荒地發展農業為國家開莫大之利源，為人民造無量之幸福。」並隨呈附送屯兵簡章一件，屯民簡章一件。〔註160〕而東北官方也屢有墾荒之政策出臺。

〔註159〕東北文化社年鑒編印處：《東北年鑒》，瀋陽：東北印刷局，1931 年，第 1268 頁。

〔註160〕《留美農學碩士張鴻鈞為草擬移兵屯墾及移民屯墾條章給奉天省長呈》，遼寧省檔案館編：《奉系軍閥檔案史料彙編》④，南京：江蘇古籍出版社，1990 年，第 632 頁。

如民屯，遼吉黑熱各省均有荒地出放各種章程，鼓勵貧民承租承佃。1929年 7 月，遼寧省政府議定測放蒙荒，並制訂《遼寧省測放蒙荒大綱》，「務使蒙旗得享開放之利益，公家亦收治安之實效」。該大綱共計 26 條，對放荒各項重要事宜均作了規定：測放蒙荒應設專局辦理，凡丈放蒙荒得由該管蒙旗派一人以會辦或幫辦名義在放荒機關辦事以資接洽。放荒機關應將下列各事項先行籌辦呈報省政府核准後再行放領：甲，將放荒段指定地點分段測量，編列字號，每六方為一號，埋立封堆標樁分別繪圖造冊；將生熟荒地切實釐定等則；各則生熟荒地及村鎮基地核定低價。先將放荒界內居住之本旗戶數、姓名、住地確查造冊，呈省政府核奪，按戶撥留生計地。生計留地免收地價，但所有附收各縣稅費均應照章繳納。前項生計地如有旗民自墾熟地，即行撥給，如未超過應撥生計地數則另撥生荒，如已超過應撥之數，超出部分旗民願領交價呈領，否則償付墾費。旗民除應撥生計地外，如仍願交地價領地，應就連段者之生熟荒地准其先行承領，但連同應撥之地數只准以一號為限。放荒段內對於陵寢廟宇王公府邸等項，酌予留地，不收地價。凡領荒各戶，無論生熟荒地，一戶之多以一號為限，不准包攬大段，如有勾串冒領情事，惟放荒機關是問。領地戶以具有中華民國國籍者為限，並用真實姓名，嚴禁用堂名化名。〔註 161〕

軍屯方面則是興安區屯墾公署之成立。為了促進墾荒，並妥善安置部分裁撤軍官士兵，東北政務委員會決議建立興安區屯墾公署，該區雖為軍屯區，卻准民租佃，屬軍屯民屯並舉，希圖以此加快遼黑兩省蒙邊開發，並穩定邊地社會秩序。早在 1928 年秋，經東三省保安總司令部批准，炮兵第一軍軍長鄒作華以補充第一和第二兩團及補充第一大隊等三部隊開赴索倫進行屯墾事務，並建立興安區屯墾公署。〔註 162〕1929 年 5 月，興安區屯墾公署督辦鄒作華上呈東北政務會呈報委任公署高級官員：總辦高仁紱，秘書長姚際清，軍務處長景錄珊，財務處長胡廣和，農政處長王葆曾，建設處長張魁恩，〔註 163〕

〔註 161〕《遼寧省政府布告測放蒙荒大綱》，遼寧省檔案館編：《奉系軍閥檔案史料彙編》⑧，南京：江蘇古籍出版社，1990 年，第 547 頁。

〔註 162〕《奉天省長公署刊發炮兵軍長鄒作華為將所部兩團及一大隊開赴索倫進行屯墾事務的通令》（1928 年 10 月），遼寧省檔案館編：《奉系軍閥檔案史料彙編》⑦，南京：江蘇古籍出版社，1990 年，第 619 頁。

〔註 163〕《興安區屯墾公署呈東北政務會呈報委任總辦秘書長由》，《東北政務委員會週刊》，1929 年第 10 期。

屯墾公署組織告竣。

　　該年4月，《興安區荒地放領及催墾章程》經東北政務委員會核准頒布施行，興安區屯墾公署組建後以此章程為依據開始了墾荒工作。該章程共計23條，對興安區內土地丈放與承領各事，進行了詳細規定。興安區屯墾以開發荒地促進墾殖為宗旨，區內放領荒地分兩種：本區蒙旗留界地內經指定出放者；洮安索倫兩縣已放未墾荒地撤佃另放者。荒地分別等級按下列之標準：甲，平地黑土層深在二尺以上無砂石及城質者為上等；乙，平地或嶺崗地黑土層深在一尺以上生草繁茂者為中等；丙，地雖城瘠但可牧畜或造林者為下等。關於土地丈放，勘丈荒地以墾殖局所在地為起點，預留街基九方，從四周丈起埋之標樁編定字號分別等級然後出放。每荒十六方，預留村基一方，除去道路及排泄積水溝渠外，編定房基若干號，凡領荒者至少須領房基一號。除軍墾指定特別地點外，民墾之荒地在同一等級內以聲請之先後依次在勘丈荒地內指撥。勘丈荒地遇有已開成熟者該墾戶有優先承領權。關於土地之承領，凡承領荒地者均須出具請願書，述明姓各、年齡、籍貫、住址及請領地數，並依限完畢辦理各項墾荒手續，經屯墾公署核准後發給開墾執照。墾民領得開墾執照後應迅赴指撥地所在之墾局報到註冊由該局指段開墾。本區荒地分上中下三等，上等每晌荒地荒價現大洋4元，中等每晌現大洋3元，下等每晌現大洋2元，除有特別規定者外，凡承領者須將荒價一次繳齊。凡承領荒地者均限第一年開十分之二，第二年開十分之五，第三年開齊，由第五年起升科，逾期如未竣墾，除將已開成熟地換照生科外，餘荒撤佃另放，其已繳之荒價概不發還。墾期年限之起算自領荒之日起滿十二個月即為一年。二重國籍之中國人和外國人無承領權。關於洮安索倫已放未墾荒地之處理，凡在洮安等處已領有荒地尚未竣墾者，限於1929年6月以前到各該縣局呈報並換開墾執照。前項墾戶逾期不能竣墾撤佃時將原繳荒價退還。〔註164〕

　　為促進興安區經貿流通，東北政務委員會還批准設立興安銀行。興安屯墾公署督辦鄒作華呈稱：「查職區開創伊始，種種設施需款浩繁，現值國庫支絀之際，殊感接濟維艱，若不急謀開源之道，誠恐難收速效。現在職區出放荒地入款日豐，實有從事經營用資之必要，且職區日趨發達，商民貿易亦日形繁盛，茲為源流圓法調劑金融起見，擬由官商合辦設立興安銀行，以期便利商民，藉謀屯墾事業之發展。覆查職區屬地遼潤，交通阻塞，倘僅行使現

金交易，運轉咸感不便，緣此並擬暫為發行墾業流通券十萬元，限於興安區內行使，用資周轉。除商股另行招募外，擬即按照所擬興安銀行章程第五條由職署收入荒價項下撥交官股現大洋五十萬元，於洮安縣城先行設立」。對此，東北政委會僅准成立興安銀行，而不准該行發行紙幣：「查該區現辦屯墾，本移民實邊政策，開發邊陲、接濟粥糧、運輸貨物在在需款，所請由官商合辦設立興安銀行自應准予備案。至擬發行墾業流通券十萬元限於興安區內行使一節，影響省庫流弊滋多礙難照准。如將來該區墾業發展需款，應准由官銀行號或邊業銀行前往酌設分行，無虞困難」。〔註165〕

（二）關內移民：墾荒勞力的重要來源

無論是興安區亦或是其他區域墾荒，承領荒地者除了少數原居民外，大多是東北官商家資富裕者，否則普通農民尤其流民根本無力承擔核定之地價。而家資富裕者承領荒地後，即成為地主，自種者無，都是招佃農耕種。而肯於作佃戶者，除了東北各省內之貧民及流動人口外，關內山東、河南、河北等各省難民、貧民等移民人口則成為東北墾荒的重要勞力。如1930年河南受災難民眾多，僅4月份移送東北墾荒謀生者數量就達10萬人。安插豫省難民，黑龍江省「預將原案量為變通，暫以六萬人為限，仍就原定二十九縣局分別安插，將來直魯難民到境，亦照安插河南難民辦法隨時安置，如此則地方擔負較輕，而各處所到難民亦不至窮於應付，適符東北政務委員會調劑盈虛之宗旨」。「查此項災民共計十萬人，現江省既核定暫以六萬人為限」，則所餘四萬人即須在遼寧省和吉林省設法安插。經東北政委會「體察各該省情形」，「擬將此項四萬人由該省及吉省各撥半數，在該省及吉省既不致艱於收容，在賑災會移送災民亦可事先撥定人數，免致臨時周章。」〔註166〕按照東北政委會安插豫省難民辦法，黑龍江省訓令各縣依據核查之荒地數量核算可安插難民數量並做好難民安置各種準備。拜泉縣安插豫省難民辦法：共計安插豫省難民7000人，「由省接運到境時，設臨時招待所，派專員會同慈善道

〔註165〕《東北政務委員會為準督辦興安屯墾事宜鄒作華擬設興安銀行給翟文選訓令》，遼寧省檔案館編：《奉系軍閥檔案史料彙編》⑨，南京：江蘇古籍出版社，1990年，第295頁；《興安銀行章程》，遼寧省檔案館編：《奉系軍閥檔案史料彙編》⑨，南京：江蘇古籍出版社，1990年，第298頁。

〔註166〕《東北政委會為遼吉黑各省安插河南難民數量並請妥籌安插地點的訓令》（1930年4月），遼寧省檔案館編：《奉系軍閥檔案史料彙編》⑨，南京：江蘇古籍出版社，1990年，第726頁。

德各會招待，少事休息，即按井分配，分交各井鄉長接運回井，代為賃房、給食，或依附大戶雇工開墾，或代為介紹相當職業。全縣按 280 個井田，計算每井應攤 25 人，安插之後，責令公安分局所長等造具難民花名、性別、數目、職業、工資、生活狀況清冊。」青岡縣安插豫省難民辦法：安插難民 4000人，「以全境地數按鄉分撥，按照地 20 萬晌計算，每地千晌分攤難民 20 名。」〔註 167〕對於各縣安置難民所需費用，省財政廳制訂了接運難民費用辦法，先由地方公款接墊，如今年秋收豐，再行勸募歸墊，事後將認捐各戶酌給褒獎，以彰善舉。〔註 168〕

為了妥善安置移民尤其是關內難民，東北各省均制訂有相關移民墾荒政策，並報呈東北政委會核准後施行。如 1929 年 8 月熱河省政府為接納直魯豫三省難民墾荒謀生特制訂詳細辦法，「熱河容納直魯豫難民以開魯、天山、魯北、林東、綏東五縣局為區域，待其充足再行向熱河腹地推行」。「由本年八月至十九年四月間始農作之時止，共九個月，每三個月一期，分為三期。」熱河省政府制訂了《籌備容納難民辦法大綱》和《墾民公約大綱》，對難民到達熱河墾荒後的住所、村鎮、糧食、農具、牲畜、自衛器械、地租以及難民建立村莊後之社會秩序等均作了詳細規定，既能保證難民到熱河後順利謀生，又能維護熱河地方社會秩序之穩定。〔註 169〕

1930 年 2 月，遼寧省頒布經東北政務委員會核准之《遼寧移民墾荒大綱》，對遼寧省移民墾荒進行了規範。該大綱規定：除洮安縣已劃歸興安屯墾區外，其餘各縣移民墾荒事宜均依照該大綱規定辦理。凡內地各省大批災民，如係壯丁，有家室子女，自願出關墾荒者，由各省政府或賑災會及其他法定慈善團體，先將災民戶口數目電知省政府或民政廳，俟核明能容納人數見覆後，再行運送出關。來東北災民，乘國有鐵路時，按照東北交通委員會制定之運送墾荒難民暫行章程，分別減免票價，以示優待。災民出關後，經過各站及到縣後，所有一切當地紳商捐款或捐助糧食物品者，事後照捐資舉辦救濟事

〔註 167〕《關於東北政委會核議豫民安插辦法事項》（1930 年 5 月），黑龍江省檔案館藏，全宗號：62-7-739。

〔註 168〕《關於東北政委會核議安插難民辦法事項》（1930 年 12 月），黑龍江省檔案館藏，全宗號：62-7-741。

〔註 169〕詳見《熱河省政府為議決容納直魯豫難民墾荒辦法案給民政廳訓令》，遼寧省檔案館編：《奉系軍閥檔案史料彙編》⑨，南京：江蘇古籍出版社，1990 年，第 20 頁。

業褒獎條例進行褒獎。墾荒區域，暫以洮南、雙山、安廣、鎮東、開通、突泉、瞻榆、通遼、臨江、長白、金川、安圖和撫松等縣為限，各縣須將可墾荒地盡數詳查具報，以便按照畝數多少分撥災民，儘量安插。凡分撥各縣之災民，未到達以前，各縣政府應預定地點分飭各村長副籌備住所，詳查當地有糧大戶，先令墊借牲畜種子及糧食。所借糧食於移民戶第一年收穫中扣還，種子於第二年收穫中扣還，牲畜價由第三年收穫中扣還，均各加息一分。凡壯丁領受荒地十晌，限期墾荒，熟地滿五年後，再行生科，以示體恤。凡災民在墾荒各縣，應與土著農戶同等待遇，並須遵守當地習慣，互保連坐，如有不法行為者，依法懲辦，其情節重大者，撤地勒令出境。〔註170〕

　　1930 年 3 月，鑒於黑龍江省荒地出放後到地開墾者較少，為促進墾荒黑龍江省特制訂並頒布《黑龍江省沿邊荒地搶墾章程》，對黑龍江墾荒事宜重新進行了規範。搶墾區域以通北、鐵驪、東興、湯原、綏濱、烏雲、璦琿、龍嶺、嫩江、呼瑪、漠河、安西、雅魯、泰康、甘南、德都、索倫等各縣局為限。凡在搶墾區域內未墾之荒地，無論已放民荒，未放官荒，一律准其搶墾。已放民荒，係指已屆滿生科年限者而言。搶墾戶以中華民國國籍者為限，搶墾地段，以 40 晌以上者為限，其 40 晌以下之地段不得搶墾。每年自 11 月底至次年 4 月底止，為原戶呈報搶墾之期，自 5 月 1 日起至 10 月底止，為他戶呈報搶墾期限。搶墾戶須將擬墾地段，於限期內呈報各管縣局核查後發給搶墾執照，領執照後三個月規定之期內建築房屋實行開墾，如逾期毫無設備則追回執照注銷。原戶搶墾戶，每犁一具准開墾兩方，限三年墾齊。搶墾戶於三年期滿將地墾齊後，如係民地，即按原戶三成，墾戶七成分利；如係官荒，按原地等次價格如數交價。搶墾荒地在未墾齊期限內，每晌每年得納稅大洋 0.3 元，以補助警學建築等費，此外各項地方捐概行免除。〔註171〕

　　除了接收難民墾荒外，東北還招募關內貧民墾荒。1930 年興安屯墾公署為招募關內民眾墾荒，特制訂《興安屯墾區移民辦法》，經東北政委會核准後施行。該辦法意在將關內各省過剩人口移民東北，以補充勞力，促進墾荒。該辦法規定：為屯墾事業易於發展，擬由關內各省選擇有勞動能力者移民若干戶。在洮安設移民事務所一處，必要地點設移民事務分所。被移民戶到達

〔註170〕東北文化社年鑒編印處：《東北年鑒》，瀋陽：東北印刷局，1931 年，第 1283
　　　　～1284 頁。
〔註171〕東北文化社年鑒編印處：《東北年鑒》，瀋陽：東北印刷局，1931 年，第 1284
　　　　～1285 頁。

之臨時住所、食料、飲具，其由屯墾公署直接移來者由事務所籌備之，其由承辦團體移來者由該團體籌備之，沿途照料亦同。移民由屯墾公署直接辦理者，函請各省政府布告，由公署派員攜帶護照公文前往招募。移民由團體承辦者，由該團體向公署先具申請書述明可移數量，籌有移民費用數量，經本署核准發給護照後方准入區。被移民戶須係正當農民，一家內無 18 歲至 40 歲之壯丁，一概不收。移民所乘火車船舶經本署辦理者由本署交涉免費或減價，由移民團體辦理者歸其自理。被移民戶必須補助之農具、牲畜、種子、糧食，除由荒戶招佃者外，由移民事務所隨時調查通報墾殖局酌量補給。被移民戶住所由公家預為建築，或貨與材料使之自築，其建築材料等費由各墾戶於請領荒地後第一年起分三年償還之。〔註172〕

　　對於難民運輸，東北東西各路實行免費運輸政策。但對於自行請求回籍的難民，東北政委會則規定不得援免費移送難民之例。「查關內各省難民經移送各省分別安插，是此項難民既已居住各處墾荒就食，即與向來土著無異。凡有難民自行請求回籍時，一律照章繳納車費，不得援免費移送難民之例。」〔註173〕對於東北直接招募的移民運輸，東北鐵路東西兩大幹線均制訂了聯運移民辦法，即西四路《北寧四洮洮昂齊克四路聯運移民辦法》和《東北東四路聯絡運送移民暫行辦法》。西四路以每年 4 月 1 日起至 6 月底為止，由北平、天津至齊齊哈爾、克山間，開直通運送移民列車。男子票價減七成，女子票價減八成五，未滿 12 歲之小孩及 60 歲以上之老人，准用移民免費優待票。移民每人隨帶行李，成人以 20 公斤為限，孩童與老人以 10 公斤為限，免運費。移民隨帶所有農具免收運費，以 40 公斤為限。東四路則由每年 3 月 1 日起至 5 月 15 日止，由北平、天津、營口三站開往吉海吉林煙筒山兩站之移民列車。移民減價優待票，男子票價減七成，其眷屬婦女、60 歲以上之老人及 4 歲以上未滿 12 歲之小孩票價減八成五。移民每人准帶行李及農具等總重量成人以 40 公斤為限，眷屬持有半價票者每人以 20 公斤為限。每年冬季移民返鄉也有列車優待票，票價雖略有增高，但較之普通客票也減去五成至六成。〔註174〕

〔註172〕《興安屯墾區移民辦法》，《浙江民政月刊》，1930 年第 29 期。
〔註173〕《關於東北政委會令難民自行回籍不得援免費移送難民之例》（1931 年 4 月），黑龍江省檔案館藏，全宗號：62-7-745。
〔註174〕《北寧四洮洮昂齊克四路聯運移民辦法》，《河北省政府公報》，1930 年第 638 期；《東北東四路聯絡運送移民暫行辦法》，《河北省政府公報》，1931 年第 926 期。

（三）移民墾荒成效

易幟後，東北政務委員會及東北各省政府均積極推行移民墾荒，努力於
屯墾戍邊事業，並採取多種政策，但其效果卻並不顯著。比如 1930 年遼寧省
移民墾荒情況，據該省移民墾荒大綱所列各縣函稱：洮南縣未墾荒地有 70 萬
畝，即撥住數萬人亦能容納，但以熟地稀少，產糧既少，銷運復多，呈乏食
之象。外來移民多苦於無人雇用。1929 年由河南移來難民 1300 人，分攤各區，
已大形擁擠。1930 年奉民政廳令擬住難民 2 萬人，經請減為 8000 人，此項難
民尚未運到。雙山縣，可墾荒地約 5 萬晌，因屢降大雨房屋倒塌太多，難民
移住無法安插。安廣縣，可墾荒地有 232 萬晌，撥住難民 1000 人，未到。鎮
東縣，可墾荒地 30 餘萬晌，1929 年安插豫省難民 965 人。開通縣，已墾地
500 萬畝，未墾荒地 283 萬畝。突泉縣，可墾荒地 10 萬晌。臨江縣，可墾荒
地有 16 萬餘畝，奉令兩次攤撥難民均以交通梗塞，費款需時，未能實行。瞻
榆縣，已墾 35 萬畝，未墾荒地 50 餘萬畝。金川縣可墾荒地有 137 萬畝。長
白縣，可墾荒地 6.5 萬畝，能容納墾民 800 人，奉令分撥長白縣豫省難民 200
人，未到境。安圖縣，可墾荒地 213 萬畝，交通梗塞尚無難民入境墾荒。各
縣共有可墾荒地約 106 萬晌〔註 175〕，而實際接收難民者並不多，已到縣難民
共計 2265 人，而已分撥未到者 9200 人。〔註 176〕

1930 年黑龍江省移民墾荒情況，據該省沿邊荒地搶墾章程所列各縣函
稱：通北縣，已有熟地 3 萬晌，已搶墾荒地 2000 晌，未搶墾荒地 199.8 萬晌。
鐵驪縣，可搶墾荒地 1.2 萬晌，已丈放荒地 2133 晌。綏濱縣，僅有搶墾戶 20
餘戶。布西縣，尚無搶墾戶。甘南縣，熟地 5.5 萬晌，可搶墾地 54 萬晌，已
搶墾荒地 5000 晌。湯原縣，未墾荒地 51 萬晌，搶墾戶數戶，已搶墾荒地 300
餘晌。佛山縣，可搶墾荒地 13.7 萬晌，尚無搶墾戶。蘿北縣，僅有熟地 3000
餘晌。東興縣，可搶墾荒地 2.2 萬晌，已搶墾荒地 2700 晌，已墾熟地 315 晌。
遜河縣，可搶墾荒地 16.7 萬晌，已搶墾荒地 1086 晌，已墾熟地 290 晌。泰康
縣，境內地多沙城，沒有搶墾戶。璦琿縣，地處極邊，土質城薄，可搶墾荒
地 1.2 萬晌，沒有搶墾戶。龍鎮縣，可搶墾荒地 78 萬晌，已搶墾荒地 1620 晌，
已墾熟地無。嫩江縣，可搶墾荒地 236 萬晌，已搶墾荒地 1.9 萬晌，已墾熟地

〔註 175〕1 晌 10 畝。
〔註 176〕東北文化社年鑒編印處：《東北年鑒》，瀋陽：東北印刷局，1931 年，第 1290
頁。

3750 晌。漠河縣，地處邊陲，所有荒地尚未丈放，無搶墾事宜，全縣僅有已墾熟地 760 晌。各縣總計可搶墾荒地 663 萬晌，已搶墾荒地 3.4 萬晌，搶墾已熟地僅有 1 萬餘晌。〔註 177〕

　　興安區可耕種土地共計約一萬方里，據 1930 年度興安區放荒統計，上等地出放 2363 晌，中等地出放 3471 晌，下等地出放 2212 晌，村基 339.5 晌，總計 8385.5 晌。而興安區屯墾軍 1930 年度上半年度，三個團共計建築房屋 220 間，共計開墾荒地 5000 晌。1929 年至 1930 年上半年興安區屯墾公署接收豫魯難民，屯墾軍接收難民共計 2946 人，洮安縣等區內各地接收 2011 人，總計 4957 人，其中壯丁占約四成，婦女占約二成，其餘老弱小孩占三成。雖然興安屯墾區的軍屯及民屯已開墾荒地達 1.3 萬晌，有黑龍江搶墾荒地數目的三分之一，成績尚可。但由於興安區初建，丈放的墾荒多是初墾，熟地稀少，所以也難以有效容納過量難民進入。

　　僅遼寧和黑龍江兩省可墾荒地就足有約 770 萬晌，但無論是遼寧接收的難民數量，還是黑龍江搶墾戶呈報之搶墾荒地數量，均為數不多，移民墾荒成效不顯。而造成這一問題之原因，一是荒地多處於邊陲偏遠地區，交通不便，耗費較多；二是荒地從開墾到墾為熟地需數年，初墾之荒地產量低，不足以自給自足，而墾荒各縣又因財力不濟難以維繫過量難民。一方面是地多人稀，另一方面人多了，雖有地種，卻數年內難以自給自足，導致移民多有流失。每年移民東北之人口眾多，而從東北移出之人口也為數不少，比如 1929 年關內移民留居東北之比例只有 40%。〔註 178〕人口流動頻繁，土地墾而復荒，所以東北移民墾荒效果不顯，屯墾戍邊、穩定邊地社會秩序的願望也就難以實現。

第六節　改革社會習俗與風氣

　　封建迷信異端邪教，古來有之。民國時期中央及地方政府屢加嚴禁，但仍無法徹底禁絕。易幟後，政治刷新，百業待舉，諸般迷信邪教與社會上種種不良習氣，自然與各項新政不符。因此東北政務委員會按照南京國民政府

〔註 177〕東北文化社年鑒編印處：《東北年鑒》，瀋陽：東北印刷局，1931 年，第 1292 頁。

〔註 178〕東北文化社年鑒編印處：《東北年鑒》，瀋陽：東北印刷局，1931 年，第 1270 頁。

法令及東北情形對東北社會習俗與風氣進行了革新。

一、提倡節儉以端風化

東北易幟後，南北統一，社會風氣自然也要有新氣象。然而當時東北金融動盪，奉票貶值，普通民眾生活疾苦；而權貴階層則歌舞升平，奢靡浮華。針對當時「世風愈下」，奢靡浪費等種種流弊，1929 年 7 月遼寧省政府委員會第三十六次會議審議通過了民政廳所提出提倡節儉辦法四條，並呈報東北政務委員會備案。該辦法為：一，近來宴會之筵席用燕窩魚翅，酒水用香檳白蘭地甚至招妓，浪費傷財。「除接待外賓外，凡普通宴席之多不得過八盤，每桌價值不得過現洋十元或十五元，並禁用燕翅等品及貴重之洋酒，更不得徵集歌妓。」二，服飾藉以章身制度，貴乎適體。近來民間服制形式五常，虛糜尤巨。「由各界按照中央服制條例所規定之式樣及黑白各色實行製用，其質料限用國貨，以期樸素而杜奢侈。」三，交際之禮原難從嚴，但寧儉毋奢古有明訓，往來酬應豈在多儀。近來物力維艱，關於慶弔送禮一節，自應酌定範圍，俾便遵守。「自今以後，凡慶賀事送禮者禁止送禮及金銀飾品，對於喪弔不必送紙紮花活，一律送錢分六元、四元、二元、一元數級，其有特別關係者不在此限。」四，前以每到年節借機送禮，實則不啻賄賂公行，曾經通令禁止。茲訓政時期，舊染愚俗咸與維新，自宜摒絕浮文，崇尚廉潔。嗣後各機關僚屬除有親朋關係者外，一律禁止年節送禮。「以上數端均為屬行節儉切要之圖，自今以往，無論為官吏為商民，凡屬衣食住行婚喪慶弔均宜力求撙節，勿得稍涉虛糜，以端風化，而正人心。」〔註179〕該辦法對各機關官職人員和各界商民都是一種約束，是提倡節儉以端風化的重要體現，也是革新東北官廳形象的重要方式。

既往民眾對政府有各種請願與訴求，都是簽具呈文上呈政府表達意見，政府方面負責接待者為傳達室，但「各項呈詞向由傳達室輾轉傳達，難保無積壓漏洩及向遞呈人索取小費情事」，這種做法自然惡化民眾對政府之觀感，堵塞民情訴願之上達通道。因此，為了進一步重塑民眾對易幟後東北官廳的形象，遼寧省政府為防止「傳達人員留難索費」，「指派專員直接收受並另訂收呈員辦事規則以資遵守，而杜弊端，嗣後人民來府遞呈即向收呈員直接呈

〔註179〕《遼寧省政府發布提倡節儉以端風化的四條辦法》，遼寧省檔案館編：《奉系軍閥檔案史料彙編》⑧，南京：江蘇古籍出版社，1990 年，第 535 頁。

遞，不經傳達室及收發處之手」。《省政府收呈員辦事規則》共計 9 條，主要內容有：政府為收受人民呈詞設收呈員辦理之。收呈時間除星期日及假期外，每日上午十時至下午四時，逾時不收，其特別緊急者不在此限。收呈員暫定為六員，每二員為一班，每班輪流一星期，常駐在政府收呈周而復始。到府遞呈之人民由傳達室將之領至收呈處直接呈遞，不經傳達室及收發處之手。收呈員收到呈詞摘由登簿每日隨呈送閱，並於呈之面幅蓋收到日期戳及收呈員名戳。凡來府遞呈者，由收呈員按照下列各項逐一查詢，分別收受或拒絕之：應收受者為行政訴訟、命盜案件、上控案件、各衙署久懸不決案件；應拒絕者為呈無印花者、無妥實保條者。受理各呈由收呈員派傳達室隨同遞呈人對保無訛，再令遞呈人回去候批。收呈員及傳達室如有需索舞弊情事准遞呈人指控查明嚴懲。〔註 180〕此時東北正在進行村制改革，各村民眾間糾紛不斷，屢有上告至省政府甚至東北政委會者，所以該辦法之制訂正合時宜產生了良好效果。

　　上述提倡節儉各辦法中所提之服制條例，即是 1929 年 4 月南京國民政府制定的《國民服制條例》。國民政府頒布施行後，東北四省即遵照訓令飭所屬各機關及社會各界遵照執行。依據該條例，服制分為禮服和制服兩種。禮服分男子禮服和女子禮服，其中男子禮服包括褂、袍、帽和鞋，並均有詳細規定，如褂，「齊領對襟長至腹袖長至於脈」，前襟黑色扣五枚；袍，「齊領前襟右掩長至踝上二寸，袖與褂袖齊」，藍色紐扣六枚。袍褂樣式與中國傳統長袍馬褂相仿，顯然是對清代服飾的繼承與發展。女子禮服分為衣、鞋和衣、裙、鞋兩種，前一種衣「齊領前襟右掩長至膝與踝之中點，與褲下端齊，袖長過肘與手之中點」，藍色紐扣六枚；後一種衣「齊領前襟右掩長過腰袖長過肘與手脈之中點」，藍色紐扣五枚；裙，長及踝，黑色。制服為男女公務員所穿著，男制服分為衣、褲、帽、外套；女制服與女長衣禮服相同。男制服衣為齊領對襟長至腰，袖長至手腕；褲長及踝。禮服與制服所用材料為絲麻棉毛織品，並規定「限用國貨」。〔註 181〕

〔註 180〕《遼寧省政府為杜絕傳達人員留難索費布告收呈員辦事規則》，遼寧省檔案館編：《奉系軍閥檔案史料彙編》⑧，南京：江蘇古籍出版社，1990 年，第 240 頁。

〔註 181〕《國民服制條例》，遼寧省檔案館編：《中國近代社會生活檔案（東北卷一）》，第 1 冊，桂林：廣西師範大學出版社，2005 年，第 484～492 頁。

二、取締邪教和查禁封建迷信活動

封建迷信異端邪教，不僅蠱惑群眾聚財騙財，更會煽動群眾傳播危害社會安定之言論，甚至造成社會動盪危及東北集團統治，因此易幟後東北政委會及各省政府屢加嚴禁。東北官廳將一切沒有在地方官廳備案獲得認可之，凡有以各種名義誘惑民眾聚集傳習之組織，無論是何名稱，皆稱為邪教，並嚴加取締。如 1929 年 3 月，遼寧省政府嚴令各縣嚴查邪教：「查邪教惑人妨害治安，迭經三令五申分行嚴禁。」「乃各縣對於此事皆視同具文並不認真調查實行禁止，即如刀匪一項即為邪教之一。」「又如復縣之九宮道，綏中之鄭福屯，錦縣之三才寺，皆以傳佈邪教，先後查拿而地方人民已隱受其害。當此庶政刷新之際，宵小奸人無所藏匿，或假借名目藉端斂財，或妄言禍福陰謀作亂，若不先事預防，一旦演成事變，為患滋巨。特再通令各縣知事及公安管理處轉行各公安局，凡有一切誘惑民眾聚集傳習之邪教，無論是何名稱，一律嚴行查禁。一面撰成白話布告分發各區村張貼傳諭各村分頭曉諭，並將前列各邪教之外有無其他邪教，繼續發生之邪教認真詳查。」如「有愚頑無知誤被脅誘者，但能覺悟改悔，概予從寬免究，如仍執迷不悟即行逮案嚴懲勿稍姑息。至於純係宗教性質慈善行為，曾為官廳所公認者，自不在禁止之列。」「事關保衛安寧，倘有查禁不力，致發生滋擾情事，定唯該管地方官警是問。」〔註182〕

訓令發出後，遼寧省各縣及公安局認真查辦取締各種邪教，取得了一定成效。如 1930 年 4 月長白縣取締家理教，「家理教即安傳幫一種」，「收徒結黨」，該縣「業將首要鄭長順、汪海濤、孫漢卿等捕獲，還搜獲冊籍」。〔註183〕7 月柳河縣及撫順縣取締萬國道教會，「撫順縣民張雲普兄弟二人，在三區管界紅石鎮地方」，組織萬國道教會，「在該處勸教，其宗旨以禍患東省，擾亂秩序為目的。現聞入會者，有雍全住民楊兆隆為軍長，紅石鎮住民劉敏峰為旅長，董慎修為團長，王瀛洲為營長，孤山子何振芳為軍長，安口鎮許萬有為團長，朱截甸子王承恩為縣長，大沙灘於江為營長」。經撫順縣密查捕獲許

〔註182〕《遼寧省政府嚴令查禁邪教》（1929 年 3 月），遼寧省檔案館編：《中國近代社會生活檔案（東北卷一）》，第 8 冊，桂林：廣西師範大學出版社，2005 年，第 156～159 頁。

〔註183〕《遼寧全省警務處查禁家理教收徒結黨》（1930 年 4 月），遼寧省檔案館編：《中國近代社會生活檔案（東北卷一）》，第 8 冊，桂林：廣西師範大學出版社，2005 年，第 177 頁。

萬有、王瀛洲、於江三人。並根據於江供述，「張雲普弟兄二人，係遼寧日本
站大樓上萬國道教會特派來柳傳教，勸民入會」，「並稱有日本人能以接濟槍
炮子彈，定於五月十五日以同舉事，各縣皆有勸教委員，如期響應，以破壞
東省秩序，擾亂地方為目的」。根據供述「崇信邪教，招募徒黨屬實」，此後
又「在日本礦碳用地永泰旅館，將劉敏峰楊兆隆等二名緝獲」，「海泉客棧居
住僅抓獲張雲普」。〔註184〕

　　除了取締各種邪教組織外，對於封建迷信活動，東北官廳也是嚴加查禁。
當時民間卜筮、星相、巫覡、堪輿等諸多迷信活動盛行，1929 年 4 月，南京
國民政府內政部轉發由中央執行委員會核准的《廢除卜筮星相巫覡堪輿辦法》
給各省政府，讓各省遵照執行。該辦法七條，除了對星相、筮卜、巫覡、堪
輿等迷信活動切實禁止外，還考慮到了從事此項迷信活動的「人民生計」問
題，主要內容如下：「1.各地方卜筮星相巫覡堪輿及其他以傳佈迷信為營業者，
應由各省市政府督飭公安局於奉文後三個月內強制改營他項正當職業。2.各省
市政府應責成公安局於公告此項辦法時，召集本地卜筮星相巫覡堪輿各業人
等實切解說迷信之弊害，促其覺悟，如期改業。3.限期屆滿尚無正當職業者，
應收入地方設立之工廠，限期改習一業，其未設有工廠之地方，得令其擔負
相當之工作，其確係老弱殘廢者應收入地方救濟院或另籌相當辦法。4.限期屆
滿如仍有違抗命令繼續營業者，應由公安局勒令改業。5.各市縣政府應督飭各
公安局隨時勸導人民破除迷信並將妄信卜筮星相巫覡堪輿等弊害及人類前途
幸福全靠自己努力之理由編製淺近圖說及歌詞布告等類，遍散民眾，懇切勸
導，以期由城市漸及鄉里，家喻戶曉根本禁除。6.各地方書局書店出版或販賣
關於卜筮星相巫覡堪輿等類及其他傳播迷信之書籍應一律禁止。7.凡各地方喪
葬婚嫁及患病之家，一概不得雇傭卜筮星相巫覡堪輿人等祈禳占卜，違則由
公安局制止之。」〔註185〕

　　遼寧省政府收到公函後，雖飭屬遵照辦理，但同時該省仍採取了更為嚴
厲的查處措施。如遼寧省民政廳嚴令查禁巫醫跳大神誆騙金錢之舉：「查左道

〔註184〕《遼寧省警務處查禁邪教萬國道教會》（1930 年 7 月），遼寧省檔案館編：《中
　　　　　國近代社會生活檔案（東北卷一）》，第 8 冊，桂林：廣西師範大學出版社，
　　　　　2005 年，第 186～190 頁。
〔註185〕《內政部廢除卜筮星相巫覡堪輿辦法》（1929 年 4 月），遼寧省檔案館編：《中
　　　　　國近代社會生活檔案（東北卷一）》，第 8 冊，桂林：廣西師範大學出版社，
　　　　　2005 年，第 169 頁。

惑眾為刑律所必誅，祈佛求神乃蚩氓之迷信。本省城關內外暨各縣市鎮村屯
向有一種巫醫，即俗所稱跳大神看火頭。此託仙佛邪說冒救濟美名，煽誘閭
間為人治病，以致無知鄉愚奔走乞憐或請神方或乞符籙。該巫等挾持詐術誆
騙金祿，其為害尤小而貽誤病人醫藥以生命為兒戲，致死亡之相繼，其為害
不堪設想。此社會之蠹，人民之賊，莫此為甚。若不嚴加取締，將何以維人
道而抗頹風。各知事及公安局負有維持地面責任，應即出示嚴禁，一面派員
秘查，嗣後倘再有此等巫醫，藉治病為名，詐騙錢財，無論男女立予拘案嚴
懲，不稍寬假，並將神位香火匾額及其他共犯罪所有等物總行依法沒收，以
昭懲戒。」〔註 186〕

三、革除社會陋習

　　女子纏足為封建社會流毒、惡習，民國時期屢有明令嚴禁，但也是舊思
想根深蒂固之因，難以靠一紙命令禁絕。為此，早在 1926 年 12 月，奉天省
就制訂了《取締婦女纏足章程》，並公布施行。該章程共計 9 條，主要方法是
以罰款為處罰手段強制婦女放腳和商鋪禁賣弓鞋有：20 歲以下婦女已經纏足
者，限於 1927 年底一律解放。如有不遵科，以奉小洋 30 元以下之罰款。由
各村長副或街長限期三個月內將各村街 20 歲以下纏足婦女調查清楚並造冊報
縣備案。20 歲以上婦女纏足已久，應著平底鞋逐漸放大，不准仍著弓鞋，違
者罰款 30 元以下奉小洋。鞋鋪不准賣纏足弓鞋，街市工人不准賣纏足所用弓
鞋木底，違者除沒收外並從重科罰。纏足婦女若因家長或夫婿不許解放等並
將其家長夫婿各處 30 元以下罰款。婦女被罰者如逾一年仍不悔改，一經查明
應再科罰至悔改為止。所有罰款一律解縣補助女學經費。區長村長副或街長
勸導不力者，予以記過；如有故意騷擾及勒索情事者，酌量懲處。〔註 187〕

　　一年後經各縣報告放足情形，少數縣聲稱效果良好，但大多數縣以法令
形式強制放足的效果並不理想。為了更有效的促進婦女放足，1928 年 2 月黑
山縣依據實情又制訂了取締婦女纏足辦法作為《取締婦女纏足章程》之補充。
其主要內容是有婦女纏足各縣均設立天足會，以促放足，由縣知事負責辦理，

〔註 186〕《遼寧省民政廳嚴令查禁巫醫跳大神詿騙金錢》（1929 年 4 月），遼寧省檔案
　　　　　館編：《中國近代社會生活檔案（東北卷一）》，第 8 冊，桂林：廣西師範大學
　　　　　出版社，2005 年，第 160 頁。
〔註 187〕《奉天省取締婦女纏足章程》，遼寧省檔案館編：《中國近代社會生活檔案（東
　　　　　北卷一）》，第 8 冊，桂林：廣西師範大學出版社，2005 年，第 353～362 頁。

而各區長公所則附設天足分會，由區長負責辦理。各區長村長及地方各機關均須加入天足會為會員，擔任調查勸辦責任，並以身作則。並將上述章程中規定的 20 歲年齡限制降低為 15 歲，女子在 15 歲以下未纏足者不准在纏，已纏足者即須解放，年在 16 歲以上之女子，實際不能解放者必須穿新式平底坤鞋逐漸放大。此辦法實行後，如再有纏足或未放足者，同樣科以罰金，充作天足會經費。〔註 188〕除此之外，該辦法與上述章程比較，並無其他新意之處。

　　1929 年訓政開始後，諸如纏足等各種社會陋習仍未禁絕，南京國民政府內政部和教育部等曾聯合發出咨文，讓各省繼續嚴禁社會陋習。「近來各地女校學生均以束胸為美，觀前行後，效相習成風，雖明知妨害身體發育」，「不肯獨異」。「其住學校之日愈久，乳部因經過長期間之束縛，於生男育女關係極巨，影響所及足致民族於衰弱地位，其為害實倍於纏足束腰」。「查婦女纏足束腰穿耳束胸諸惡習既傷肢體，復礙衛生，弱種弱國貽害無窮」，明令查禁。〔註 189〕東北各省接該咨文後，結合各自情形，並按照歷年法令督飭各縣繼續嚴禁纏足束胸等社會陋習。

　　1930 年，遼寧省為杜絕早婚，通過了「復縣縣長景佐綱等請限制早婚早嫁各案」，並規定了具體限制辦法：「一、男子非逾 18 歲女子非逾 16 歲不准婚嫁，違者罰之。二、普通民戶訂婚聘禮或聘金不得逾 200 元，貧寒之家准其減少。三、責成經售婚書各機關查明合於規定年齡者方准發給婚書。四、由縣通飭各區公安分局所及村長副隨時詳查，如有不合規定年齡蒙混購領婚書或被舉發者送縣按行政罰法處罰。明定限制，庶可杜絕早婚之弊」。〔註 190〕

　　前述各種社會陋習已歷經數百年，豈是短期內靠三月或五月之期即可徹底清除。而無論南京國民政府還是東北地方政府均未有切實可行之治本之策提出，所擬訂之各種章程辦法不過是治標之舉，甚至連治標之效果都不甚良好。而東北地方政府除了努力於上述各種改革社會風俗與習氣之舉外，還有對舊制堅守的一面。比如尊孔祭孔，此舉是為南京國民政府明令禁止的，但

〔註 188〕《黑山縣禁止婦女纏足建議案》（1928 年 3 月），遼寧省檔案館編：《中國近代社會生活檔案（東北卷一）》，第 8 冊，桂林：廣西師範大學出版社，2005年，第 373～375 頁。

〔註 189〕《內政部、教育部嚴令禁止婦女纏足束胸諸惡習》（1929 年 12 月），遼寧省檔案館編：《中國近代社會生活檔案（東北卷一）》，第 8 冊，桂林：廣西師範大學出版社，2005 年，第 492 頁。

〔註 190〕《呈省政府為實行限制婚嫁年齡並處罰辦法文》，《民政月刊》，1930 年第 10期。

東北政委會及東北各省仍不遵令，繼續按照舊有慣例，各省縣皆逐年定期舉行各種尊孔祭孔活動，如 1930 年遼寧省「本年春丁祀孔一案，奉政委會指令仍照舊例辦理，以示尊崇」；「秋丁祀孔照例舉行」。〔註191〕

〔註191〕《遼寧省政府三月份紀念週報告》，遼寧省檔案館編：《奉系軍閥檔案史料彙編》⑨，南京：江蘇古籍出版社，1990 年，第 654 頁；《遼寧省秋丁祀孔照例舉行》（1930 年 9 月），遼寧省檔案館編：《中國近代社會生活檔案（東北卷一）》，第 5 冊，桂林：廣西師範大學出版社，2005 年，第 272 頁。

第六章 被犧牲的東北：東北政務委員會的內外政策（二）

　　東北易幟後，蔣介石和南京國民政府強行在東北推行「革命外交」，並首先將矛頭對準蘇聯，推行其反共反蘇政策。而東北地方當局長期以來均謀求收回中東鐵路權益，雙方可謂一拍即合。但隨著中東路事件升級為中蘇軍事衝突，且東北軍大敗，以及蔣介石承諾的援助遲遲沒有到來，張學良終於意識到東北成了蔣介石「革命外交」的試驗田。與承繼沙俄勢力的蘇聯比較，日本在東北的勢力無疑更為強大，侵略東北之野心也更甚，而東北集團對日本也更加忌憚。此時南京國民政府正在推行同西方列強的改進新約運動，謀求關稅自主，所以對於東北與日本的交涉賜予「拖」字訣，希圖日本能夠與南京國民政府直接交涉。同時東北政務委員會在中東路事件善後時付出了沉痛代價，導致東北對日交涉時更加小心謹慎，而南京中央的拖延策略也正合東北之意，雙方再次一拍即合，使東北對日交涉又走向了另一個極端。對蘇交涉是東北主攻，積極主動，甚至不惜動用武力，最終損兵折將，喪權辱國；而對日交涉則是東北主守，不僅消極被動，甚至刻意逃避，以致矛盾激化，演變成日本不惜動用武力來解決所謂的滿蒙懸案，最終國土淪喪，同胞為奴。

第一節　日俄兩強在東北的爭霸

一、日俄戰爭與瓜分東北

　　鴉片戰爭後，中國逐漸淪為半殖民地半封建社會。第二次鴉片戰爭《天

津條約》簽訂後，東北牛莊被增開為通商口岸，後開埠時牛莊口岸設在了營口。從此英、法、美、俄等西方列強勢力開始侵入東北。由於東北地處東北亞，北與沙俄接壤，東與日本隔海相望，所以到了 19 世紀末，日俄兩國成為東北最大的西方列強勢力。

俄國由於與中國接壤，所以沙俄在鴉片戰爭後侵略東北，先是侵佔了東北大片領土。借助第二次鴉片戰爭，俄國先後與清朝簽訂了《瑷琿條約》、《天津條約》、《北京條約》，獲得了黑龍江以北、外興安嶺以南以及烏蘇里江以東的 100 多萬平方公里的土地，撕毀了清朝與沙俄於 1689 年所簽訂的《尼布楚條約》。19 世紀 80 年代後，由於沙俄此前歐洲和中亞等地擴張政策不斷受挫，於是再次將侵略目光投向遠東。而沙俄的遠東政策則是，佔領朝鮮和中國的東北及西北，以便進一步擴大對中國的侵略；並在中國東北或朝鮮奪取一個不凍港，以實現其與英、美、日等列強爭奪太平洋霸權的目的，進而稱霸遠東。〔註1〕為了實現其遠東政策，沙俄決定修建一條把莫斯科與海參崴連接起來的大鐵路，即西伯利亞鐵路。1891 年 3 月末西伯利亞鐵路從東西兩端同時動工修築，而當西伯利亞鐵路修築至外貝加爾湖時，沙俄又決定放棄原沿著黑龍江北岸至海參崴的計劃，而改為橫穿中國東北一直修至海參崴，並認為這樣做可以通過這條鐵路佔領中國東北的更多領土。而這一橫穿中國東北的鐵路計劃也就是後來的中東鐵路。

日本經明治維新後迅速崛起，屢次夥同西方列強侵略中國。到了 19 世紀 80 年代成為亞洲首屈一指的強國後，更是將侵略矛盾對準了中國，尤其是與日本隔海相望的朝鮮與中國東北。1894 年中日甲午戰爭，就是日本大陸政策的產物，清政府戰敗被迫與日本簽訂《馬關條約》，其中有關中國東北的內容就有割讓遼東半島。日本侵佔東北的企圖與沙俄利益嚴重衝突，所以沙俄聯絡法國和德國加以干涉，雖然最終迫使日本放棄了遼東半島，但日俄之間的矛盾進一步加深了。

沙俄干涉還遼以有功自居，加之又與清政府簽訂《中俄四釐借款合同》，以解清政府對日巨額賠款的燃眉之急，所以獲得清政府好感。於是沙俄以各種理由和藉口到東北內地勘察地形和路線，並在 1895 年冬向清政府提出「借地築路」，將西伯利亞鐵路橫穿東北。為了達到目的，沙俄不惜採用欺騙、利誘和威脅等手段，並利用 1896 年沙皇尼古拉二世加冕典禮之機，邀請李鴻章

〔註 1〕王魁喜：《近代東北史》，哈爾濱：黑龍江人民出版社，1984 年，第 184 頁。

作為欽差使臣赴俄國密談。在沙俄威逼利誘和重金收買下，李鴻章與沙俄簽訂了《中俄禦敵互相援助條約》，即《中俄密約》。該密約第四款載明：「今俄國為將來轉運俄兵禦敵並接濟軍火、糧食，以期妥速起見，中國國家允於中國黑龍江、吉林地方接造鐵路，以達海參崴。惟此項接造鐵路之事，不得藉端侵佔中國土地，亦不得有礙大清國大皇帝應有權利，其事可由中國國家交華俄道勝銀行承辦經理。至合同條款，由中國駐俄使臣與俄銀行就近商訂。」〔註 2〕清政府和李鴻章幻想著聯俄制日的美夢，而沙俄卻以此為誘餌得到了中東鐵路的修築與經營權。在中東鐵路修築合同商訂過程中，中俄雙方矛盾焦點是鐵軌的軌距問題，俄方堅稱按照俄國標準鋪設鐵軌，而清政府則堅持按照中方標準鋪軌，俄方列車達到中俄邊境時應換車。最終在沙俄威脅取消中俄同盟的情況下，清政府同意在鐵路合同上簽字。

　　1896 年 9 月《中俄合辦東省鐵路公司合同章程》，即《中東鐵路合同》正式簽訂。該合同共計 12 條，規定中東鐵路中俄合辦，清政府出資 500 萬兩庫平銀入股，生產盈虧均照股攤認，而所有修築與經營事宜委託華俄道勝銀行承辦。鐵路軌寬採用俄國寬軌，「即俄尺五幅地，約合中國四尺二寸半」。為建築經營該鐵路，成立中國東省鐵路公司，其股票只准中俄兩國商民購買，該公司總辦由中國政府選派。該公司建築中東鐵路所需各種材料，均就地取材，並由中國政府給予優惠，或免費，或減價，而該公司運輸旅客及貨物等免納一切稅釐，進出口關稅按照稅則減三分之一繳納。該公司路成通車之日起，以 80 年為限，所有鐵路所得利益全歸該公司所得，80 年期限滿後所有鐵路及鐵路一切產業全歸中國政府，勿用給價。並開車之日起，36 年後中國政府有權可給價收回，按計所用本銀並因此路所欠債項並利息照數償還。其公司所賺之利，除分給各股人外，如有盈餘應作為已歸之本，在收回路價內扣除。〔註 3〕雖然清政府對收回該路抱有幻想並設有相關條款，但實際上該合同確立了此後數十年間沙俄對中東鐵路的實際控制。而且沙俄方面還對該合同諸多條款加以曲解，謀得了在中東鐵路沿線設立警察、司法機關、開採礦藏和開設工商企業等特權，中東鐵路附屬地成為沙俄殖民地，中東鐵路公司則是沙俄在東北的殖民機關。

〔註 2〕王鐵崖：《中外舊約章彙編》第 1 冊，北京：三聯書店，1957 年，第 651 頁。

〔註 3〕王鐵崖：《中外舊約章彙編》第 1 冊，北京：三聯書店，1957 年，第 672～674頁。

中東鐵路從滿洲里入中國境內，經海拉爾、齊齊哈爾、哈爾濱，最後從綏芬河出境到達海三崴，全長 1700 多公里。1898 年 3 月，沙俄強迫清政府簽訂了《旅大租地條約》，規定旅順和大連及附近水面租與俄國，租期 25 年，經雙方同意亦可延長；並規定俄方有修築中東鐵路支線的權力，該支線從哈爾濱經長春、奉天直至大連和旅順，長度 1100 公里。〔註4〕中東鐵路從 1898 年 6 月以哈爾濱為中心，分東、西、南三線進行修築，1903 年 7 月通車營業。整條中東鐵路及支線，橫貫東北遼吉黑三省，呈現「丁」字形，沙俄將整個東北納入其勢力範圍的企圖已經非常明顯。這與日本在中國東北的利益又產生嚴重衝突，為後面日俄兩國直接開戰埋下了導火索。

中日甲午戰爭後，雖因沙俄等三國干涉，遼東半島未被劃為日本殖民地，但朝鮮則徹底淪為了日本殖民地。此後日本積極向中國東北侵略，企圖實現其大陸政策，並視東北為其生命線。但沙俄率先一步與清政府簽訂了中東鐵路及支線修築權，甚至旅順和大連等天然良港亦被沙俄吞併，同時沙俄借助絞殺義和團運動出兵實際佔領了山海關及奉天等地，並且即便面對日本等多國警告沙俄仍拒絕退兵，整個東北都將淪為沙俄的殖民地，這是日本所無法容忍的。在這種背景下，為爭奪中國東北的日俄戰爭於 1904 年 2 月爆發。這場帝國主義之間發生在中國東北的戰爭，歷時一年有餘，而清政府在兩國開戰時卻保持「局外中立」，弱國無尊嚴亦即如此。1905 年 3 月後，日軍經過幾次大規模會戰，最終攻佔奉天，俄軍北退，奉天以南全部落入日軍之手。此後雙方均無力在發動大規模會戰，在美國斡旋下，日俄雙方開始媾和。

1905 年 9 月《樸茨茅斯條約》簽訂，在清政府未參加談判的情況下，日俄兩國私下分割了朝鮮和中國東北三省。該條約明確規定俄國將旅順和大連及附近領土領海租借權，以及相關聯之所有權利及特權全部讓與日本；俄國將長春至旅順口之間中東鐵路支線及一切權利財產等讓與日本；俄國承認日本在朝鮮享有權益，不干涉日本對朝鮮的任何處置；俄國將庫頁島北緯 50 度以南部分及附近所有島嶼讓與日本。〔註5〕長春至大連的鐵路後改為南滿鐵路，日本成立了南滿鐵路株式會社進行經營管理，該社也就成為日本在東北進行殖民的主要機關。該條約的簽訂徹底改變了西方列強在中國東北的勢力

〔註 4〕王魁喜：《近代東北史》，哈爾濱：黑龍江人民出版社，1984 年，第 199、208 頁。

〔註 5〕王芸生：《六十年來中國與日本》第 4 卷，北京：三聯書店，1980 年，第 236 ～241 頁。

格局，即由原來的沙俄獨霸，變為日俄南北分立共同控制的局面。

二、俄國革命與日本在東北勢力的膨脹

日俄戰爭的戰敗加劇了沙俄國內的動盪，1905 年俄國革命就此發生。雖然此次革命最後被鎮壓，但也導致俄國國內政治更加動盪，資產階級和無產階級均紛紛走進俄國政治舞臺，推動了俄國革命浪潮的高漲，這也導致沙俄對中國東北的侵略步伐放緩。而 1917 年俄國十月革命的發生和隨後蘇聯的建立，徹底瓦解了沙俄在中國東北的舊勢力。雖然中東鐵路等權益仍為蘇聯所承繼，但民國及東北地方政府利用時機逐漸收回了大量其他權益，比如中東鐵路沿線駐軍權，該路附屬地管轄權、行政權及司法權等多項利權。所以到了東北易幟後，蘇聯在中國東北除了數個駐東北領事館、控制個別銀行以及主要集中於哈爾濱和中東鐵路沿線的僑民外，其所保有的權益主要就是中東鐵路及其公司的管理權。

而日本在日俄戰爭後到民國北京政府時期，其在東北的勢力卻增長迅速，成為當時在東北最大的外國勢力。日本在東北所擁有的權力與勢力主要有以下幾個方面：第一，租借地及滿鐵附屬地以及實際管轄權。旅大租借地被日俄稱為關東州，共約 3200 平方公里。該租借地被沙俄轉讓與日本後，清政府雖被迫承認了既定事實，但與俄國所訂舊約約定之租期並未改變，即仍為 25 年租期，租借到期時間為 1923 年。即便以沙俄將權利讓與日本的 1905年計算，1930 年旅大租借地也早已到期了。但日本人始終不予歸還，仍強行依靠武力佔領。此外南滿鐵路及支線兩側 10 餘米至 3 公里距離不等的所謂鐵路用地，被日方稱之為鐵路附屬地，也被其實際控制，並在租借地和滿鐵附屬地內設置各種管轄機構。其管轄機構分為三類：一是關東廳，設關東長官，統制大連旅順租借地內所有行政事宜，監督南滿鐵路株式會社，掌管鐵路佔用地內司法和警察事務。關東廳內設長官官房、內務局、警務局、財政部，直屬的官署有民政署、警察署、法院、檢察局、遞信局、刑務所、海務局、學校、觀測所、醫院、農事試驗所、實業試驗所、水產試驗所、專賣局等機關。關東廳地方行政下設旅順和大連兩市及 69 個村落。二是南滿鐵路株式會社，管理鐵路佔用地和附屬事業，並設地方部和地方事務所派出所，專管滿鐵附屬地內之教育和衛生等地方各項行政事宜。三是日本駐東北領事，在商埠及滿鐵佔用地行使領事裁判權，且以兼任關東廳事務官身份兼管警察行

政。日本駐東北各地領事館有：駐瀋陽日本總領事館，該館在新民和通化設分館，駐哈爾濱、永吉、延吉六道溝日本總領事館；駐安東、營口、遼陽、鐵嶺、遼源、西豐、海龍、長春、延吉句子街、琿春、汪清百草溝、延吉頭道溝、齊齊哈爾、滿洲里、赤峰等地日本領事館。〔註6〕

　　第二，日本在東北之駐軍權。日俄戰爭後，日本取得在滿鐵及支線沿線每公里駐兵 15 名之特權。日本在東北駐軍分為兩種，即滿洲駐屯軍，屬於野戰師團；和獨立守備隊，屬於鐵路警衛。此外，守備旅大租借地之日軍，有旅順要塞司令部及重炮兵大隊。總計共有日軍 2 萬左右，即常備軍 1.3 萬餘人，守備隊 0.6 萬餘人。在東北的日本駐軍最高軍事機關為設在旅順之關東軍司令部，下設參謀部、副官部、兵器部、經理部、軍醫部、獸醫部、法務部等機關。關東軍司令為陸軍大將或中將，特任官，直屬於日本天皇，統領在東北及關東租借地內之日軍全部。駐東北的日本師團，每兩年與日本其他師團換防一次。1930 年時駐東北之滿洲駐屯軍為日本第十六師團，師團司令部駐遼陽，各聯隊分駐長春、公主嶺、鐵嶺、瀋陽、遼陽、海城和旅順等地。獨立守備隊，於公主嶺設司令部，下有六個大隊，屬於永駐東北性質，各大隊分駐南滿鐵路及支線的公主嶺、瀋陽、大石橋、連山關、新義州和安東各地，專任鐵路警衛並保護電線。此外日本在租借地和滿鐵附屬地還設有憲兵，行軍事警察職責，兼理一切行政司法之警察事務。關東憲兵隊總部設旅順，各分隊及分遣隊設於鐵路沿線各地，分隊設旅順、大連、遼陽、瀋陽、鐵嶺、長春和安東，分遣隊設柳樹屯、大石橋、營口、海城、撫順、開原、四平街、公主嶺和連山關等地。〔註7〕日本在東北之駐軍還有在東北狂野地帶訓練和演習之特權，雖需要提前將各項計劃及範圍等照會各縣政府和交涉署，但日軍實際訓練或演習時卻常常不按事先擬定之計劃行事，經常臨時變更擴大地域甚至改變演習地域。這既是對中國土地主權之無視，也是其懷揣侵略不軌之野心的明顯寫照。

　　第三，居住東北之日韓僑民。東北的外國僑民，以日本人為最多，且日本政府獎勵日人向中國東北移民。至 1930 年 12 月底，日本僑民居住東北之人數，已經達到所有外國僑民的百分之八十，且絕大部分日僑居住於旅大租

〔註6〕東北文化社年鑒編印處：《東北年鑒》，瀋陽：東北印刷局，1931 年，第 251、325 頁。

〔註7〕東北文化社年鑒編印處：《東北年鑒》，瀋陽：東北印刷局，1931 年，第 321 ～322 頁。

借地和南滿鐵路附屬地。據統計，在東北之日本僑民遼寧省各縣有 1985 人，吉林省各縣有 311 人，黑龍江省各縣有 82 人，熱河省各縣有 15 人，東省特北區有 3067 人，旅大租借地及南滿鐵路附屬地有 23.86 萬人，總計約有 24.4 萬人。日本吞併朝鮮後，還設法驅趕韓民向中國東北移民，妄圖將其充當日本侵略中國東北之急先鋒，1928 年韓人在東北居住者有 20 餘萬，而 1930 年再調查韓僑民已達近 59 萬人，增加迅猛。而日本則屢屢借韓僑爭端插手東北內部事務，干涉中國主權。東北境內韓僑民統計，主要居住於與朝鮮接壤的遼寧和吉林各縣，遼寧省各縣有約 12.3 萬人，吉林省各縣有 44.1 萬餘人，黑龍江省各縣有 2600 餘人，東省特別區有 2600 餘人，旅大租借地及南滿鐵路附屬地有約 1.9 萬人，總計約有 58.8 萬人，日韓僑民總數達到 83.2 萬人。相比較於蘇聯僑民約 8.6 萬人和沙俄籍 10 萬餘人，日韓僑民則要多出數倍不止。〔註 8〕而日本中國東北實行日僑徵兵制，凡年在 18 歲至 45 歲之男子均編列軍籍，但凡遇事立即集合成軍。而 24 萬日僑，即便成年男子僅有三分之一比例，也有 8 萬餘人，加之日本關東軍和守備隊，日本在東北兵力頃刻間就能達到 10 萬餘眾。而後來九一八事變時，日本關東軍果然大量徵召日僑編製成軍，成為了侵略東三省的先鋒部隊。

第四，妄圖操控東北金融之日本金融機構。日俄戰爭後，日本繼承了沙俄在東北南部之勢力，為了操縱東北經濟命脈，積極布局企圖控制東北金融。日本在中國東北之金融組織種類繁多，有銀行、信託公司、取引所、東洋拓殖株式會社以及當鋪等。其中東洋拓殖株式會社投資於不動產，取引所為貨物交易之金融機關，能夠攪動東北金融局面者主要還是日本在東北各銀行，比如正金銀行、朝鮮銀行等。日本在東北銀行於東北各地設置分行，如正金銀行在大連、營口、奉天、長春、開原、哈爾濱等地有分行；朝鮮銀行在大連、奉天、長春、開原、營口、旅順、遼陽、安東、鐵嶺、哈爾濱、付家甸等地有分行；正隆銀行和滿洲銀行在東北各地也各有 10 餘處分行。並且這些銀行均實行金本位制，正金銀行和朝鮮銀行等均有紙幣發行權，發行數額巨大的日本金票，其雖主要流通於旅大租借地和滿鐵附屬地，但也同時在東北各地流通，且幣值堅挺，對東北金融構成巨大威脅。〔註 9〕

〔註 8〕東北文化社年鑒編印處：《東北年鑒》，瀋陽：東北印刷局，1931 年，第 360～363 頁。
〔註 9〕東北文化社年鑒編印處：《東北年鑒》，瀋陽：東北印刷局，1931 年，第 935 頁。

表 45：民國時期日本在東北主要銀行概況表

銀行名稱	總行所在地	在東北設立時間	實收資本金（萬元）	公積金（萬元）
橫濱正金銀行東北分行	日本橫濱	1880	10000	11204
朝鮮銀行東北分行	朝鮮京城	1909	2500	210
正隆銀行	大連	1906	562	5.8
長春實業銀行	長春	1917	400	16
滿洲銀行	大連	1923	291	
大連商業銀行	大連	1918	200	25.8
大連興信銀行	大連	1898	20	
滿洲殖產銀行	奉天	1920	50	0.87
南滿銀行	鞍山	1919	37.5	2.9
安東實業銀行	安東	1928	12.5	10.3
協成銀行	安東	1920	25	8.8
商工銀行	遼陽	1913	50	1.1
振興銀行	營口	1918	20	15
平和銀行	吉林	1920	97.5	5.9
哈爾濱銀行	哈爾濱	1921	50	6.4
吉林銀行	吉林	1920	7.5	1.5
日華銀行	鐵嶺	1918	50	5.2

資料來源：東北文化社年鑑編印處：《東北年鑑》，瀋陽：東北印刷局，1931 年，第
936 頁。

　　第五，在東北之日本工商業。九一八事變前，日本在中國東北工商業概
況如下：在旅大租借地和滿鐵附屬地及各商埠等主要城市，如大連、旅順、
營口、遼陽、奉天、安東、開原、長春等地，共計創辦各種商業公司 1122 家，
其中在大連者超過半數有 691 家。而包括分公司及其他各種形式的商業公司
在內，日本在東北公司總計超過 1350 家。而日本在東北的企業還聯合起來，
組建工商業會所組織，是為日企發聲爭利。這些日本商會主要集中於大連、
奉天、安東、營口、長春、哈爾濱和鐵嶺等地，而其他重要地區則設有類似
的實業機關，如鞍山、遼陽、撫順、開原、本溪等地的實業協會，四平街市
民協會，公主嶺、吉林等地商工會。此外，日本在東北所經營之市場共有 26

處，其中商店家數達到 645 家，其收入額達 1300 餘萬元之多。在工業方面，除少數為日本自辦外，日本大多採用中日合辦方式操控東北工礦業。至 1930 年中日合辦的各類重要公司已達 23 家，其中礦業公司有 4 家，如本溪湖煤鐵有限公司、弓長嶺鐵礦無限公司、錦西煤礦有限公司、天寶山銀銅礦公司；木材公司有 12 家，如豐材股份有限公司、鴨綠江採木公司等；水務、製糖、毛織等其他公司 7 家。這些公司實力雄厚，資本少者有日金 50 萬元，多者如本溪湖煤鐵公司資本有日金 700 萬元，憑藉著雄厚資本這些公司控制了東北大部分煤鐵及木材的生產與銷售。〔註 10〕

第二節　對日蘇在東北境內勢力的監視、防範與抵制

　　1916 年張作霖統一東三省後，即遊弋於日俄兩強中間，既討好日俄兩方，又堅持奉系對東北的控制，在日俄兩強夾縫中求得生存與壯大。也正因東北背靠日俄兩大列強，張作霖及奉系軍閥才不得不屢次入關，企圖在關內尋求更大的生存空間，也因此與國共兩黨發生衝突。而對於日俄兩強在東北的諸多特權，無論是張作霖時期，還是後來張學良主政東北時期，均試圖予以收回。不過日俄兩國在民國時期對東北的政策則出現了不同，由於俄國發生革命，後來蘇聯將主要精力用於歐洲而在遠東採取守勢；而日本大陸政策則將侵略矛頭直指中國東北，在東北問題上繼續採取攻勢，甚至日本駐軍在東北不斷挑釁隨意殺害中國人民。所以奉系對蘇交涉取得了一定成效，但對於事關蘇聯安全之中東鐵路問題上，鑒於蘇聯的強勢東北地方政府不得不妥協並予以承認；而日本對於已經到期之旅大租借地都以武力強行繼續侵佔而不歸還，更遑論其他諸般特權，所以東北地方政府對於日本在東北之勢力也不得不妥協並予以承認。

　　蘇聯守勢，且中東鐵路沿線駐軍、哈爾濱及中東鐵路附屬地等行政與司法等各項權利均以相繼收回，所以易幟後的張學良及東北政務委員會試圖完成其父張作霖和北京政府所未盡之事業，即徹底收回中東鐵路。日本攻勢強大，謀求將東北變成日本殖民地，所以張學良及東北政務委員會決定避其鋒芒，虛與委蛇，不再讓日本獲得任何新的權益。而無論是對待蘇聯還是日本，東北政務委員會在採取強硬或拒絕合作態度的同時，還對日蘇兩方勢力在東

〔註 10〕　東北文化社年鑒編印處：《東北年鑒》，瀋陽：東北印刷局，1931 年，第 1021、
　　　　　1112 頁。

北的活動採取嚴密監視和防範政策，以為配合。

一、對蘇聯勢力的監視與防範

第一，對蘇禁運糧食以謀挽回利權。早在 1928 年 9 月，東北地方政府駐俄屬黑河總領事韓述就曾呈稱發現蘇聯在北滿一帶收購糧食情形，並認為「為乘此時機謀以交換爭回相當權利計，對此問題應加以特別之注意」。韓述在呈文中稱，蘇聯正在鬧糧荒，「俄境內情形即不穩固，而外患復紛至沓來」，雖然莫斯科「即速取消一切強制收買糧產辦法」，但效果尚未顯現，「故俄境農產數目之暴跌不久可成事實，1921 年之饑荒又將重演」。而「將來依賴國外供給糧產之國家」只有中國，「因日本及歐洲臨近各國均非農業國家」。所以對於「現時蘇聯當局已著手在我國北滿一帶積極收買糧產以謀救濟於將來」一事，「我國為慎重民食計，為乘此時機謀以交換爭回相當權利計，對此問題應加以特別之注意」。對此張學良認為「該總領事呈稱各節於三省民食亟關重要，當此蘇俄在北滿一帶積極收買糧產更宜特別注意密謀補救，不獨乘此時機可以爭回相當之權利且可利用此等時機防止赤化鞏固國防」，並「令行東三省交涉總署及特別區行政長官等籌謀辦法呈候核奪」。〔註11〕

而東三省交涉總署等所籌擬之辦法則是以禁運糧食為籌碼向蘇聯提出條件以謀求挽回權利。該署稱：蘇聯「現已在我國北滿一帶積極收買糧食，若我地方官廳不特別注意，則商民見其有利，勢將盡其所有售諸外人」，最後導致本地糧食因缺乏而至糧貴繼而引起恐慌。所以為保障民食起見，應「預籌限制之法，其辦法即當以禁糧出境為著手。蘇聯方面受此打擊自必向我當局要求弛禁，我則以本地糧產不敷民食為辭，先行拒絕，俟再三請求始磋議提出交換條件，非得圓滿之解決不與接洽糧食交易事宜。其條件即舉蘇聯政府向日待遇我旅俄商民之種種苛稅苛捐及限制匯款出境等一切規章予以修改或廢除，並須聲明嗣後不得再有無故逮捕我僑民及任意處罰或沒收財產等類事件發生。如能就範，則由當地商會秉承地方官廳組織糧產交易所，專辦理俄方購糧事務，審奪當地糧食出產需要情形，以其剩餘售諸外人。其價值須較本地行情為高，並應禁止民間之私行交易，於其運輸出境時，更須酌定相當之稅，似此則民食無虞，而權利可藉以稍挽。至於蘇聯黨人狡詐萬端，值此

〔註11〕《奉天省長公署轉發東三省保安總司令部為注意蘇聯在北滿收買糧食給各縣訓令》（1928 年 9 月），遼寧省檔案館編：《奉系軍閥檔案史料彙編》⑦，南京：江蘇古籍出版社，1990 年，第 529 頁。

時機難保無陽為購糧而暗中宣傳赤化之事，我方沿邊軍警機關亟應隨時嚴密防範稽查，若無確切證明不許其逗留境內」。〔註12〕應當時東三省保安總司令部核准後，1928年10月東北各省均開始實行對蘇聯禁運糧食政策。

　　1929年1月初，東三省保安總司令部又決定將豆油等大豆類產品加入禁運，「對俄禁運食糧本取嚴格主義，既據稱禁運豆類於商務稅收無損，應即一律禁運」。〔註13〕東北政務委員會成立後，對蘇糧食禁運政策仍照常執行，「對俄禁運食糧歷經前保安總司令部通行有案，據呈前情仰該省政府一體注意，倘有俄人入境購糧應即照禁運通案認真辦理」，各省隨即飭令各縣轉飭各公安局及村長副等「妥為注意，嚴加防範」。〔註14〕同時對於日本招募韓僑購糧轉售蘇軍情事也採取了防範措施，1929年8月下旬中蘇戰事前線第17旅旅長韓光第偵查到日人為蘇軍代為購糧行為，9月初遼寧省公安管理處偵查到俄國駐遼總領事與日本駐遼總領事秘商由日方「代募朝鮮人三千名」並「訂立購買食糧契約」，「購買大米一萬袋，白麵二萬五千袋，紅糧二萬石，由9月10日起至30日交付俄領事」，對此東北地方政府飭屬嚴密查禁。〔註15〕

　　第二，中東路事件後對蘇之防範舉措。1929年7月中東路事件發生後，南京國民政府及東北政務委員會均預判了形勢，他們認為「彼方情勢，內亂堪虞，西方各小國之外交與歐西列強關係錯綜，在彼實無時不在危險之中，且彼亦簽字非戰公約之國，誠亦未必敢於以世界為敵，悍然啟釁」，並判斷「可為彼方所能恃為工具者綜合各方情報不外下列三端：（一）虐遇華僑，（二）密派黨人分赴我國隱忍煽動，（三）擾亂沿邊。」且預先就這三方面準備了應對措施：「其虐待華僑一節，除留俄華僑已託駐俄德使代為保護外，其因此次

〔註12〕　《奉天省長公署轉發東三省保安總司令部關於禁止糧食向蘇出境給各縣訓令》（1928年10月），遼寧省檔案館編：《奉系軍閥檔案史料彙編》⑦，南京：江蘇古籍出版社，1990年，第614頁。

〔註13〕　《奉天省長公署轉發東三省保安總司令部對蘇禁運糧食豆類給各縣訓令》（1929年1月），遼寧省檔案館編：《奉系軍閥檔案史料彙編》⑧，南京：江蘇古籍出版社，1990年，第74頁。

〔註14〕　《遼寧民政廳為認真辦理對蘇禁運糧產給各縣訓令》（1929年4月），《興京縣公安局為飭屬嚴防蘇聯人購買糧食情形給縣政府呈》（1929年6月），遼寧省檔案館編：《奉系軍閥檔案史料彙編》⑧，南京：江蘇古籍出版社，1990年，第329、508頁。

〔註15〕　《關於嚴防日本為蘇招募韓僑向我方購糧轉售給蘇軍的文件》，遼寧省檔案館編：《奉系軍閥檔案史料彙編》⑨，南京：江蘇古籍出版社，1990年，第3～5頁。

斷交而致失業之僑民應如何設法救濟，擬請飭下僑務委員會妥籌辦法，呈由政府核定施行；其密派黨人分赴各地隱圖煽動一節，擬請轉陳政府密令各省政府嚴密戒備；至擾亂沿邊一節，查中俄國境東西北三面在接壤，擬請轉陳政府密電各該軍事長官於各要隘妥籌防禦，處以鎮靜，務期釁不我開」。〔註16〕同時對於蘇聯糧食禁運依然施行，「為前以防俄事起，食糧一項關係軍需民食，曾經禁運在案，現在軍隊撤回交通恢復，自應規復防俄以前狀況，以利商民。除由滿洲里輸出仍絕對禁止及由綏芬轉崴放洋赴歐日者仍應查照前案呈驗證件外，其餘運往內地行銷者，一律准其自由輸運，毋庸請領護照及呈驗證件以省手續」。〔註17〕

第三，對東北境內之蘇聯僑民進行監視。1929 年 8 月隨著中東路事件的發生，中蘇關係緊張，對於「在我境內居留之赤俄籍人」，東北政務委員會不甚放心，令各省政府「妥擬辦法監視，以免滋擾」。〔註18〕遼寧省政府隨即密令交涉署及公安管理處等「擬具監視境內赤俄籍人辦法五條」：一，「在城內及商埠地內居住之赤俄籍人」，由公安局查明人數造冊具報，一面派便衣隊秘密監視隨時報告，如查處有軌外行動情形即時逮捕。二，「在附屬地內居住之赤俄籍人」，由軍警機關遴派幹探秘密偵察，並於交界處設卡「遇有入境之赤俄籍人形跡可疑者」即依法檢查或驅逐之。三，由省政府密函交通委員會暨令電政監督處電燈廠飭屬加意，「嚴防赤俄籍人勾串共黨有毀壞路電及擾動工人情事」。四，由交涉署派通曉俄文人員「在省城郵政總局檢查俄人往來信件逐日報告」。五，「營口安東兩埠有無居住赤俄籍人」，由交涉署查明，遇有必要時呈由各該公安局依照本辦法辦理。〔註19〕此外對已入蘇聯籍韓人，遼寧省政府也密令各縣嚴查取締韓僑並對韓人信件進行嚴格檢查。〔註20〕1930 年

〔註16〕 《遼寧省政府為轉發外交部對蘇應預為戒備三條辦法給各縣密令》，遼寧省檔案館編：《奉系軍閥檔案史料彙編》⑨，南京：江蘇古籍出版社，1990 年，第 2 頁。

〔註17〕 《遼寧省政府三月份紀念週報告》，遼寧省檔案館編：《奉系軍閥檔案史料彙編》⑨，南京：江蘇古籍出版社，1990 年，第 654 頁。

〔註18〕 《王樹翰為應妥擬辦法監視蘇籍居留民致遼寧省政府函》，遼寧省檔案館編：《奉系軍閥檔案史料彙編》⑧，南京：江蘇古籍出版社，1990 年，第 727 頁。

〔註19〕 《遼寧省政府為擬具監視境內蘇聯籍人辦法給交涉署等密令和致司令長官公署等函》，遼寧省檔案館編：《奉系軍閥檔案史料彙編》⑨，南京：江蘇古籍出版社，1990 年，第 18 頁。

〔註20〕 《關於注意檢查入蘇聯籍韓僑郵件的文件》，遼寧省檔案館編：《奉系軍閥檔案史料彙編》⑨，南京：江蘇古籍出版社，1990 年，第 7～9 頁。

1 月中東路事件已平息後，對於蘇聯僑民之監視仍為放鬆，如遼寧省交涉員稱「派通曉俄文人員王毓翔每日赴省城郵務總局檢查俄人往來信件兩次，據該員逐日報告尚無與時局有關函件，即間有譯不成文或詞語可疑者亦均予以扣留」，並呈詢「現既中俄事件已趨和平，此項檢查信件事務可否停止」，而遼寧省政府訓令「仍照常暫行檢查」。〔註 21〕

二、對日本勢力的監視、防範與抵制

日本在東北的勢力更大，取得的權益也更多，除了前述駐軍、租借地、工商等方面外，日人還可以隨意到東北境內各地借遊歷名義進行勘察，日軍隨處進行軍事演習，甚至日本守備隊隨意槍殺華人事件都屢有發生。〔註 22〕而對此東北政務委員會一面採取克制與妥協態度，一面則對日本勢力進行暗中監視、防範與抵制。

第一，查禁日人在東北的各種調查與不軌活動。外人在華遊歷要向各省交涉署申請核驗護照，並由遊歷地區各縣政府妥為保護，1929 年 5 月南京國民政府為對外交涉起見再次重申妥善保護旅華外人生命財產的訓令。〔註 23〕日本人在東北境內遊歷者比其他所有外國人在東北遊歷者總和之數還要多，日本人平均每月申請遊歷者多達 20 至 30 人次。日本人這麼大規模的遊歷舉動，其目的無非是借遊歷之名行對東北境內人文地理、物產甚至駐軍狀況等進行調查之實。對此東北政務委員會及各省政府均採取了多種辦法進行抵制，比如在 1929 年 7 月初遼寧省密令各縣嚴禁外人入境勘測：「凡屬我國領境決不許外人測勘，一經查覺立即設法制止，一面火速密報各主管機關以杜覬覦，其有奸民假藉名義私行勾串外人測繪者亦應依法懲治」。〔註 24〕7 月末

〔註 21〕《王鏡寰為中蘇事件已趨和平可否停止檢查郵件給遼寧省政府呈》，遼寧省檔案館編：《奉系軍閥檔案史料彙編》⑨，南京：江蘇古籍出版社，1990 年，第 479 頁。

〔註 22〕可參見《關於日本各界人士到東北內蒙地區進行遊歷活動的文件》、《關於日軍在大石橋海城地區進行軍事演習的文件》、《梨樹縣政府為具報四平街日本守備隊兵槍殺華人交涉勘驗情形給遼寧省政府呈》，遼寧省檔案館編：《奉系軍閥檔案史料彙編》⑧，南京：江蘇古籍出版社，1990 年，第 512、381、525 頁。

〔註 23〕《遼寧省政府為妥慎保護旅華外人生命財產給各縣訓令》（1929 年 5 月），遼寧省檔案館編：《奉系軍閥檔案史料彙編》⑧，南京：江蘇古籍出版社，1990年，第 405 頁。

〔註 24〕《遼寧省建設廳為嚴禁外人入境測量的密令》（1929 年 7 月），遼寧省檔案館編：《奉系軍閥檔案史料彙編》⑧，南京：江蘇古籍出版社，1990 年，第 533 頁。

遼寧省又以索倫地區盜匪猖獗須分期剿捕為由「聲明暫停外人遊歷」，且「本省洮安、安廣、開通、鎮東、突泉、瞻榆等縣向係停止遊歷，自應查照前案函達各國領事通告僑民一體知照」。〔註25〕而對於日本方面提出的物產調查等申請則明確拒絕，如該月南滿鐵路株式會社函請對營口進行農產品調查，遼寧交涉署稱「查調查農產事關年成豐歉，固無所謂秘密，然亦無宣布之必要。乃彼方事不於己竟亦注意，其為別有用心殆可想見，應請准如該縣所擬，予以拒絕。密令各縣一體遵照，俾免分歧。」〔註26〕

此外對於日人在東北境內的各種密謀與不軌行為，東北政務委員會及各省政府也嚴密監視和制止，對於與日人勾結之奸民則加以懲治。1929年4月，東北邊防軍第20旅旅長黃顯聲報告「有日人西村傑時常往來蒙古王公」，意圖不軌，張學良令遼寧省政府飭警嚴密偵查，加以防範。〔註27〕9月經密查發現內蒙圖什業圖親王業喜海順勾結日人及私送汽車一案，瞻榆縣長李蔭春主張拍賣該汽車，價款返還圖王以示寬大，而張學良等持懷柔政策令瞻榆縣將該汽車及車夫一併釋放。〔註28〕雖然並未對內蒙圖王進行懲處，但對日人與蒙古王公之勾結東北政務委員會及各省政府卻並未放鬆。1930年5月張學良收到密報，據稱「因我國內地戰事，日本退伍軍人同浪人圖在東省起事，推翻鈞座同輔帥，援助蒙古獨立。聞有蒙人現在遼寧省境內潛伏」，張學良令遼寧省政府「嚴行查防」。〔註29〕7月據外交部咨文稱「日方重要職員先後赴延邊視察，不無具有深意」，東北政務委員會密令遼吉兩省政府「注意偵查，隨

〔註25〕《遼寧交涉署為在索倫地區剿匪期間洮安開通等縣暫停外人遊歷的訓令》（1929年7月），遼寧省檔案館編：《奉系軍閥檔案史料彙編》⑧，南京：江蘇古籍出版社，1990年，第566頁。

〔註26〕《遼寧省政府為拒絕日本南滿鐵道株式會社調查農產給各縣密令》（1929年7月），遼寧省檔案館編：《奉系軍閥檔案史料彙編》⑧，南京：江蘇古籍出版社，1990年，第547頁。

〔註27〕《東北邊防軍司令長官公署為嚴密偵查日人西村傑時常往來蒙古王公等情給遼寧省政府諮》，遼寧省檔案館編：《奉系軍閥檔案史料彙編》⑧，南京：江蘇古籍出版社，1990年，第332頁。

〔註28〕《關於調查處理圖什業圖親王業喜海順勾結日人及私送汽車案的文件》，遼寧省檔案館編：《奉系軍閥檔案史料彙編》⑧，南京：江蘇古籍出版社，1990年，第85～98頁。

〔註29〕《張學良為查防日本退伍軍人同浪人圖在東省起事有蒙人在遼寧境內潛伏致遼寧省政府代電》（1930年5月），遼寧省檔案館編：《奉系軍閥檔案史料彙編》⑩，南京：江蘇古籍出版社，1990年，第48頁。

時具報」。〔註30〕

　　第二，嚴禁將土地租售給日人，並嚴懲與日人勾結之商民。日本除了旅大租借地到期不還外，還通過各種手段不斷擴大滿鐵附屬地範圍，如1929年10月發現日方暗中將南滿鐵路兩側界標向外移動展寬邊界，對此遼寧省政府令警署「慎密監查，嚴加防護，以杜私移，而維主權」。〔註31〕此外日人還通過與不良商民勾結方式，私自租買國土，對此東北政務委員會及各省政府均明令嚴厲查禁，如1929年1月，奉天省政府就向各縣縣長發出訓令，禁止「私自將土地出售或質押給外國人」，如有違反者，「一經查出，無論地主、證人或介紹人，一律處以極刑」；〔註32〕3月遼寧省政府接獲探報「各縣人民對於所有土地仍有私自租與外人或賣與外人等情，似此辱國喪權殊堪顧悉」，又飭令各縣「從嚴查禁，以重國土而免交涉」。〔註33〕

　　對於民間私下與外人簽訂租賃或買賣合同行為，遼寧省政府於1929年4月就有密令規定「凡私人與外國人訂立契約，應逕向締約地或權利所在地之縣政府呈請轉呈本省政府立案」，「須經核准有案，始發生契約效力」，否則不予承認。〔註34〕但地方不良商民對此置若罔聞，此後的5月、6月及1930年1月等均又多次出現奸民勾結日人盜賣國土或日人購買土地等情形。

　　如紀敬夫勾結日人西村潔等「在洮南及遼源數年控造假名私販國土，坐分餘利，且日人西村潔在洮南城內「擅自買契偽言租賃，並未通知吾國官憲許可，蔑我主權，擅行建築院宇房屋數十間，自稱駐洮南滿公所販賣種種違禁物品，日人往來蒙邊者咸曾於此偵察蒙情。紀敬夫不惜禍國甘心為虎作

〔註30〕《東北政委會為密飭注意日方重要職員赴延邊視察給遼吉兩省政府令和外交部諮》（1930年7月），遼寧省檔案館編：《奉系軍閥檔案史料彙編》⑩，南京：江蘇古籍出版社，1990年，第331頁。

〔註31〕《遼寧全省公安管理處為嚴密監視日方欲將南滿各地鐵路兩邊展寬移動界標的訓令》（1929年10月），遼寧省檔案館編：《奉系軍閥檔案史料彙編》⑨，南京：江蘇古籍出版社，1990年，第205頁。

〔註32〕〔日〕水野明著，鄭樑生譯：《東北軍閥政權研究——張作霖、張學良之抗外與協助統一國內的軌跡》，臺北：國立編譯館，1998年，第308～309頁。

〔註33〕《奉天省政府為將東北邊防軍司令長官公署查禁將土地私自租賣外人致各縣代電》（1929年3月），遼寧省檔案館編：《奉系軍閥檔案史料彙編》⑧，南京：江蘇古籍出版社，1990年，第235頁。

〔註34〕《遼寧省政府為凡與外國人訂立契約須先行呈報省政府審核的密令》（1929年4月），遼寧省檔案館編：《奉系軍閥檔案史料彙編》⑧，南京：江蘇古籍出版社，1990年，第339頁。

倀，盜賣國土種種非為不一而足，尤復挾外人之勢力魚肉良善，人皆側目」。「查盜賣國土向於例禁，探告情形如果屬實，亟應從嚴取締以免辱國喪權」，遼寧省政府「轉飭該縣迅將盜賣國土之人拿獲依法從重究辦」。〔註35〕舒玉文在撫順縣千金堡礦區擁有土地共計130餘畝，該土地分礦內礦外相毗鄰的兩部分。礦界以內之77畝土地經縣政府批准，舒玉文將之賣與了日本煤礦，但此人卻「假此機會」將「礦區界外之地，亦經同時盜賣」與日本煤礦。「擅自賣出，則純係盜賣國土」，遼寧省政府令「飭撫順縣先將舒玉文暫行看押，一面由縣將界外之地妥為交涉收回，一俟盜賣國土懲治條例，奉令核准到府，再行核辦。」〔註36〕對於勾結日人盜賣國土之紀敬夫和舒玉文等人，東北地方政府向來明令嚴辦、嚴懲，但實際上當時並無對盜賣國土進行懲罰之法律法規。

　　所以東北政委會制訂了《盜賣國土懲治條例》，但該條例從未公開頒布，甚至東北地方政府還否定該條例的存在。如1931年8月最高法院東北分院致函遼寧省政府，請將懲治盜賣國土之「禁令及單行章程等項」「錄案移送一份過院，以供裁判上之參考」。然而遼寧省政府卻回覆：「本府並無此項禁令及單行章程，無憑錄送」。〔註37〕可見該條例屬秘密性質，僅限於地方行政系統秘密施行，而無法在司法系統施行，以免引日方交涉之虞。

　　在日方資料中，該條例是確實存在的，經日文轉譯中文後，該條例名為《盜賣國土督辦條例》，並最早在1929年8月被東北政務委員會以訓令形式頒發給韓人最多之吉林省，以阻止日本以歸化韓人為中介盜買中國土地。〔註38〕1931年5月，東北政委會又制定了《盜賣國土懲罰法》，該法對租押和盜賣土地數量與相應刑罰做了具體規定：租與外國人土地，1至20畝者，分別處以5年、10年或20年不等的有期徒刑，並沒收該土地；20至50畝者，

〔註35〕 《東北邊防軍司令長官公署為查處紀敬夫勾結日人盜賣洮遼一帶荒地給遼寧省政府諮》，遼寧省檔案館編：《奉系軍閥檔案史料彙編》⑧，南京：江蘇古籍出版社，1990年，第445頁。

〔註36〕 《遼寧省農礦廳為據撫順縣報查明舒玉文盜賣國土究應如何懲處給省政府呈》，遼寧省檔案館編：《奉系軍閥檔案史料彙編》⑨，南京：江蘇古籍出版社，1990年，第514頁。

〔註37〕 《最高法院東北分院函調取盜賣國土單行章程》，遼寧省檔案館藏奉天省長公署檔，全宗號：JC10-1-17092。

〔註38〕 〔日〕水野明著，鄭樑生譯：《東北軍閥政權研究——張作霖、張學良之抗外與協助統一國內的軌跡》，臺北：國立編譯館，1998年，第308～309頁。

處以無期徒刑，沒收其土地，財產則不予沒收；50 至 100 畝者，處以死刑，沒收其土地，財產則不予沒收；100～500 畝者，處以死刑，而租賃介紹人則處以 5 至 30 年不等的有期徒刑；500 至 1000 畝者，處以死刑，介紹人無期徒刑。盜賣土地，1 至 20 畝者，處以 10、20 或 40 年不等的有期徒刑，並沒收盜賣人之財產，以籌措金錢贖回被盜賣土地；20 至 50 畝者，處以無期徒刑，沒收其土地，財產則不予沒收；50 至 100 畝者，處以死刑，沒收其土地，財產則不予沒收；100 至 500 畝者，處以盜賣人死刑，介紹人則處以 5 至 30 年不等的有期徒刑；500 至 1000 畝者，處以盜賣人死刑，介紹人無期徒刑。〔註 39〕

第三，嚴防日本利用韓人侵略。1929 年 4 月遼寧省政府接到南京中央通報日本將利用韓人侵略東北，其利用韓人方法有兩種：一是「使朝鮮人為先鋒隊，雜居滿蒙，然後日本人再由朝鮮繼續進至滿蒙」，即讓韓人移民東北；二是「使其走狗亦朝鮮人得中國國籍」，即利用加入中國國籍的韓人購買土地等進行侵略。〔註 40〕對於日本滿蒙移民政策，其辦法是組織滿洲移民農業會社，由日本政府撥發金票五千萬元，「該會社總部設於大連，其他南滿沿線如奉天、營口、遼陽、安東以及北滿之長春、哈爾濱、延吉等處均設置支部。其宗旨擬以多金訪買中國人田地房產或以輕利息借貸與華人」，「以將田地房產吸為己有，而實行移民兼擴充滿洲農業計劃。預定該會社成立三年後，可由日本及朝鮮內地移來滿洲日鮮農民二十萬人」。該政策實施後，對「軍糧亦有莫大之利益補助，日本陸軍省呈准政府擬以此次移民耕獲之稻糧運入國內存儲，以備將來對外戰事之準備三年間足用之軍糧」。日本此項計劃，「遺害我國非淺」，「若非預籌制止將來滿蒙隱患殊屬堪虞」，遼寧省政府令各縣「認真調查隨時具報」。〔註 41〕

〔註 39〕〔日〕水野明著，鄭樑生譯：《東北軍閥政權研究——張作霖、張學良之抗外與協助統一國內的軌跡》，臺北：國立編譯館，1998 年，第 309 頁；《遼寧省政府國土盜賣懲罰標準制定》，日本外務省編：《日本外交文書》，昭和期 I 第 1 部第 5 卷，1994 年，第 88～89 頁。

〔註 40〕《遼寧省民政廳為嚴防日本利用韓人侵略滿蒙的密令》（1929 年 4 月），遼寧省檔案館編：《奉系軍閥檔案史料彙編》⑧，南京：江蘇古籍出版社，1990 年，第 302 頁。

〔註 41〕《遼寧省民政廳為認真調查日本政府計劃由日本和朝鮮向東北大量移民的密令》（1929 年 4 月），遼寧省檔案館編：《奉系軍閥檔案史料彙編》⑧，南京：江蘇古籍出版社，1990 年，第 306 頁。

　　而為防範日本利用入中國籍韓人進行侵略，東北政務委員會制訂了限制韓人入籍政策，其中「遼省則取嚴格主義，吉省則採懷柔政策」。在遼寧省「凡韓人所到之處，即日政府權力所及之處，一遇交涉發生幾無一案能易於解決者。故為懲前毖後起見，一面應逐漸設法減少，一面又須防止再來，而防止之法最切要者莫如阻止其入籍，欲阻止其入籍除限制索要出籍證書外，實無其他良策」。且「對於移至之韓人，在吉省尚可援引圖們江約以拘束之」，而在遼寧省「既不能援引此約，若不加以阻止，則貽害無窮」。「故為抵制日人侵略計」，遼寧省政府要求「韓民歸化須先領日本出籍證書、許可證，收費應定為 22 元，一年一換，換必照章收費」，表面看許其歸化入籍，實則「日本出籍證書韓民無從領得，行此辦法以後韓民已無入籍之可能」。而吉林省對待韓人入籍雖「亦從限制入手」，但方法則是「按照吾國國籍法嚴格審查」，即「嚴其審查以為限制之具，一面則留其入籍之路」。吉林省如此選擇是因為韓人移民吉林人數最多，時間最久，吉省東北各縣如寧安等縣韓人已經取得「土地所有權，其居住累積數十年，此等韓民驅逐既難辦到，收回土地權又難實行，惟有任其入籍」，才可按照中國法律嚴加管制。而且在韓人違法處置上，「凡鮮人之歸化者」，吉林省「即逕行拘治，依中國法律辦理，未歸化者即送交日領辦理，此等案件層見不鮮，而日領亦無異議。甚有歸化可疑之點，日領亦來照查問某人究係何年何處歸化，要求查覆足見日方在事實上已有半承認歸化之勢。其在延琿和汪四縣居住已久之鮮人，我方一概視為墾民，遇事仍引用圖們江界約，向不免有爭執之處，要以上述理由辯拒之，尚可以資鈴束」。〔註42〕

　　遼寧省在「取嚴格主義」後，制訂了取締韓僑辦法 22 款，在將遼寧省居住之韓人徹查清楚後，將韓人分為已歸化入籍和未歸化入籍兩種，未入籍韓人又按與朝鮮接壤之東邊道各縣和其他內地各縣分為兩類，分別制訂限制與取締辦法。對於未入籍韓人，「屬於東邊者以僑居證人數為限，屬於內地者以領有雇傭證人數為限，此外無論何人何時不准再有添雇或將房屋給租，違則一經查明或被舉發即予嚴押並將地畝房屋沒收充公」。對於無僑居證和雇傭證者驅逐出境，對於有僑居證和雇傭證者，密令地主、房主和雇主，或廢租約改為雇傭、或期滿收房不准續租、或期滿解雇驅逐出境不准續雇。凡

〔註42〕《關於為抵制日本侵略限制韓人入籍的文件》，遼寧省檔案館編：《奉系軍閥檔案史料彙編》⑨，南京：江蘇古籍出版社，1990 年，第 307 頁。

屬雇傭之韓人不准集會、結社及設立學校；且不准藏帶除鳥槍外之槍械軍器及違禁物品，否則一經查出或被舉發由縣政府隨時逮捕驅逐。而「凡已入籍之韓人，應勒令連同家族一律改裝中服，用中國語言文字，遵從當地禮俗，子弟並須入中國學校，無論何時不准再服韓裝、用韓文字及其子弟回國或入韓人學校，違則取消其入籍，驅逐出境。」「如有請求入籍之韓人，應先令其呈驗該國允許出籍證書，並覈其是否與國際法條件相符，再為據情呈請核辦。」由此可見該辦法取締韓人之嚴厲，不僅拒其入籍，更將未入籍韓人加以驅逐出境。〔註43〕

　　第四，調查和收集日本侵略東北情報。從日本製造皇姑屯事件炸死張作霖到干涉東北易幟，已經讓國人充分認識到日本將東北視為囊中之物。而張學良及奉系高層頂住壓力，堅決易幟，並最終實現南北統一，導致日本對張學良及奉系更加不滿。因此東北易幟後，日本加強對東北侵略的密謀越來越多，東北政務委員會及東北各省政府為了應對日本，更加注意多方面多渠道地收集和調查日本情報。其情報來源，一是利用國民黨和南京國民政府的情報系統，共享與東北有關情報。比如前文日人利用韓人侵略東北，南京中央就曾電示東北當局密切注意防範。再如1930年2月南京內政部將國民黨中央所獲日本在東北琿春和延吉等四縣設立警所和韓人民會及資助韓人等情況電告東北當局，囑其嚴查取締。據國民黨調查員孫萬山報稱：在琿春、汪清、延吉、和龍四縣共有日本警察派出所和朝鮮民會各17處，並以延吉縣各地為數最多，約占半數。朝鮮民會「會長一正一副」，「薪水若沿江臨朝鮮國近處則薪水少，深入中國之處薪水多」。對於移民東北之韓人，日本「救濟朝鮮貧民每戶一元六角」，每六個月一期，「至期如數奉還並無利息」；對「遷居到開島或間島」之韓民，「救濟每戶七元，定期一年，利息一分，至期本息交還」。此外，日本還制訂有救濟東北朝鮮貧民辦法，其中第二條鼓勵韓人向吉黑兩省和中國內地遷移，「需款須經民會介紹發給執照，至銀行取款蓋無利息，屆期交還」；第三條規定通曉中文之韓民，皆受日本委任「調查中國事實報告民會，一月二次，月薪日金約四五十元」；第四條規定朝鮮「民會各鄉調查華韓戶口、土地、牲畜、地畝、產生物、糧食數目，一年二次報告日本帝國」；第五條獎勵韓人植桑養蠶，出產物且由日本收買；第七條規定牛有瘟疫應送到

〔註43〕　《關於為抵制日本侵略限制韓人入籍的文件》，遼寧省檔案館編：《奉系軍閥檔案史料彙編》⑨，南京：江蘇古籍出版社，1990年，第310頁。

朝鮮民會注射血清，各家須講究衛生。日本駐龍井領事還「令墾民以後彼此涉訟都歸日警朝鮮民會審判，不得任意擅自至中國法院」。〔註44〕日本還在韓人聚居之各縣鄉村設立學校，如和龍縣智新社七道溝上掌明新學校、大楡洞新東學校、德新社八道河子中興學校等，延吉等四縣共計有韓民學校47處之多。

其情報來源，二是依靠東北各省地方政府及軍警密探獲取日方情報。如1929年8月由復縣治邊警察報告並經遼寧省民政廳派人調查，獲知日人密謀在金縣強買大宗土地並將日本國內「少壯之預備兵遷入若干，無事為農，有事為兵，完全實施藏兵於農之策劃，並藉地儲糧為屯墾之長計」。〔註45〕12月遼寧省政府接到警務處高級密探報告，「日本駐南京公使佐分利在遼寧總領事館召集在滿洲各領事及在遼各機關各團體首領等共50餘名」召開會議，密謀解決諸多交涉懸案之方策：「（一）本使此次來遼純為解決東北各交涉事宜，因案件複雜不能及時交涉，暫候各總領事調查，並迅速調查各管界礦區、土地及其他之出產，以備將來移民分配計劃。（二）因此次太平洋會議支那側代表在會議席間所發表者，皆係反對我國在滿洲一切行動，要求退兵、撤領事裁判權、收回旅大及收回租界等提議，我國出席委員等再三抗辯，尚未有相當之結果，由此決定引起支那側全體反對，此後宜特別注意支那反對之宣傳。（三）急速開發鞍山磁鐵礦為實業重要問題，對於滿洲一切實業決不放棄，吉林夾皮溝金礦之條約由吉林總領事直接向吉林交涉之，以備我國開採，及礦區附設森林之條件速行解決。（四）保持南滿鐵路永久存在，收買天圖、延長、吉會與南滿線接連用重兵駐屯，以防軍事發生」。如果「支那側無力抗爭，乘此中俄交涉未解速將吉會線通過地點調查明確，專備開始建築各站，工廠暗用工人以備築路，俾免臨期而不速也。（五）大連、旅順、長春間航空計劃專為密探支那側一切行動，此項航空資本金業由國內大藏省備足，專候著手建築。（六）對滿洲擬謀商業之發展，由外務省商工會連名請願要求我國政府向支那取消海關出口稅，貨到時不准支那排斥，在各重要海港或商埠設貿易

〔註44〕《遼寧省政府為轉發內政部諮送日在琿汪延和各縣設警所民會一覽表的密令》，遼寧省檔案館編：《奉系軍閥檔案史料彙編》⑨，南京：江蘇古籍出版社，1990年，第610頁。

〔註45〕《陳文學為日本在金縣強買大批民地將本國少壯之預備兵移入藏兵於農給翟文選密稟》（1929年8月），遼寧省檔案館編：《奉系軍閥檔案史料彙編》⑧，南京：江蘇古籍出版社，1990年，第642頁。

售貨處，專備滿洲一切用品，該售貨處得大規模之計劃。（七）在滿洲得組織青年立憲黨，專招收在滿青年加入，設總黨部於大連，分部長春、遼寧安東、鐵嶺等要埠。此黨專為抵抗支那外交協會為目的，由在滿年數最多者，熟悉支那風俗人情者舉為該黨總理。（八）各警察署此後對於支那人在界內有犯罪者，得寬給待遇，而免支那一般人痛恨，對商民特加保護之，對支那軍警等得密加限制，而免伊等窺探我方虛實。（九）我經濟得占永久信用，而免受經濟壓迫，令各取引所開行對換邊業大洋票，為打倒邊業票信用，即維我經濟信用之捷徑。（十）暗中利用各縣雜居之鮮人，等令其搗亂地方治安，暗輸槍械子彈，販賣鴉片嗎啡，接濟鬍匪外，並令其調查各縣人數、警察數目、軍隊數目、駐屯地點，調查轉報領事館。（十一）由各領事館、各警察署、滿鐵調查科均派高等調查北寧路總局內一切設置，內有幾處幾科及路警數目，職員若干人，入工會若干人，詳細查明。（十二）調查支那交通委員會內部組織，統轄機關，所管路線，各路長官姓名，路線性質，開辦年月，各路每年收入大概建築費，鐵路有無外債或與約國有無條件，每路軍若干、長官姓名、駐屯地點，詳細查明。」日本公使甚至明確說明上述措施之目的在於「為保我邦交在滿永久之地位」，日本侵佔東北之意圖已經昭然若揭。〔註46〕

再如 1930 年 2 月，遼寧省政府接到省會公安局高級密探報告，稱日本首相濱口召集各部大臣及滿鐵總裁等討論對滿政策。〔註47〕8 月吉林省政府將所獲日駐六道溝總領事回國與日本幣原外相等商議操縱延邊鮮人辦法之情報呈報東北政務委員會。〔註48〕

其情報來源，三是依靠張學良所組建的外交秘書主任辦公室的密探獲取日方情報。早在 1928 年 8 月張學良就任東北保安總司令時，總司令部秘書廳下就設有外交秘書主任辦公室，有秘書、科長、科員及辦事員等 20 多人，均通曉日語，大半為留日學生出身。易幟後，東北保安總司令部改組為東北邊

〔註46〕《遼寧省政府為探報日公使佐分利在遼領館召集會議發表的十三條侵華事項給東北政委會呈》（1929 年 12 月），遼寧省檔案館編：《奉系軍閥檔案史料彙編》⑨，南京：江蘇古籍出版社，1990 年，第 359 頁。

〔註47〕《遼寧省政府為據報日濱口首相召集各部大臣及滿總裁討論對滿政策等問題的簽呈和密令》（1930 年 2 月），遼寧省檔案館編：《奉系軍閥檔案史料彙編》⑨，南京：江蘇古籍出版社，1990 年，第 612 頁。

〔註48〕《吉林省政府為日駐六道溝總領事回國與幣原外相等商議操縱延邊鮮人辦法給東北政委會呈》（1930 年 8 月），遼寧省檔案館編：《奉系軍閥檔案史料彙編》⑩，南京：江蘇古籍出版社，1990 年，第 369 頁。

防軍司令長官公署，該外交秘書辦公室仍保留。王家楨為外交秘書主任，一方面襄助張學良辦理對日外交事宜，另一方面是對日本問題的研究和翻譯。「我們訂了差不多所有的日本主要報紙和雜誌，並和南滿鐵路公司經濟研究所取得聯繫，可以借閱他們的資料。我們按日按周將有關東北的評論和主要新聞摘要譯出作為參考，或者裁剪報紙雜誌材料編些具體資料保存，還選些比較有參考價值的文件或有宣傳價值的小冊子譯成單行本，有的公開散發，有的僅供內部參考。」

　　實際上王家楨的工作除了這兩方面外，還積極聯繫並發展「祖國觀念很強」的旅日華人作為「駐日辦事員」，以搜集日本情報。其中影響最大的就是蔡智堪所獲取的《田中奏摺》。蔡智堪，國民黨特別黨員，特字第 87952 號，入黨介紹人是陳立夫，祖籍河南，後遷臺灣，在東京讀書加入興中會，專向日本宣傳中國革命。〔註49〕據王家楨所述：1928 年底左右，東北集團「駐東京辦事人〔註 50〕（日籍臺灣人，在日本出生，但祖國觀念很強）分批給我寄來一些文件」，「大概是分十餘次寄來的，每次的相距時間是兩個星期左右。因為稿件抄的非常潦草，錯字錯句很多，念起來也不順口，不易閱讀，而且語氣誇誕，例如開頭就說『要征服全世界，就必須先征服中國；要征服中國，就必須先征服滿蒙』」，等等。這些絕密文件，是日本田中義一在大連召開東方會議的部分秘密記錄，是蔡智堪的「朋友在某政黨幹事長的家裏當書記抄寫得來的」，王家楨「給它起名為《田中奏摺》」。後來王家楨逐漸覺察到，「這個文件不是個尋常的偽製品，因為內容所提到的好些具體事實，以及為了推行它的侵略政策所採取的措施，都是合乎邏輯的發展。」這個文件經王家楨等人翻譯整理成冊，在 1929 年春天面呈張學良，並特在東三省官銀錢號印刷所印刷了 200 本，「發給在東北範圍內簡任級有實職的人員每人 1 本，送給南京國民政府 4 本。」〔註51〕

　　《田中奏摺》被譯為中文後不久在國內公開，引起輿論軒然大波，社會各界反日聲浪高漲。對此日本駐奉總領事林久治郎照會遼寧省交涉署否認有

〔註49〕《蔡智堪先生自述》，杜元載主編：《革命人物志》第 10 集，臺北：中央文物供應社，1972 年，第 580 頁。

〔註 50〕即蔡智堪。

〔註51〕王家楨：《日本兩機密文件中譯本的來歷》，中國人民政治協商會議全國委員會文史資料委員會編：《文史資料選輯》（合訂本）第 11 輯，北京：中國文史出版社，2000 年，第 127～130 頁。

田中奏摺之事。〔註52〕此外，蔡智堪在介紹日本政要床次竹二郎接受張學良津貼、雇麥少彭刺探楊宇霆常蔭槐叛變、與永井柳太郎調查皇姑屯慘案以迫日本田中首相下臺、調查萬寶山事件、九一八事變後參與密策日本退兵、與黃郛合作煽誘日本財閥反戰等事件中，均起了重要作用。〔註53〕雖然對於該奏摺真實性，日本學者一致持否定態度，我國學者則普遍認為其真假難辨，但不可否定的是日本之後的侵略路線卻是與該奏摺一致的。

　　第五，抵制日本在東北增開工商營業。日本通過各種方式所控制之工商企業遍布東北，農、林、礦、漁等各行業利權被日本奪取者甚多。為了減少利權損失，易幟後東北政務委員會對於日本提出的新開各種工商企業的要求設法予以拒絕或限制，如1929年7月拒絕日人營原憲亮要求在遼寧省垣設立官用煤局；1930年3月東北政務委員會決議處理中日合辦剞免林區辦法：「應由黑龍江省政府設法取消與滿鐵合辦原議，如不成功，再令日方出資二百萬元，與之商訂合同，惟條款須嚴，範圍須狹，以免嗣後多生枝節」。〔註54〕

　　對於日人私自增設工商企業，東北政務委員會則提出嚴重交涉並設法制止。如1930年發生的日礦違約添設油葉岩工廠製取石油一案，撫順日本煤礦籌建「油葉岩工廠，試驗製取軍艦燃料之石油。竊以似屬越出中日撫順煙臺煤礦協定範圍以外，未免有害主權，且供給軍需尤易影響國際非戰公約」。「查我國修正礦業條例第六條之規定，煤炭屬第一類礦質，煤油（即石油）歸國家專辦，不在右三類礦質之內」。「該日礦另建工廠，利用煤田上層之石油岩製取石油，似不能認作煤礦之附產物，亦即不能歸納於撫順煙臺煤礦協定以內連帶賦予採掘權。在彼既必須另向我官家取得許可後，方能著手工作，在我尤應詳加考慮妥慎辦理，庶不違反加入非戰公約之初衷」。「此外，該日礦因採煤而製得之副產物為數至多，如硫酸及硫酸阿麻尼亞等均為科學日用上

〔註52〕《日本駐奉總領事林久治郎為否認有田中奏摺事致遼寧交涉署長王鏡寰照會》，遼寧省檔案館編：《奉系軍閥檔案史料彙編》⑨，南京：江蘇古籍出版社，1990年，第627頁。

〔註53〕李雲漢：《九一八事變史料》，臺北：正中書局，1982年，第89～91頁；《蔡智堪先生自述》，杜元載主編：《革命人物志》，第10集，臺北：中央文物供應社，1972年，第581頁。

〔註54〕《關於拒絕日人營原憲亮要求在遼寧省垣設立官用煤局的文件》，遼寧省檔案館編：《奉系軍閥檔案史料彙編》⑧，南京：江蘇古籍出版社，1990年，第551頁；《東北政務委員會為議決處理中日合辦剞免林區辦法給萬福麟指令》，遼寧省檔案館編：《奉系軍閥檔案史料彙編》⑨，南京：江蘇古籍出版社，1990年，第676頁。

之必需品，雖與煤礦連帶取得製造權，然煤礦既徵出井稅，則此項副產物似亦應徵收出廠稅，以符稅則」。〔註55〕

　　日方則詭辯稱「撫順葉岩石油工業係由撫順炭礦區內石炭上層蓋被之廢物榨取石油，即屬廢物利用，毫無違反條約」。我官廳則據實反駁：「日本開採撫順煙臺煤礦未及油葉岩，而油葉岩係產在我國領土以內，日本私自採煉特無條約之根據，即事前亦未徵求我國官府同意，實係違背條約侵害主權。且此項油葉岩在普通煤礦中實所罕有，純係特殊性質，其礦質雖在礦區內石炭上層，確屬異類礦質，既非煤之副礦質，亦斷非廢物可比。而日人採掘係並採性質，與利用廢物者實不相同。至每年採油葉岩均 136 萬噸，製重油約 5 萬 3 千噸。礦產之豐富鮮與倫比，極有經營之價值，對於我國家物產亦占重要地位，日方謂為利用廢物」，然廢物絕無可能「有如此之多復能利用」。東北政務委員會決議「自應力為交涉，回收利權」。〔註56〕

　　此外為了抵制日本，東北政務委員會採取了以夷制夷之策。比如前述為了與日本爭利而自建東北鐵路網和修築葫蘆島港，就引入了荷蘭治港公司築港，並計劃向德國資本團借款修路。再如加強與美國貿易，引入美國資本：「美國資本正在深入或積極企圖深入到」以下東北各領域：滿洲鐵路，「不斷進行談判，有時是直接談判，有時通過德國關於對中國現有鐵路和建築新路貸款的談判」；汽車運輸和道路修築，「福特公司和通用汽車公司的租借權要求」；航空交通，「福特公司和其他美國股分企業的要求」；煤炭工業、無線電工業、電業，「安東電站、鏡泊湖大水電站計劃、參加開發鶴崗煤礦的計劃等等」；「美國各大銀行分行大大擴充自己的營業，著手在奉天設立美國專業銀行，『貸款給中國工商業』」。〔註57〕

第三節　兩個極端：對日蘇兩強差異巨大的外交政策

　　東北政務委員會對日蘇兩國的外交政策走向了兩個極端，對蘇實行強勢外交，不惜武力收回中東鐵路；對日則已拖延敷衍為主，力避交涉。誠如東

〔註55〕《撫順縣長張克湘為日礦違約添設油葉岩工廠製取石油等情給省長密稟》，遼寧省檔案館編：《奉系軍閥檔案史料彙編》⑨，南京：江蘇古籍出版社，1990年，第 574 頁。

〔註56〕《遼寧省農礦廳為日人私採撫順油葉岩給省政府呈》，遼寧省檔案館編：《奉系軍閥檔案史料彙編》⑩，南京：江蘇古籍出版社，1990 年，第 64 頁。

〔註57〕〔蘇〕阿瓦林：《帝國主義在滿洲》，北京：商務印書館，1980 年，第 323 頁。

北軍元老戢翼翹所言：當時東北面臨的主要強敵就是日蘇，日本人炸死了張作霖，張學良在東北易幟問題上又不買日本人的賬，「你對於日本人既拉破了臉，對另一強鄰蘇俄總該把關係搞好一點。可是恰恰相反，易幟不到半年就和蘇俄打起來，派了兩師人冒冒失失去打滿洲里，結果吃了敗仗」。既然與蘇聯關係搞僵，就應該在隨後的對日交涉中在不喪失國權的前提下主動尋求緩和與日本的關係，然而張學良卻選擇了「同時和日俄為敵」。〔註58〕

一、強勢外交：中東路事件及其善後

　　1917 年俄國十月革命後，沙俄通過種種不平等條約所攫取的特權被民國政府和東北當局逐漸收回，但 1922 年蘇聯成立後便一面謀求國際社會承認，一面謀求繼承沙俄在各國的遺產。尤其是對沙俄在中國東北所掌握的中東鐵路，蘇聯以放棄中東鐵路營業管理權之外的所有關係中國主權的各項事務等為條件，與民國北京政府於 1924 年 5 月簽訂了《中俄解決懸案大綱協定》及《中俄暫行管理中東鐵路協定》。由於當時東三省已脫離民國北京政府管轄而處於自治狀態，所以中蘇此項協定還需要張作霖同意才能落實，於是蘇聯又轉而與張作霖的東三省自治政府交涉。經討價還價，蘇聯以同意將 1896 年所訂立之建築經營東省鐵路合同中，所載的中東鐵路無償歸還中國期限，從 80 年縮減為 60 年；同意自新協定簽訂之日起，不必再須先與蘇聯協商，中國就擁有贖回中東鐵路之權；同意中國有失去已久的黑龍江下游航行權等為條件，與奉系簽訂了《中華民國東三省自治政府與蘇維埃社會主義聯邦政府之協定》，即《奉俄協定》。〔註59〕自此，蘇聯在中東鐵路沿線之司法、民政、軍務、警務、市政、稅務及地畝等各項事務與權力均由中國政府陸續收回，這一收回利權之過程一直延續了數年。而在該路實際經營權方面，蘇方也承諾路局用人行政雙方平方分配，以符合「合辦」宗旨。然而協定簽訂後蘇方卻以各種藉口搪塞，拒絕華方染指中東鐵路經營與管理，為後來中蘇矛盾爆發埋下了隱患。

　　1927 年國民黨清黨分共後，堅決執行反共反蘇之政策。南京國民政府成立後，對外關係方面仍繼續推行「革命外交」政策。是年底，國民黨二屆四

〔註58〕李毓澍訪問，陳存恭記錄，郭庭以校閱：《戢翼翹先生訪問記錄》，臺北：中央研究院近代史研究所，1985 年，第 73 頁。

〔註59〕陳志新等：《吉林市文史資料》第 18 輯，長春：吉林人民出版社，2000 年，第 445～447 頁。

中全會預備會議通過了《對蘇絕交決議》，隨後南京國民政府以蘇聯領事館及其在華商業機關指揮和參與了中共廣州暴動為藉口，否認蘇聯領事館，並以接濟中共的罪名查封了蘇聯在上海的大多數商業機關。自此，南京國民政府與蘇聯關係完全破裂。〔註60〕1928 年國民黨二次北伐，5 月佔領了平津等地，南京國民政府的「革命外交」也隨即在華北推行。而此時東北各省由於為奉系所控制，所以蘇聯在東北仍保留領事館和部分工商業機關，這也是蘇聯在華的最後權益。

1928 年末東北易幟後，東北各省服從南京國民政府領導，由於中蘇關係早已惡化，所以蔣介石開始向張學良及東北政要們推銷其「革命外交」政策，積極反蘇。當時東北地方政府雖然已經收回了諸多沙俄在東北之權益，但在中東鐵路管理權問題上，蘇方路局局長仍獨攬大權，引起東北集團強烈不滿。所以南北統一後，南京國民政府和東北政務委員會均想乘機向蘇聯方面施壓，收回或部分收回中東鐵路的經營管理之權。於是 1929 年 3 月初中東鐵路督辦兼該路局理事長呂榮寰率先向蘇方提出中東鐵路管理問題的交涉：第一，路局局長之各項命令、公函及各項文件，須由華籍副局長共同簽字才能生效；第二，路局所有支出須稽核局審核同意才可動用款項；第三，路局未經解決各案交由理事會解決；第四，路局各科、處及沿線各段、站長官及職員由中蘇雙方平均分配；第五，路局文件中俄文字並用。〔註61〕但中方提案並未被蘇方同意，此後雖經多輪談判，中蘇雙方仍未達成一致。

1929 年 3 月 20 日，蘇方做出部分讓步，提出應對案：第一，華副局長會簽權問題。蘇方僅同意華副局長有會簽權，但是否會簽與發生效力與否無關。第二，稽核局與路局關係。蘇方表示對於局長支款，如稽核局不同意時，可定一最高數額，於一年內總額不得逾鐵路預決算總額百分之一。第三，平均用人案。蘇方提出路局現有 24 處和理事會現有 6 處之中，蘇方願由華人掌 21 處，蘇方掌 9 處。即華方在理事會掌總務處、技術處、北京辦事處；在路局掌稽核局、工務處、材料處、電報處、醫務處、路警處、恤金處、地畝處、獸醫處、經濟調查局、華俄秘書處、法律處、房產處、學務處、航務處、印

〔註60〕張憲文：《中華民國史》第 2 卷，南京：南京大學出版社，2005 年，第 386 頁。

〔註61〕洪均培：《國民政府外交史》第 1 集，上海：上海華通書局，1930 年，第 338 ～339 頁。

刷所、天文臺、中央圖書館。而蘇方在理事會掌商務處、財務處、法律處；在路局掌機務處、車務處、總務處、商務處、財務處、進款處。而此前理事會有 3 處、路局僅有 9 處屬於華方，此次蘇方願再讓出 8 處。第四，華方及蘇聯對於各處處內及沿線人員之分配。蘇方表示各處現共有 96 科，華方現只有 18 科，願以 26 科，共 44 科屬諸華方。第五，中俄文字並用案。蘇方表示願逐漸改為中俄兩國文字並用，增用譯員。在不致影響鐵路業務前提下，先將理事會及與路局一切往來文件、票據、合同章程和路局會議議決案等實行兩國文字並用。〔註 62〕從當時中東路實際權利分配與蘇方對案比較，蘇方讓出了一些不重要的權力部門，而中東路路局的核心部門一概沒有讓出。這讓東北集團不能滿意，談判也就陷入了僵局。

是年 5 月末，搜查哈爾濱蘇聯領事館事件，為東北政務委員會強行收回中東路提供了理由和機會。5 月 27 日，第三國際在哈爾濱蘇聯領事館召開會議，討論在華宣傳問題。但此次開會消息已被奉方獲知，在當局指令下哈爾濱特警處對蘇聯駐哈爾濱領事館進行查抄，並查獲大量會議文件和議案。這些文件和議案共分為四大類，有以中國為目標者，如共產宣傳、破壞中國統一和實行暗殺，更有明確以東北為目標者，如謀求控制中東鐵路。〔註 63〕對此南京國民政府和東北政委會均認為這是蘇聯破壞中國統一和宣傳赤化的證據，違反了中俄協定和奉俄協定。蘇聯在哈爾濱的秘密會議為東北政務委員會收回中東路提供了契機和口實。

6 月張學良召集東北高層在瀋陽開會研究對蘇方針，決議採納呂榮寰向東北政委會提交的強行接收中東路的提案，在與蘇方交涉時對方「若再用延宕方法，則我方須利用此時機出以嚴厲之手段，解散職工會，封閉蘇俄所設商號，其餘檢查電信、限制居民、驅逐不良分子，皆將次第施行，務達我方所希望而後已」，同時派人向南京國民政府進行報告。〔註 64〕6 月末，南京國民

〔註 62〕漢壽曾志陵：《中東路交涉史》，北京：北平建設圖書館 1931 年，第 204～214 頁。

〔註 63〕參見秦孝儀：《中華民國重要史料初編——對日抗戰時期》緒編（二），臺北：中國國民黨中央委員會黨史委員會，1981 年，第 203～207 頁；《東北政務委員會檢送搜查哈爾濱蘇聯領館破獲各項文件書籍匯錄》，南京圖書館藏，索書號：MS/D820.11/6。

〔註 64〕畢萬聞主編：《張學良文集》第 1 冊，北京：新華出版社，1992 年，第 191 頁；張友坤等：《張學良年譜》（修訂版），北京：社會科學文獻出版社，2009 年，第 266～267 頁。

政府外交部覆稱：東北「所擬處置辦法，均為扼要之圖」，「關於東路各款，在我能以自行辦理，即請轉飭相機進行」；「哈當局照原呈辦法，不必與蘇交涉，而按節強制執行。如不服從，撤換局長亦在所不惜」。〔註65〕雖然張學良也擔心引發中蘇兩國衝突後東北難以單獨對抗蘇軍，但在北平經蔣介石的一再規勸和所謂「一旦中蘇開戰，中央可出兵 10 萬，撥幾百萬軍費」〔註66〕的保證下，張學良最終還是決心收回中東鐵路。

1929 年 7 月 10 日，就在張學良與蔣介石在北平會晤的當日，東北政委會正式下令將中東鐵路沿線電話線完全收回，就此開始了接收中東鐵路的行動。隨後哈爾濱特警處將蘇聯駐哈各職工聯合會等機關一律加以解散及查封，並將蘇駐哈代理領事及中東路蘇方局長等 59 人驅逐出境。〔註67〕11 日，呂榮寰再與蘇方屢次交涉無效後，下令免去蘇方局長，並委派中東路華方理事范其光代理該路管理局局長，正式宣告接收中東鐵路。

中東路事件發生後，東北政務委員會曾委派外交部駐哈爾濱特派員蔡運升與蘇聯駐哈爾濱領事梅尼柯夫交涉，雙方達成了「蔡梅協議」，約定中東路現狀為臨時辦法，雙方將各派代表舉行會議解決中東路問題。〔註68〕蘇聯和東北當局均同意按照該協議舉行滿洲里會議進行談判，但南京國民政府卻否決了「蔡梅協議」，且不准東北私下對蘇交涉，同時另委派朱紹陽為滿洲里會議全權代表，但為蘇方所拒絕，最終導致滿洲里會議成為泡影。南京國民政府接過對蘇談判接力棒後，曾試圖通過德國進行調停和斡旋，但直到 10 月份仍處於僵持中，最後蘇聯中斷談判，南京國民政府亦電令駐德公使蔣作賓終止對蘇談判。至此，東北地方當局與南京國民政府的對蘇交涉和談判均以失敗告終。此時中蘇兩國已經斷交，中東鐵路爭端早已演變成了中蘇兩國軍事衝突。雖然張學良令張作相和萬福麟吉黑兩省東北軍佈防綏芬河和滿洲里兩線，並由遼寧省抽調步兵和騎兵等部隊分別組成東北邊防軍第一軍和第二軍

〔註65〕張友坤等：《張學良年譜》（修訂版），北京：社會科學文獻出版社，2009 年，第 264 頁；畢萬聞主編：《張學良文集》第 1 冊，北京：新華出版社，1992 年，第 195 頁。

〔註66〕張友坤等：《張學良年譜》（修訂版），北京：社會科學文獻出版社，2009 年，第 270 頁。

〔註67〕張友坤等：《張學良年譜》（修訂版），北京：社會科學文獻出版社，2009 年，第 271 頁。

〔註68〕秦孝儀：《中華民國重要史料初編——對日抗戰時期》緒編（二），臺北：中國國民黨中央委員會黨史委員會，1981 年，第 239～240 頁。

向吉黑兩省出動，〔註69〕但在蘇聯強大軍力面前東北軍難以對抗。至11月中下旬，蘇聯攻佔札賚諾爾和滿洲里，東北鐵路守軍旅長韓光第等陣亡，梁忠甲旅七千餘人被俘投降，東北軍遭到重大打擊。而蔣介石所承諾的種種援助卻遲遲不見蹤影，於是東北當局開始尋求單獨與蘇和談。

11月末，東北政務委員會委派外交部駐哈爾濱特派員蔡運升為代表，與蘇聯代表西門諾夫斯基再開談判。12月經多次談判交涉，蘇方態度強硬以戰勝國自居，東北當局被迫妥協讓步，最終於22日蔡運升與蘇聯代表西門諾夫斯基簽訂了「伯力議定書」。該議定書主要內容是先將中東路恢復到中蘇衝突之前的原狀，包括恢復中東鐵路蘇方人員一切職務，而後一切合辦中東鐵路爭議問題和兩國恢復建交問題均留待中蘇會議談判解決。〔註70〕至此，奉蘇地方交涉完畢，最終中東鐵路還是「恢復」了原狀。將該議定書與中東路事件前後蘇聯方面的讓步提案和「蔡梅協議」等比較，我們可以看出經過數月的軍事衝突，東北政務委員會不但沒有維持全面接收中東鐵路的臨時局面，連當初蘇聯方面讓步的平分中東鐵路用人行政等權利亦再次失去，白白耗損無數資源所換來的結果卻是喪權辱國。

由於「伯力議定書」是東北地方當局代表與蘇聯代表所簽訂，所有南京國民政府不予承認，蔣介石甚至曾言稱：「伯力記錄無異亡國，余寧犧牲一切，雖至滅種，亦誓不承認矣！」〔註71〕國民黨對「伯力議定書」的反應超出了東北集團的預想，「因為人心惶惶，事態頗為嚴重」，東北「地方多人認為應派員赴中央陳情」，而時任中東鐵路督辦的莫德惠「被推前往」。1930年1月，莫德惠首至上海，由張群陪同西上南京。蔣介石及中央要員召開會議，聽取莫德惠報告，「當經說明此來係代表東北地方當局向中央請命，無論中央如何處分，絕對服從。問題在於外交方面如何進行，必須中央與地方一致，對外方有力量」，並「請中央審酌」。1930年2月8日，南京國民政府外交部發表宣言，「說明國民政府僅令蔡運升商議解決中東鐵路糾紛，及舉行正式會議之手續。聲明『伯力議定書』除規定解決中東路糾紛辦法之外，其他係該代表無權討論者。最後聲

〔註69〕《張學良為派王樹常為東北邊防軍第一軍軍長胡毓坤為第二軍軍長即向江省出動給遼寧省政府諮》，遼寧省檔案館編：《奉系軍閥檔案史料彙編》⑧，南京：江蘇古籍出版社，1990年，第686頁。
〔註70〕該議定書詳見秦孝儀：《中華民國重要史料初編——對日抗戰時期》緒編（二），臺北：中國國民黨中央委員會黨史委員會，1981年，第255～256頁。
〔註71〕《蔣中正日記》（未刊本），1930年10月31日。

明中國準備派代表赴莫斯科舉行正式會議，解決中東路善後問題。」〔註72〕

　　1930 年 2 月 15 日，南京國民政府委任東北大員莫德惠為中蘇會議中方代表，全權負責中東路事件善後事宜，莫氏雖也盡忠職守為中蘇會議作了諸多準備，但奈何雙方達成一致者甚少。中蘇會議前，「蘇方代表加拉罕一再堅持須以『伯力議定書』為依據，否則不開談判」。莫德惠則「固守立場，堅不承允，最後俄方就範，始於 10 月 11 日舉行首次會議」。中蘇會議期間，雙方「曾就中東鐵路行政問題與俄方根據平等原則達成協議：第一，平均用人，華俄人員須各占半數，各級首長都要一正一副。第二，華俄文字並用，所有公文必須兼用華俄兩種文字。第三，華俄會簽，所有公文，必須華俄主管人員共同簽字，方能生效。」〔註73〕1930 年底，中蘇會議決定組織通商事項委員會、中東路事項委員會和復交事項委員會，各由雙方委派若干委員參與談判。之後中蘇雙方雖保持了接觸，也就中東鐵路問題進行了多次會談，但雙方各執一詞進展緩慢。九一八事變發生後，東北三省淪陷，中國已於事實上無法維持對中東路主權，中蘇會議也就此無限期休會了。

　　中東路事件的發生既是東北地方當局長期以來不斷試圖收回中東路權益的結果，更是國民黨和蔣介石在「革命外交」及「棄俄絕共」政策背景下，於軍事和外交均未有充分準備時，貿然唆使張學良以武力收回中東路的結果，其對中國造成的不良影響甚大。如時任中國駐德公使的蔣作賓也曾評論到：「無故挑釁，又無故投降，辱國喪權，莫此為甚，國際地位即從此降落，尤以國民政府之聲譽掃地矣。」〔註74〕而日本則認定此次中蘇事件是國奉合作後在東北推行「革命外交」的第一次實驗，倘若取得成功，那麼繼之而來的將是在東三省收回日本的利權。〔註75〕因為日本對安奉鐵路的經營期限和對旅大的租期都是到 1923 年，早已過期數年，而日本對南滿鐵路的經營期限到 1938 年也將到期。〔註76〕這使得日本於中東路事件後

〔註72〕莫德惠：《雙城莫德惠自訂年譜》，臺北：臺灣商務印書館，1968 年，第 46～47 頁。

〔註73〕莫德惠：《雙城莫德惠自訂年譜》，臺北：臺灣商務印書館，1968 年，第 49～50 頁。

〔註74〕蔣作賓：《蔣作賓日記》，南京：江蘇古籍出版社，1990 年，第 118 頁。

〔註75〕〔日〕林久治郎著，王也平譯：《「九一八」事變：奉天總領事林久治郎遺稿》，瀋陽：遼寧教育出版社，1987 年，第 67 頁。

〔註76〕《南滿鐵路交還的期限》，《安奉鐵路交還的期限》，《國民外交週報》，1929 年第 3 期。

更加積極就各種懸案與東北當局進行交涉，加劇了本就緊張的中日關係。另外中蘇軍事衝突時蘇聯佔領東北多地，而南京國民政府非但不援助東北軍還忙著與桂系李宗仁和西北馮玉祥開戰，中國內部不統一的問題再次暴露無遺，使窺伺在旁的日本更加蔑視中國，這也是 1931 年日本敢於發動九一八事變的禍因之一。

二、從皇姑屯事件到「楊常事件」：東北與日本關係的轉折

日俄戰爭後東北被一分為二，淪為日俄兩強的勢力範圍，此後即便是統一了東三省的張作霖也不得不在日俄兩強的夾縫中求生存。由於張作霖的統治中心在奉天，與日本在南滿的勢力範圍重疊，所以對於與日本的關係張作霖格外重視，除了聘請日人作為外交顧問，還委派大員妥善處理對日交涉事宜。對於日本侵略東北的野心，張作霖也是心知肚明，所以對日本的態度是一面維持友好合作關係，一面通過各種辦法收回利權。比如前文所述東北鐵路東西幹線計劃最初就是張作霖時期所制訂，其目的正是與日本南滿鐵路直接競爭，後來張學良主政東北後繼續完善該項計劃。

而日本方面對張作霖的態度，總體上還是認為張作霖是適合的合作人選，通過張作霖日本可以在東北維持和獲得更多的利益。而事實上也是如此，從 1916 年張作霖統一東北後，與蘇俄在東北的權益被逐漸收回相比較，日本在東北的勢力卻不減反增，甚至 1923 年後旅大租借地到期東北社會要普遍求收回旅大的聲浪下，東北當局並未表露過任何擁有收回旅大決心的交涉和行動，這不能不讓日本認為張作霖與其的關係是基本友好的。尤其是 1925 年末郭松齡反奉時，為了讓日軍出兵共同反郭，張作霖還與日本簽訂了密約，接受了日本提出的承認「二十一條」有關條款及若干未解決的問題，其中就包括承認日本在東北的商租權及吉會等多條鐵路修築等條件。〔註77〕

1926 年後奉軍再次控制了民國北京政權，尤其 1927 年張作霖在北京建立了軍政府，日本則乘機向張作霖要求履行密約，解決滿蒙諸多懸案，但遭到張作霖拒絕。日本最先與遼寧省當局進行交涉，但在張作霖的授意下奉吉兩省爆發了規模甚大的臨江拒日設領運動。該運動中工商民眾各界普遍參與，紛紛組織「國民外交委員會」或「國民外交後援會」等組織，並爆發了數萬群眾參與的大規模反日示威遊行，高喊反日口號，進行反日演講，散發反日

〔註77〕任松、武育文：《郭松齡將軍》，遼寧人民出版社 1985 年，第 164～167 頁。

傳單。〔註78〕從 1927 年 4 月至 9 月，該運動前後長達半年時間，規模之大，持續時間之長，在張作霖控制下的東北實屬罕見。當時主持對日交涉的奉軍總參議楊宇霆曾言到：「臨江拒日之舉」，「官民暗合」，「人數之多，氣概激昂，跡時既久，毫無軌外，頗屬難能之事」，「事為全國冠，風播歐美英，喚醒民氣在此一舉」。「國中內訌不已，必軍心不齊」，倘「激起國仗不幸，步甲午之後塵，所傷必重，而失亦必多也」。「故暫借民氣以了目前之交涉，正養精蓄銳，以圖日後之報復也」。〔註79〕可見張作霖和楊宇霆均希望通過「民氣」達到「官民暗合」的結果，即通過國民外交的方式暫緩日方之交涉。

對於東北當局借國民外交以阻日本交涉的企圖，日本方面是了然的，如奉天日本市民大會致電日本政府曾言到：奉天「排日示威，不知者方疑出於國民方面之自動，豈料係由官憲指導。擬以此事中止滿蒙交涉，施以牽制之計。」「莫省長之出席排日會議及由軍警迫令各商戶揭揚排日旗幟，復令參加示威遊行，而軍警且為遊行之先列。」「外交後援會內設立排日宣傳部，傳知各學校各家庭施行排日的放育，竭力鼓吹反日的思想。」〔註80〕由於奉天反日運動高漲，迫使日本將解決滿蒙問題的交涉地點由奉天轉移到了北京，並由日本駐華公使芳澤和滿鐵總裁山本直接向張作霖交涉。雖然在 1927 年 10 月日本通過「威嚇與賄賂」等手段迫使張作霖與山本就修築「滿蒙新五路」〔註81〕達成了諒解，但張作霖卻遲遲不肯在日方擬訂的細則條款上簽字。直至 1928 年 5 月中旬張作霖才被迫在芳澤提交的鐵路修築協議上僅僅寫了一個「閱」字，而非其名字。〔註82〕

〔註78〕遼寧省檔案館，吉林省渾江市政協文史資料研究委員會編：《臨江抗日風暴檔案史料：1927 年臨江官民拒日設領鬥爭》，（出版社不詳），1987 年，第 37、120、126 頁；〔日〕水野明著，鄭樑生譯：《東北軍閥政權研究──張作霖、張學良之抗外與協助統一國內的軌跡》，臺北：國立編譯館，1998 年，第 171～173 頁。

〔註79〕遼寧省檔案館，吉林省渾江市政協文史資料研究委員會編：《臨江抗日風暴檔案史料：1927 年臨江官民拒日設領鬥爭》，（出版社不詳），1987 年，第 36～37 頁。

〔註80〕遼寧省檔案館，吉林省渾江市政協文史資料研究委員會編：《臨江抗日風暴檔案史料：1927 年臨江官民拒日設領鬥爭》，（出版社不詳），1987 年，第 118 頁。

〔註81〕即敦圖路──敦化到圖們江，日方要求此路實際上就是要求貫通吉會路，因為當時吉會路實際上只有敦化到圖們江一段尚未修築；長大路──長春到大賚；吉五路──吉林到五常；洮索路──洮南到索倫；延海路──延吉到海林。

〔註82〕〔日〕水野明著，鄭樑生譯：《東北軍閥政權研究──張作霖、張學良之抗外與協助統一國內的軌跡》，臺北：國立編譯館，1998 年，第 176～177 頁；張

　　張作霖這種不合作的態度，令日本徹底對其失去了信任和耐心。在關內奉軍敗局已定的情形下，日本決定放棄張作霖扶植新的代理人，於是在 1928 年 6 月初製造了皇姑屯事件，在張作霖乘坐專列返回奉天途徑皇姑屯時被日軍炸死。此事件對東北產生了巨大衝擊，皇姑屯事件後「中國方面的態度是極端消極的」，「非常恐懼與日本方面發生衝突」，一改 1927 年「下半年以來的排日姿態」，「中國官民每見日本人就遠避走開」。〔註83〕這也導致此後的東北地方當局再也不敢對日採取強硬政策，甚至極力避免直接對日交涉，諸事均推向南京國民政府，使得東北對日交涉又走向了另一個極端。

　　張作霖死後，奉系內有能力與資歷成為奉系新領袖的人選極少，當張作相支持張學良後，奉系新領袖之爭就剩下了張學良與楊宇霆兩人。日本雖對炸死張作霖極力辯解，但張學良根本不信，在日本極力阻擾東北易幟時張學良曾無限感慨地說：「在不共戴天的仇人面前，我還得俯首致禮，反躬自問，實在太不爭氣」，〔註 84〕而且蔡智堪也將日本炸死張作霖的信息告之了張學良，所以日本能夠扶植的新代理人就只剩下了楊宇霆。從皇姑屯事件後至東北政務委員會成立前的半年時間裏，即便是張學良已經接任東北保安總司令成為了奉系新首領，但楊宇霆一系仍對張學良不服，不僅在對易幟問題上持不同政見，甚至私自擴充黑龍江山林警備隊。這讓張學良對楊宇霆和常蔭槐二人非常不滿，並懷疑楊宇霆一派的種種反張舉動有日本人在背後興風作浪。於是張學良通過王家楨委託蔡智堪這位東北駐日辦事員秘密調查楊宇霆與日方有無勾結。據蔡智堪自述：「承張少帥密命搜查田中首相與楊宇霆一派之結合程度。斯時余乃以日金萬元私財，雇粵籍麥少彭小姐，假作安田銀行員家眷，乘一等船隨林權助赴大連。在艦中夜餐之時，忽林權助秘書入餐廳，向林權助曰：田中首相來電話，對楊宇霆事，如須日金五千萬元，是亦不惜云云。麥小姐將情報知張少帥學良知道，楊宇霆通田中首相大白。」〔註 85〕於是 1929 年 1 月初張學良槍殺了楊宇霆和常蔭槐二人。

　　　　友坤等編：《張學良年譜》（修訂版），北京：社會科學文獻出版社，2009 年，第 197 頁。

〔註83〕〔日〕林久治郎著，王也平譯：《「九一八」事變：奉天總領事林久治郎遺稿》，瀋陽：遼寧教育出版社，1987 年，第 28 頁。

〔註84〕〔日〕林久治郎著，王也平譯：《「九一八」事變：奉天總領事林久治郎遺稿》，瀋陽：遼寧教育出版社，1987 年，第 36 頁。

〔註85〕《蔡智堪先生自述》，杜元載主編：《革命人物志》，第 10 集，臺北：中央文物供應社，1972 年，第 583～584 頁。

「楊常事件」發生後，張學良於 1 月 11 日上午召集張作相、翟文選、張景惠等東北政委會諸位委員，東北邊防軍司令長官公署秘書長鄭謙及東北憲兵司令陳興亞等要員開會，研究善後辦法。首先是給楊常二人定罪，以東北政務委員會委員聯銜名義通電，發布《東三省保安總司令部布告》、《致三省父老電》和《楊常伏法之判決書》，〔註86〕公布二人阻撓統一、把持政務、結黨營私等罪名。其次是進行人事調整，安排張學良一系人員接任楊常二人遺缺。楊宇霆不是東北政委會委員，在南京國民政府亦無任職，當時尚兼任奉天兵工廠督辦；而常蔭槐則是南京國民政府核准的東北政委會委員和黑龍江省省長，且兼任東北交通委員會副委員長並實際主持該會事務。13 日張學良致電南京國民政府及蔣介石，請任命萬福麟為黑省府主席，臧式毅為兵工廠督辦，〔註87〕此後又委任高紀毅兼任東北交通委員會副委員長主持該會事務。經此調整，黑龍江省、奉天兵工廠和東三省交通委員會等重要權力機關均被張學良所控制，加之其還控制著遼寧省行政和財政機關以及奉軍精銳，吉林和熱河的張作相和湯玉麟又是張學良的支持者，張學良在東北的地位就此穩固。

「楊常事件」的發生，對於東北同樣產生了巨大影響。一方面張學良的地位穩固了，但奉系自身的力量卻大大削弱了。皇姑屯事件張作霖被炸死，就已經使奉系失去了核心領袖，更讓奉系內部出現了分裂。而「楊常事件」發生，則讓張學良再次失去了張作霖時期就非常倚重的兩大幹將。楊宇霆早年留學日本學習軍事，歸國後加入奉軍，歷任奉軍參謀長、東北陸軍訓練總監、東三省兵工廠督辦和奉軍總參議等要職，是張作霖身邊最為倚重的參謀和智囊，且長期主持對日交涉。常蔭槐則長期擔任軍警執法和鐵路管理職務，曾任奉天全省軍警執法處長兼清鄉督辦、奉軍交通司令、京奉鐵路局長和東三省交通委員會副委員長等要職。這兩人都是在東北可以獨當一面的大員，其成為奉系上層分子依靠的是個人才華與能力，所以這兩人對於張學良依靠其父親為其晉升鋪路是相當鄙視的，平時對張學良亦無尊敬可言，皇姑屯事件後對於張學良接班掌權東北更是不服。對於楊宇霆和常蔭槐二人之處置，

〔註86〕《東三省保安總司令部布告》、《張學良、張作相、萬福麟等致各縣各法團通電》，遼寧省檔案館編：《奉系軍閥檔案史料彙編》⑧，南京：江蘇古籍出版社，1990 年，第 84～89 頁。

〔註87〕韓信夫、姜克夫主編：《中華民國大事記》第二冊（1923～1929），北京：中國文史出版社，1997 年，第 941 頁。

其實有多種辦法可供選擇，比如撤職或下野。然而張學良卻選擇了槍殺楊常二人，這對奉系而言也無異於自毀長城。

另一方面則是張學良槍殺楊常之舉，令奉系高層人人自危，有能力如楊常二人者都不容於張學良，此後東北各方面事情極少有人再願意擔當了。尤其是在對日交涉方面影響更甚，自楊宇霆死後，東北再無可以在對日交涉中獨當一面的負責人了。身為東北最高領導人，東北方方面面的事情都要由張學良來做出裁決，而每日又身陷於日本交涉的漩渦中，難免在對日決策上會顧此失彼，造成難以挽回的損失和嚴重的後果。「楊鄰葛在世時，所有對日外交都由他負責，他對日本的政治情況知道的很清楚，哪一個日本閣員在內閣會議裏講了什麼他都知道，常蔭槐主持鐵路事宜，對日本人也有一套辦法。楊常死後，張學良把對日外交全交給中央，有問題向中央推。」「外交事件固然應當由中央來辦，但有些關係地方利害的問題，還是主要地方官吏和外國解決的，單由中央來處理就有問題了。」因為「日本人在東北早已習慣了和地方當局打交道，等到張學良主持東北軍政後，把東北外交問題都交給中央處理，這使得日本人很感麻煩。事實上許多小案地方能了的，都要由遠在南京的中央政府外交部處理，遷延時日而且不明真相，交涉起來諸多不便。日本人依照慣例就是不肯到南京辦交涉，一再向東北有關機關或直接向張漢卿交涉，而東北官方不是『推』就是『拖』，推不掉就拖，『拖一年半載再說』，因之未能解決的懸案越積越多。」〔註88〕

從皇姑屯事件到「楊常事件」，不僅老將張作霖逝去，他那個時代主持對日交涉的大員楊宇霆也隨之而去。隨著奉系權力頂峰重新洗牌，東北對外政策尤其對日政策也隨之發生了變化。

三、從中央外交到國民外交：「拖」字訣的對日交涉方針

（一）中央外交：先「推」後「拖」之策

皇姑屯事件後，張學良成為東北最高領導人，於是日本又將交涉對象轉向張學良，試圖解決張作霖時期沒有解決的商租權和東北鐵路等各項懸案問題。但由於張作霖被日本炸死，繼之日本又阻擾東北易幟公然干涉中國內政，加之易幟後南京國民政府和東北地方當局又推行「革命外交」，試圖收回中東

〔註88〕李毓澍訪問，陳存恭記錄，郭庭以校閱：《戢翼翹先生訪問記錄》，臺北：中央研究院近代史研究所 1985 年，第 72、83 頁。

鐵路權益，所以東北地方當局極力避免直接對日交涉，而在無法避免的情況下，就採取「推」「拖」兩字訣，或將交涉事宜推向南京中央，或再設法拖延。如 1928 年 10 月日本駐奉天總領事林久治郎就商租權問題與張學良直接交涉，張學良提出如果「將租界、附屬地、商埠地的領事裁判權取消的話」，那商租權問題「自然是可以答應的」，但「即使交涉的結果能把問題解決，但恐〔南京〕中央政府有不予承認之虞，所以是否不必急於交涉？」但日方不同意廢除租借地、鐵路附屬地和商埠地的領事裁判權，企圖以「在東北內地根本不存在的領事裁判權」來騙取商租權問題的解決。〔註 89〕這一次的交涉自然是無果而終。12 月底林久治郎再次拜訪張學良就鐵路修築問題提出交涉，要求張學良「立即執行」「交通部業已核准的吉會、長大兩路工程承包合同」，並警告張學良：「若採用『革命外交』而致危害我國權益，我國政府則斷然不能容忍」。而最後張學良則答覆：「事與南京政府有關，諸如鐵道等問題，希即與南京政府直接交涉」。〔註 90〕最終在東北易幟前，日本在滿蒙懸案問題上沒有取得任何進展。在東北易幟談判過程中，南京國民政府曾向東北當局承諾過東北外交由中央負責辦理，1929 年 1 月國民黨中政會又通過統一外交案，規定：「所有各省對外交涉應歸中央辦理，由外部通告中外，無論何國凡與各省長官訂立協定，中央不能承認，不能發生效力。」〔註 91〕這就更為東北當局借中央外交以迴避對日交涉提供了藉口，當然也就更加令日方不滿。

對於日本要求解決吉會等鐵路問題的交涉，張學良曾派鍾毓為代表赴南京中央請示辦法。〔註 92〕南京外交部給出的辦法要旨就是「拖」字訣：「先由吉林張作相通知日本方面，說東三省已宣布擁護中央，對外交問題應由中央直接處理，叫他來中央交涉。」而後視日方「下一步採取什麼態度」，「吉林省方面再斟酌情形設法敷衍一個時期。俟中央把對日本的整個外交政策決

〔註 89〕 王家楨：《日本鼓動張學良搞獨立王國的一段陰謀》，中國人民政治協商會議全國委員會文史資料研究委員會編，《文史資料選輯》第 6 輯，北京：中華書局，1960 年，第 114 頁。

〔註 90〕 〔日〕林久治郎著，王也平譯：《「九一八」事變：奉天總領事林久治郎遺稿》，瀋陽：遼寧教育出版社，1987 年，第 61～62 頁。

〔註 91〕 韓信夫、姜克夫主編：《中華民國大事記》，第二冊（1923～1929），北京：中國文史出版社，1997 年，第 943 頁。

〔註 92〕 羅靖寰：《「九‧一八」事變前東北當局對於日本要求修築敦圖路問題的交涉經過》，中國人民政治協商會議全國委員會文史資料研究委員會編，《文史資料選輯》第 52 輯，北京：中華書局，1965 年，第 108 頁。

定後，由中央再行指示辦法」。對此方案，張作相雖不滿，但還是按照南京外交部的說辭通知了日方代表林大八和栗野，讓日方「直接到南京與外交部交涉，關於這個問題從今以後吉林省沒有權限處理」。〔註93〕但日方卻明確表示：「我們在中國哪個地方發生問題，即向那個地方主管的當局交涉，這是慣例」。日本從沒有承認蔣介石政府就是中國中央政府，在日方看來，「蔣介石政府本身也不過是中國地方政權的一個」，所以「根本沒有找蔣介石商量的必要」。並提出警告：如果吉會鐵路問題張作相不管，「那麼日本關東軍可能採取自由行動，以保護南滿鐵路會社修築這條鐵路為理由，向鐵路沿線各地方出兵。」〔註94〕

　　對於日方的恫嚇和警告，東北當局決議擬定一個辦法以防萬一。該應對辦法為：由東北交通委員會負責辦理吉會等鐵路交涉，並由該會召集東北各鐵路局局長及有關係人員組織一個委員會審核滿鐵所提出的鐵路包修合同和工程計劃書，且有權對不適宜之處可提出修改意見，最終經雙方協商一致後方能實行。「而我們的審核討論的時間，可以斟酌情形，自由伸縮，欲長則長，欲短則短，這樣至少也可以拖延幾個月到半年。這麼辦，不但可以緩和關東軍及滿鐵的情緒，又可以達到中央的要求。」〔註95〕對於東北當局的方案，南京國民政府外交部表示同意：「對於東北鐵路交涉問題，主要採取拖延政策」，可以「組織一個委員會，以研究滿鐵所提出的問題為名，先表示我們對鐵路交涉問題已經同意，藉以緩和日本方面的情緒。既是研究會，那麼看情形能拖延多久就拖延多久。這樣中央就可緩開時間，研究整個東三省對日外交的政策。」〔註96〕就這樣南京中央與東北當局就對日交涉擬定了「拖」字訣方針，先「推」給中央外交加以拖延，「推」不掉時再設一交涉委員會來「拖」。

〔註93〕羅靖寰：《「九‧一八」事變前東北當局對於日本要求修築敦圖路問題的交涉經過》，中國人民政治協商會議全國委員會文史資料研究委員會編，《文史資料選輯》第52輯，北京：中華書局，1965年，第110～111頁。

〔註94〕羅靖寰：《「九‧一八」事變前東北當局對於日本要求修築敦圖路問題的交涉經過》，中國人民政治協商會議全國委員會文史資料研究委員會編，《文史資料選輯》第52輯，北京：中華書局，1965年，第111頁。

〔註95〕羅靖寰：《「九‧一八」事變前東北當局對於日本要求修築敦圖路問題的交涉經過》，中國人民政治協商會議全國委員會文史資料研究委員會編，《文史資料選輯》第52輯，北京：中華書局，1965年，第112頁。

〔註96〕羅靖寰：《「九‧一八」事變前東北當局對於日本要求修築敦圖路問題的交涉經過》，中國人民政治協商會議全國委員會文史資料研究委員會編，《文史資料選輯》第52輯，北京：中華書局，1965年，第113頁。

1929 年日本國內政局動盪，田中內閣倒臺，民政黨濱口內閣上臺。濱口內閣檢討並放棄了田中內閣的對華積極政策，轉而採取緩和政策。日本新任外務大臣是幣原喜重郎，從此日本的對華政策也就進入了幣原外交時代。而據日本內閣人事更迭慣例，滿鐵總裁亦由民政黨系統的仙石接任。而 1929 年東北又發生了中東路事件，所以雙方均沒有實質性交涉。1930 年初中東路事件暫時解決後，日本方面開始研究對華政策，然而該年關內又爆發中原大戰，所以直到 1930 年末，滿鐵的談判準備工作才完成，就待張學良回到瀋陽，即可開始談判。

1931 年 1 月張學良返回瀋陽後，林久治郎和滿鐵理事木村即向張學良提出了鐵路談判要求，但張學良先以「中央與地方權限不同」迴避交涉，〔註97〕後又表示鐵路交涉問題由東北交通委員會副委員長高紀毅負責辦理。木村交涉提案包括四個方面內容：一是與南滿鐵路競爭之平行線問題；二是由日本包工之各路所欠日方之工程費改為借款問題；三是與日本有條約協定之各路興築問題；四是在同一區域內各路改訂運價及將來不作運價競爭。〔註98〕但高紀毅卻表示：自己職權僅「侷限於鐵路聯絡協定，處理貸款兩個問題，即有關鐵路事務性交涉」，而所有「鋪設新鐵路、鋪設競爭路線等涉及政治、外交問題的，不在這次協商範圍內」。〔註99〕而關於第一三兩項，「不妨申述日方意見，本人當代為轉達鐵道部及高級官署」。〔註100〕於是雙方爭執不休，互不讓步。

最後，東北交通委員會決定按照以前擬訂的辦法應對，即「組織一個委員會」。「拖延三四月至半年以上，以後我們再看形勢的變化再擬定第二步辦法」。於是擬訂了一個委員會組織簡章，只要日方同意立刻召集會議。〔註101〕該委員會組織簡章規定，該會名稱定為東北鐵路交涉委員會，高紀毅為委員長；委員為吉海、吉長、四洮、北寧、洮昂等各鐵路局局長或總辦充任；委

〔註97〕〔日〕水野明著，鄭樑生譯：《東北軍閥政權研究——張作霖、張學良之抗外與協助統一國內的軌跡》，臺北：國立編譯館，1998 年，第 300 頁。
〔註98〕《中日鐵道會商消息》，《國民外交半月刊》，1931 年第 59 期。
〔註99〕〔日〕尾形洋一：《第二次币原外交と満蒙铁道交渉》，《东洋学报》，第 57 卷第 3～4 期。
〔註100〕《中日鐵道交涉》，《國民外交半月刊》，1931 年第 60 期。
〔註101〕羅靖寰：《「九·一八」事變前東北當局對於日本要求修築敦圖路問題的交涉經過》，中國人民政治協商會議全國委員會文史資料研究委員會編，《文史資料選輯》第 52 輯，北京：中華書局，1965 年，第 115 頁。

員長高紀毅因公務繁忙不出席常會時，由吉海鐵路局總辦李書銘代理主持會務；該委員會每星期開會一次，各委員於每星期六來瀋陽，星期日開會。〔註102〕日方同意了該提議，於是從 1931 年 4 月第一個星期日開成立會，以後每星期開會一次。由於奉方各委員均明瞭這不過是拖延時間的方法，所以每次開會，只是由秘書羅靖寰翻譯閱讀一件滿鐵的提案文件，然後大家便聊天喝茶，誰也沒有認真去審核文件的內容。〔註103〕

至 6 月份，東北鐵路交涉委員會的拖延之策已無法奏效，新任滿鐵總裁內田康哉赴北平找張學良直接交涉。內田主張強硬，提出了中國承認日本修築吉會鐵路等多項要求。〔註104〕但那時張學良因患病住進協和醫院，而高紀毅則託病亦住進協和醫院，中日間鐵路問題仍懸而未決。直至 7 月份，在日方的一再催促和恫嚇下，東北鐵路交涉委員會才擬訂方案，同意吉會鐵路可修一半，而後由敦圖鐵路與朝鮮鐵路負責人員另行組織委員會進行協商，擬定具體條件，而該辦法還必須呈請南京中央政府批准後才能施行。〔註105〕此方案形成後，該委員會委員郭繼潤攜帶此案於 8 月 14 日赴北平向高紀毅報告，並請示張學良，但一直到九一八事變發生他也沒有見到張學良。而隨著東三省淪陷，東北一切交涉懸案都成為了歷史。

（二）國民外交：「拖」字訣的助力

東北政務委員會在借助中央外交拖延日本交涉時，還充分利用國民外交加以輔助。對於國民外交，早在 1927 年東北當局就採用過，通過借助「民氣」達到「官民暗合」迫使日本放棄了與奉天當局的交涉，轉而去北京直接找張作霖交涉。雖然最終因張作霖不與日本合作導致了皇姑屯事件的發生，但奉天當局借助國民外交延阻日本交涉的目的還是達到了。所以易幟後東北政務委員會決議在採取中央外交策略的「拖」字訣同時，再次組織工商各界法團

〔註102〕羅靖寰：《「九・一八」事變前東北當局對於日本要求修築敦圖路問題的交涉經過》，中國人民政治協商會議全國委員會文史資料研究委員會編，《文史資料選輯》第 52 輯，北京：中華書局，1965 年，第 116 頁。

〔註103〕羅靖寰：《「九・一八」事變前東北當局對於日本要求修築敦圖路問題的交涉經過》，中國人民政治協商會議全國委員會文史資料研究委員會編，《文史資料選輯》第 52 輯，北京：中華書局，1965 年，第 117 頁。

〔註104〕李雲漢：《九一八事變史料》，臺北：正中書局，1982 年，第 169 頁。

〔註105〕羅靖寰：《「九・一八」事變前東北當局對於日本要求修築敦圖路問題的交涉經過》，中國人民政治協商會議全國委員會文史資料研究委員會編，《文史資料選輯》第 52 輯，北京：中華書局，1965 年，第 118 頁。

開展國民外交以助力拖延日本交涉。1929 年「民眾方面必須大家聯合起來，以實行國民外交，而與日本帝國主義者決鬥」〔註 106〕的思想已為社會各界民眾普通接受。以該年 6 月份以榊原農場事件〔註 107〕為契機，遼寧省商工總會組織了遼寧省國民外交協會以取代原有的外交後援會，會長由遼寧省商工總會長金恩祺擔任，委員有杜重遠、高崇民、閻寶航、盧廣績、車向忱等 9 人。

遼寧省國民外交協會「以農工商學各界人士組織之」，「以國民外交之方法，求得中國之自由平等，並維持國際之和平為宗旨」，下設總務部、宣傳部、經濟部、國貨部、交際部、糾查部、會員部，各部部長由該會委員分任之。其工作以下列五項為限：「1，注意民眾及國際宣傳；2，研究對抗經濟侵略政策；3，督促當局以求外交勝利；4，嚴防及檢舉賣國漢奸；5，促進國民外交教育。」該會「設委員九人，由會員選舉之，執行本會一切事務」，並「以選舉之委員三名為主席團，為委員會最高權力機關」。「凡為本會會員，每年應納會費 6 元，分兩期交納。」該會還決定「設分會於各縣，各埠，各鎮」。〔註 108〕遼寧省國民外交協會制訂的反帝口號有：團結一致，打倒一切帝國主義；廢除一切不平等條約；努力奮鬥，勢將旅大南滿鐵路收回；締結對俄平等條約等。〔註 109〕1929 年 9 月份遼寧省國民外交協會分會簡章〔註 110〕制定並頒布，隨後至 1929 年末遼寧各地分會陸續建立。在此以前，反日運動的中心集中在北京、上海、漢口等大城市，遼寧省國民外交協會的建立則標誌著民族主義運動擴展到了東北。

〔註 106〕映白：《中日交涉與國民外交》，《國民外交週報》，1929 年第 2 期。

〔註 107〕榊原農場事件是指日人榊原正雄強買中國土地，並破壞北寧路的中日外交事件，該事件「被瀋陽市民視為日本官民一體侵略東北的象徵」。參見《遼寧外交會最近上東北當局書》，《東三省公報》，1929 年 7 月 31 日；〔日〕水野明著，鄭樑生譯：《東北軍閥政權研究——張作霖、張學良之抗外與協助統一國內的軌跡》，臺北：國立編譯館，1998 年，第 314 頁。

〔註 108〕《遼寧省國民外交協會組織大綱》，《國民外交週報》，1929 年第 1 期；《遼寧省國民外交協會委員會辦事細則》，《國民外交週報》，1929 年第 2 期；遼寧省檔案館編：《奉系軍閥檔案史料彙編》⑨，南京：江蘇古籍出版社，1990 年，第 149 頁。

〔註 109〕〔日〕水野明著，鄭樑生譯：《東北軍閥政權研究——張作霖、張學良之抗外與協助統一國內的軌跡》，臺北：國立編譯館，1998 年，第 314 頁。

〔註 110〕參見《遼寧省國民外交協會分會簡章》，《國民外交週報》，1929 年第 4 期；遼寧省檔案館編：《奉系軍閥檔案史料彙編》⑨，南京：江蘇古籍出版社，1990 年，第 149 頁。

　　在東北政務委員會給予經費資助和業務指導的情況下，〔註111〕遼寧省國民外交協會進行了一系列的反日排日活動。第一，國民外交常識講演會。這是該會在群眾中進行反日宣傳的主要陣地，每月一次。講演題目為當時關注的外交問題與事件，如中東路事件期間，講演題目多為中俄外交問題。〔註112〕中東路事件平息後，講演題目則主要圍繞中日關係。尤其1931年初中日鐵路交涉展開時，國民外交協會多次舉辦以「中日鐵道交涉」為題目的講演，從鐵路交涉的緣起、經過及日方提案研究等多方面對當時中日間鐵路交涉做全面的介紹。〔註113〕

　　第二，提倡國貨，組織國貨社。1929年，為抵制列強經濟侵略，遼寧省國民外交協會決議組織「遼寧中華國貨社」，「以提倡國貨，挽回利權為宗旨」，又籌劃組織「遼寧中華國貨貿易公司」來推銷國貨。該國貨社由遼寧省政府贊助支持，其22位贊助人均為遼寧省政府委員、各廳廳長和各主要機關長官，如陳文學、張振鷺、劉鶴齡、彭濟群、吳家象、高紀毅、高維岳、邢士廉、魯穆庭、荊有岩、吳恩培、陳興亞等。〔註114〕

　　第三，參加第三屆太平洋國際學會，要求收回旅大租借地，披露《田中奏摺》，揭露日本侵略陰謀。1929年10月中旬，遼寧省國民外交協會發表宣言，揭露日本修築吉會鐵路和圖謀商租權等各項的侵略政策，並且提出了當前實現的十大目標，如收回東三省外國人經營之煤礦及一切經營機關；收回旅大租借地，反對商租和雜居，拒絕外國人不合理之移民；鐵路及其他一切事業均自主自營，不借外債；堅持不合作主義，促使敵人之覺醒；反對以我東三省為日本的「國防線」；反對敵人強修吉會路等。〔註115〕11月4日，參加第三屆太平洋國際學會的中國代表徐淑希以上述宣言為基礎，發表收回利權的提案，尤其要收回已經到期的旅大租借地。同時作為中國代表參加這屆太平洋國際學會的遼寧省國民外交協會委員閻寶航，還在會上就東北問題的歷史緣起、外國人在東北各項權益的條約依據、列強在東北的經濟利益、鐵

〔註111〕參見《遼寧省國民外交協會工作日誌》，《國民外交週報》，1929年第1期；胡玉海等主編：《奉系軍閥大事記》，瀋陽：遼寧民族出版社，2005年，第521頁。

〔註112〕《遼寧國民外交協會工作日誌》，《國民外交週報》，1929年第2期。

〔註113〕參見《中日鐵道交涉》，《國民外交半月刊》，1931年第60期、第61期。

〔註114〕記者：《介紹中華國貨社》，《國民外交週報》，1929年第7期。

〔註115〕龍韜：《滿鐵會社是什麼？》，《國民外交週報》，1929年第8期。

路等問題展開討論，指出日俄等列強侵略東北本質，尤其將《田中奏摺》這個日本帝國主義企圖侵略中國和世界的秘密公之於世，引起國際社會一片譁然。〔註116〕

第四，舉行第一屆遼寧省國民外交協會聯合大會，通過收回旅大和滿鐵等提案，以對抗日本鐵路交涉。1931 年 4 月，遼寧省國民外交協會在瀋陽舉行了第一屆聯合大會。在這次大會上，遼寧省國民外交協會組織大綱重新修訂，增加了委員數量，設執行委員 21 人，執委中常務委員 7 人，常委中主席委員 3 人。〔註117〕同時該協會領導人進行了換屆改選，閻寶航、金恩祺、王化一等三人擔任該會主席，盧廣績、梅公任等十餘人為常務委員和執行委員。〔註118〕此次大會有關日本提案共有 16 件，其中決議通過與日本鐵路交涉相關提案有兩件：收回旅大和滿鐵案以及日本非法行動對策案。該兩提案提出的應對辦法有：「督促、鼓勵政府」「絕不承認民國四年『二十一條』」，於租約屆滿時收回旅大和滿鐵；請求政府早日完成東北鐵路網，以對抗日方鐵路政策；提倡國貨，排斥日貨；將民眾力量視為對日抗爭的方式之一，以示威運動來對抗，其重大者則以經濟斷交、不合作方式來對抗；請求地方政府將來與日本交涉時，地方官員絕不負交涉責任，而將一切轉移到中央政府之手，使之尊重國家主權。〔註119〕5 月，遼寧省國民外交協會召集各大團體舉行聯合大會，開展了更為聲勢浩大的收回利權運動，要求收回旅順、大連和滿鐵以及日本將鐵路駐軍撤走等。

遼寧省國民外交運動僅是東北國民外交運動的一個縮影，吉黑兩省同樣開展了轟轟烈烈的國民外交運動，1931 年 7 月黑龍江國民外交協會成立，8 月長春國民外交協會成立。9 月時各省、縣國民外交協會與分會又擬聯合成立東北國民外交協會，但因九一八事變爆發導致這一計劃流產。〔註120〕

〔註116〕王連捷：《閻寶航與第三屆太平洋國際學會——兼論《田中奏摺》出籠風波》，《社會科學戰線》，2009 年第 2 期。

〔註117〕東北文化社年鑒編印處：《東北年鑒》，瀋陽：東北印刷局，1931 年，第 1391 頁。

〔註118〕《本會委員一覽表》，《國民外交半月刊》，1931 年第 55 期。

〔註119〕〔日〕水野明著，鄭樑生譯：《東北軍閥政權研究——張作霖、張學良之抗外與協助統一國內的軌跡》，臺北：國立編譯館，1998 年，第 316～317 頁。

〔註120〕〔日〕水野明著，鄭樑生譯：《東北軍閥政權研究——張作霖、張學良之抗外與協助統一國內的軌跡》，臺北：國立編譯館，1998 年，第 301～302、318 頁。

第七章　制度承繼：北平政務委員會的組建

　　雖然在北伐時期國民黨曾建立過各種名義的政務委員會，如湘鄂臨時政務委員會和戰地政務委員會。但易幟後建立的東北政務委員會卻脫胎於政治分會，是北伐時期蔣介石為拉攏馮玉祥和閻錫山等人在各地所設置的政治分會的變種形式。而九一八事變後，華北外部面臨日本侵略之危機，內部則勢力眾多，利益分歧巨大，若不設法形成合力共拒日寇，則華北也危矣。因此東北集團決定將「移平辦事」之東北政務委員會進行改組，組建北平政務委員會，聯合華北各方勢力穩固內部，以圖共拒日寇。

第一節　北平政務委員會的成立

一、東北政務委員會的改組與更名

　　九一八事變後，對於如何應對事變，東北集團和南京國民政府在最初是有分歧的。1931 年 9 月 23 日，張學良委派萬福麟為代表赴南京，面見蔣介石商討對日外交事宜。東北集團「要求外交早日解決，並斤斤以官長之財產與東北之痛苦為念」。蔣介石對此甚為不滿曰：「粵方勾結倭寇，以召外侮，圖謀推倒中央為快。東北又為一部分之利害，急謀解決，不問國際地位與國際形勢，以及將來單獨講和之喪辱。嗚呼！外侮既急，國內政客、官僚非賣國即畏敵如此，民族不亡何待？」又曰：「與其單獨交涉而簽喪土辱國之約，急求速了，不如委之國際仲裁，尚有根本勝利之望，否則亦不惜與倭寇一戰，

以決存亡也。」〔註1〕

隨著蔣介石的勸告，張學良逐漸接受了依靠國聯主持公道的辦法，希望借助國際社會力量迫使日本放棄佔領，收復東北失地。而國聯在初期也確如國民政府所希望的那樣，起到了斡旋與調和的作用，使日本代表聲明：「謂日政府當依照切實保證日人生命財產安全之程度，繼續令速撤兵至鐵路區域以內」，使中國聲明當負保護鐵路區域以外日僑生命財產安全之責任，並於9月30日作出決議：「要求日本政府立即開始並順序進行將軍隊撤至鐵路區域以內」，要求中國政府履行保護在滿日僑的允諾，並「採定辦法於接收日兵撤退地面之時得能保證在該地日僑生命財產之安全」，同時還「建議中日兩國政府應立即指派代表協定實行關於撤兵及接收撤退區域所有各事之細目，俾得順利進行不生延緩。」〔註2〕

國聯貌似有效的介入，使南京國民政府認為單靠國聯即可收回東北，於是即按國聯建議，準備接收工作。10月2日，蔣介石電張學良：「北平張司令長官勳鑒，日方聲言撤兵，我方應有準備，請即派定東三省各地軍隊之長官接收日軍撤退後之地方，切實負責回覆日軍所破壞之各地治安，並將所派接收長官及預備辦法請先電示。」〔註3〕10月8日，張學良覆電，派定張作相、王樹常兩員負責辦理。〔註4〕與此同時，南京國民政府還組織成立接收東北各地事宜委員會，11月1日，國民政府發表由蔣介石與張學良指定的該委員會委員：顧維鈞、張作相、張群、吳鐵城、羅文幹、湯爾和、劉哲為，並指定以顧維鈞為委員長，〔註5〕並且詳定組織規程。

依據該組織規程規定，該接收委員會「由國民政府簡派委員7人組織之，並指定委員一人為委員長」，具體職責是「承國民政府之命，商訂接收被日軍佔領東北各地之細目，並辦理各該地之接收及善後事宜」。該接收委員會下設政務、外事、治安、交通四處，各設處長一人，由南京國民政府派充，且處

〔註1〕《蔣中正日記》（未刊本），1931年9月23日。
〔註2〕「國史館」審編處編：《中日關係史料》，《蔣中正總統文物——革命文獻》（四），臺北：「國史館」，2002年，第26～28頁。
〔註3〕「國史館」審編處編：《中日關係史料》，《蔣中正總統文物——革命文獻》（四），臺北：「國史館」，2002年，第19頁。
〔註4〕韓信夫、姜克夫主編：《中華民國大事記》第三冊（1930～1936），北京：中國文史出版社，1997年，第250頁。
〔註5〕「國史館」審編處編：《中日關係史料》，《蔣中正總統文物——革命文獻》（四），臺北：「國史館」，2002年，第36頁。

長得由委員兼任。各處職掌如下：政務處掌管接收各地之民政、財政、金融、實業等事項；外事處掌管各國政府所派代表之接洽、商訂接收撤退區域各事之細目及關於上列各事之對外接洽事項；治安處掌管軍隊、憲兵、警察之調派、監督及接收地方治安事項；交通處掌管鐵路、公路、電信、電話及其他一切交通事項。東北各地機關被該委員會接收後，再由南京國民政府派定負責人員恢復行政機關及地方秩序。〔註6〕

九一八事變後，瀋陽即被日軍佔領，而作為東北最高行政機關的東北政務委員會立時癱瘓，無法運作。9月19日，張學良呈准將東北政委會移設北平，但由於該會部分委員尚留東北使其無法在北平正常開會，於是張學良決定暫由其北平副司令行營接辦原東北政務委員會應行職權內各事。11月16日，張學良致電南京國民政府：「呈為呈報東北政務委員會在瀋不能行使職權，所有主管事項暫由本行營辦理一案情形，仰乞鑒核備案事。竊查瀋陽事變之後，所有司法、行政各機關，橫被侵據，東北政務委員會即於斯時不能執行職權。惟該會為東北行政最高機關，所有遼、吉、江、熱四省要政，多須呈請或呈報該會，始能施行。經此劇變，該會既不能行使職權，各該省應行呈報或呈請案件，業已積壓多起，殊於政務進行有礙。本行營體察以上情形，為免除困難起見，業於10月2日通電該會所屬各機關將應報告或應請示該會之事件一律暫行呈請本行營核辦。惟此種權宜辦法純係維持暫局，一俟東省接收之後，該會能照舊執行職權時，當即恢復該會原有職務，以清權責，而免叢脞。」11月23日，南京國民政府文官處致行政院公函，謂「奉諭准予備案並函行政院查照」，即同意張學良之要求。〔註7〕

南京國民政府和東北集團雙方在一廂情願地研究接收事宜的同時，日本則根本沒將國聯決議放在眼裏，不但拒絕退兵，而且繼續進攻黑龍江，直至佔領了東三省，宣告了所謂接收徹底無望。東北集團必須要面對它所能控制的區域僅剩下冀察熱平津等省市的現實，並不得不為控制住這些剩餘地盤以及應對未來極可能發生的日本侵略華北危機而早做籌劃與準備。而團結和聯合華北各方勢力，就成為東北集團應對危機的重要選擇之一。另一方面，陸

〔註6〕《接收東北各地事宜委員會組織規程》，中國第二歷史檔案館編：《國民黨政府政治制度檔案史料選編》下冊，合肥：安徽教育出版社，1994年，第285～286頁。

〔註7〕中國第二歷史檔案館編：《國民黨政府政治制度檔案史料選編》上冊，合肥：安徽教育出版社，1994年，第395頁。

海空軍副司令行營為軍事機關，雖然其轄下總務處有「主辦行營外交交際」、「主辦黨務宣傳及行營各項行政等事宜」〔註8〕之職權，但畢竟限於軍事行政事宜，而非民政機關，所以行營兼管東北政務委員會應辦事宜亦不能長久。再者，九一八事變後，張景惠、袁金鎧和臧式毅三人留在東北並相繼降日，使得東北政務委員會委員出缺，東北集團也必須要重新遴選該會委員。在這些背景下，東北集團開始研究在北平改組東北政務委員會事宜，以便接納華北各方勢力群策群力共拒日寇。

　　1931 年 12 月，張學良決定改組東北政務委員會，並以該會名義於該月 25 日通電發布經南京國民政府備案同意的東北政務委員會新委員名單：「自東北事變發生，本會在瀋不能行使職權，因即遷平辦事，惟原有委員既難齊集，且為應時勢需要起見，亟須擴充員額期收集思廣益之效，迭經商承中央確定委員名單如下，計開：張學良、李煜瀛、張繼、熊希齡、趙戴文、王揖唐、韓復榘、劉鎮華、胡適、蔣夢麟、張伯苓、羅文幹、湯爾和、方本仁、蔣伯誠、門致中、周作民、吳鼎昌、魯滌平、徐永昌、商震、宋哲元、傅作義、龐炳勳、張作相、萬福麟、湯玉麟、王樹翰、劉哲、沈鴻烈、于學忠，凡 31 人，業經呈准國府備案。」〔註9〕

　　張學良還強調：「東北政務委員會此次移平，藉重盤材幸託同舟莫名欣忭，比來強鄰內犯國難方殷，我國內外各省區勢若連難安危與共，非合群策群力並顧兼籌不足以集眾長而挽危局」。〔註10〕可見東北集團當時倍增委員員額、網絡各方人才也確實與九一八事變後所面臨的現實困境是分不開的。

　　東北政務委員會從瀋陽移設北平，委員人數增加甚多，故組織條例及政委會組織機構等均有重新研究決定之必要，因此從 1931 年 12 月 26 日到 1932 年 1 月 8 日，東北政委會在北平舊順承王府連續召開四次非正式的會議，希圖對諸般問題加以商討解決。最終結果是決定廢棄東北政務委員會舊名，改為北平政務委員會的名稱，以符名實，並對原設組織機構進行了全面改組。

　　1931 年 12 月 26 日，東北政委會召開第一次談話會。出席委員為張學良、李石曾、張繼、門致中、周作民、傅作義、徐永昌、宋哲元、龐炳勳、萬福

〔註8〕中國第二歷史檔案館編：《國民黨政府政治制度檔案史料選編》上冊，合肥：安徽教育出版社，1994 年，第 394 頁。

〔註9〕《東北政務委員會張學良關於該會遷平辦公和委員名單的譯電》（1931 年 12 月），北京市檔案館藏北平政務委員會檔，全宗號：J181-021-14219。

〔註10〕《東北政務委員會敬政電》，《北平政務委員會公報》，1932 年第 1 期。

麟和于學忠等 11 人，缺席 20 人，東北政委會秘書廳廳長吳家象列席。此次會議實為預備會，主要是確定了會議將要討論和研究的幾個重要議題。

第一，政委會改制。張學良主動提出：「本會原有暫行條例，現既增加委員且情勢與前不同，自應改訂條例，又本席以為主席制似有不便，可否改為執行委員制。」

第二，政委會名稱及所轄範圍。張繼稱：「本會名稱及管轄，究應仍為東北，抑改為北方，似應先加討論」；李石曾說：「蔣主席辭職前，中央曾討論政治分會或政委會之設立問題，擬一設於粵，一設於平，近日情形則不得知，東北政委會既已移此，仍以繼續辦理為便」，同時又認為：「本會現在情形，可從兩方面觀察，或為新組或為擴充，政委會之性質與政治分會相似，一中全會現正開會，或將討論此種問題，本會同人可就本會先行研究，如中央議及此事並有結果，將來起草本會條例更有標準。」

第三，修訂政委會組織條例。周作民說：「關於政治分會條例等項，應設法撿得作為參考」，吳家象說：「此事可由秘書廳辦理，現將本會原有暫行條例分送各位委員作為參考」。

第四，改組政委會組織機構。張學良說：「現將秘書廳情形略為報告，廳內分總務、機要、行政、財務、蒙旗、航政六處，將來擬少用職員，以資撙節，秘書廳長原為王委員樹翰，嗣王赴京由吳家象繼任，變更與否將來再定」。

第五，對新聞界的應對。徐永昌提出：「本會移平後，外間不明真相者或疑為東北二字將包括北平，多來詢問，可否招新聞界人酌予說明，並可否即說東北政委會移平辦事」；張學良問到：「如有人問因何擴充員額應如何答覆」，徐永昌說：「可答以國難當前自應集思廣益」；門致中認為：「本會名稱管轄可暫為保留，俟中央有定議時再定」，張繼稱：「最好一方研究，一方看情勢，稍遲即易決定」，李石曾則言道：「如慮外間有所猜疑，可暫用非正式談話說明一切」；張學良認為：「徐委員提出之點洵為重要，因同人對於外間之詢問必須為一致之答覆也」，並最後決定於本月 29 日繼續開會。〔註11〕

12 月 29 日，東北政委會召開第二次談話會。出席委員為張學良、門致中、徐永昌、宋哲元、傅作義、龐炳勳、張作相、萬福麟和于學忠等 9 人，缺席

〔註11〕 《東北政務委員會茶話會記錄》，《東北政務委員會茶話談話會記錄及該會政治分會的暫行條例》，北京市檔案館藏北平政務委員會檔，全宗號：J221-001-00011。

22 人，東北政委會秘書廳廳長吳家象列席。此次會議主要討論並決定如下事項：

第一，推舉修正政委會組織條例起草委員。張學良說：「上次提議調查中央政治分會暫行條例，以為修正本會條例之參考，現該條例業已複印分送，應推舉起草委員，擬推李石曾、門致中及吳家象起草。」

第二，研究政委會名稱。門致中稱：「修正條例應先確定本會名稱」，徐永昌說：「東北二字外人頗多誤會，似應考慮」，「本會改定名稱後，俟中央承認後即可開正式會」，張學良則言道：「可修改為北平政務委員會，惟須商得中央承認，可先電致王委員樹翰向中央接洽」。

第三，張學良再提政委會改制。他說：「宜修正主席制為主席團，將來輪流主席，條例務宜簡單」。

第四，規定政委會法定人數。萬福麟提出：「出席法定人數應有規定」，張學良說：「委員中常川在平者約 15 人，其中不免時有離平者，然不常駐平之委員，亦時有來平者，以 10 人以上為法定人數，諒無不足之虞。如遇重要事件，凡不在平之委員可電徵其意見，以資表決也」；同時規定「各省市政府應派員駐平以便與本會接洽聯絡」。〔註12〕

1932 年 1 月 1 日，東北政委會召開第三次談話會。出席委員為張學良、張繼、張伯苓、徐永昌、傅作義、門致中、龐炳勳、張作相、萬福麟、周作民、王樹翰、劉哲和于學忠等 13 人，缺席 18 人，東北政委會秘書廳廳長吳家象列席。此次會議主要討論並決定如下事項：

第一，政委會名稱問題。張學良說：「上次會議所提本會名稱之『東北』二字改為『北平』一節，現在似難辦到」，劉哲進一步解釋說：「本會名稱在中政會議中有改為『北平』之意，嗣以改為『北平』字樣則似是新設，恐他處援例以請，且當此時局改為『北平』則似有取消『東北』之嫌，故決議但將東北政務委員會移平辦事而不改名稱，以示因而非創。至上次會議致寧之電，本席離寧時尚未接閱，茲特述過去情形，如此倘本會認為必須更改，似宜請張委員繼或李委員煜瀛先與中央商洽，不宜遽用文電。至本會權限，當時會議中亦經提及東北四省一區，固不待言，關內各省亦本係委託副司令兼

〔註12〕《東北政務委員會談話會記錄》，《東北政務委員會茶話談話會記錄及該會政治分會的暫行條例》，北京市檔案館藏北平政務委員會檔，全宗號：J221-001-00011。

管者，現在似暫照原議並無妨礙」。王樹翰稱：「中政會原議重在顧慮粵方，現已不成問題，似請改亦無不可」。

第二，張學良又提政委會改制問題。張學良說：「本會職權不變，但改名稱諒亦不妨，惟主席制度須改為主席團常務委員［制度］」。

第三，決定增加政委會組織條例起草委員員額。劉哲說：政委會改制問題「可交起草委員審查，惟起草原推三員，似可加推若干員」，張學良決定擬加推張繼、周作民、徐永昌、劉哲4人，合前一共7人為起草委員。〔註13〕

在此次會議中，張繼提到「聞廣東已設政委會」，即西南政務委員會，並得到王樹翰的確認：「確有此事」，而實際此正為上述劉哲所言的背景。在九一八事變後，國民黨中政會研究東北政務委員會改組問題時，也正是寧粵雙方為解決對峙局面實現統一進行討價還價的時候。

由於訓政時期約法之爭，使蔣介石與胡漢民發生分裂，進而演變為寧粵的對峙。而為了實現統一，寧粵雙方決定各自分別召開國民黨四全大會，然後合一起召開國民黨四屆一中全會。1931年12月3日，粵方國民黨四全大會第十次會議決議通過孫科、伍朝樞、李文範等人提案：一，為修明政治防止獨裁起見，於若干省府上設政務委員會，在國府指導下監督各省行政；二，在中執委會指導下設執行部於重要地點，監督各省市黨部；三，為國防及剿共起見，於必要地點在軍委會指導下設軍事分會。但於12月下旬召開的國民黨四屆一中全會並沒有對此作出正式決議，而是決定將該案交國民黨中常會辦理議決。〔註14〕然而在沒有得到國民黨中常會決議的情況下，12月31日粵方國民政府臨時會議便決議：一，統一政府元月一日成立，廣州國民政府各機關、財委會、政委會、僑委會及財政、外交兩部同時結束；二，設立中央執委會西南執行部；三，廣州國民政府結束後，成立國民政府西南政務委員會；四，軍事方面成立國民政府西南軍事委員會；五，財政方面設立國民政府西南財政委員會。1932年1月1日，胡漢民、汪精衛、孫科等聯名通電聲明廣州國民政府即行取消，略稱：「上海和平會議告成，……統一政府本日成立於南京，本會（按指中央執監委員非常會議）及本政府謹踐前言，同日取

〔註13〕 《東北政務委員會談話會記錄》，《東北政務委員會茶話談話會記錄及該會政治分會的暫行條例》，北京市檔案館藏北平政務委員會檔，全宗號：J221-001-00011。

〔註14〕 韓信夫、姜克夫主編：《中華民國大事記》第三冊（1930～1936），北京：中國文史出版社，1997年，第282、300頁。

消。自茲以往，以黨權統一於中央，以治權還諸統一政府，並遵四全大會決議，設立中央執行委員會西南執行部、西南政務委員會、西南軍事分會，負均權共治之責，以努力於剿滅共匪，鞏固國防」。同日，該三機關成立，推胡漢民、陳濟棠、李宗仁、白崇禧、劉紀文等 7 人為執行部常委；陳濟棠、李宗仁、白崇禧、張發奎等 27 人為西南軍分會委員，陳濟棠為委員長；李宗仁、鄧澤如、蕭佛成、陳濟棠、唐紹儀、伍朝樞、白崇禧、劉紀文、程天固等 22 人為西南政委會委員，其中李宗仁、鄧澤如、蕭佛成、陳濟棠、唐紹儀等五人為西南政委會常委。〔註15〕雖然 1 月 7 日國民黨中常會第二次會議決議西南執行部、西南政委會、西南軍分會應停止設立，並要求在中常會未決定辦法前，粵方各執監委員應尊重一中全會將該案交中常會辦理之決議案，但粵方並未理會而是依舊組織了各機關。

由於「中政會原議重在顧慮粵方」，「改為『北平』字樣則似是新設」，恐其「援例以請」，因而決議「將東北政務委員會移平辦事而不改名稱」。然而現在西南政委會已然成立，所以東北政委會改組為北平政務委員會「現已不成問題」。

1932 年 1 月 8 日，東北政委會召開第四次談話會。出席委員為張學良、李石曾、張繼、羅文幹、門致中、周作民、徐永昌、商震、龐炳勳、張作相、萬福麟、王樹翰、劉哲和于學忠等 14 人，缺席 17 人，東北政委會秘書廳廳長吳家象列席。此次會議主要討論並決定如下事項：

第一，政委會組織條例起草委員議定辦法四條：「1，由張繼電孫哲生請將本會改名為北平政務委員會，電已發出；2，改主席為常務委員制，定為 3 人或 5 人，必要時增至 7 人；3，管轄區域暫以遼吉黑熱哈冀察平津為限；4，俟孫覆電到後在起草條文。」

第二，擬定於晉綏兩省設立晉綏政務委員會。張學良說：「晉綏兩省具有特殊情形，擬由本會同人聯名向中央建議，請准設立晉綏政務委員會，以謀該兩省政務之發展。」張繼說：「本席已以私人名義致電孫院長科，大意謂晉綏兩省物產豐富，將來建設事業大有發展，確有設立政委會之必要，但並未提及人選問題。」張學良又問：「大家對於請設晉綏政委會有無意見，如均贊成擬即推定起草員撰擬電稿。」由於「眾無異議」，李石曾提出「擬推王樹翰、

〔註15〕韓信夫、姜克夫主編：《中華民國大事記》第三冊（1930～1936），北京：中國文史出版社，1997 年，第 297、298、300 頁。

徐永昌起草電文」。

第三，政委會會議法定人數和常委人數等相關決定。對於李石曾推舉王樹翰等起草電文一事，王樹翰問：「應由何人具名」，張學良說：「本日到會委員應全體列名，又以後本會發表意見，是否均照此例辦理。」于學忠說：「現在自可如是，惟將來開正式會議，似應用本會名義」；李煜瀛說：「凡正式公文應用會名義，餘者用人名」；龐炳勳說：「凡應用會名者，全體負責，即未到會者亦同」。羅文幹說：「遇重要事，對於未到會之委員可要求其書面答覆」，李石曾說：「既設常務委員，即常務委員亦可決議。」張學良說：「決議之法定人數，應規定於條例之內」，李石曾說：「援國府會議例，可以在平委員三分之二為出席法定數，以到會委員半數或三分之二為決議法定數。」周作民說：「不在平之委員可委託他委員為代表」，張學良說：「委託代表比書面答覆為妥，因是否重要是否須徵其答覆，甚難分別也。」李石曾說：「中常會例常務委員7人為出席，其餘委員只為列席」，張學良說：「本會常委應定5人至7人，每月開全體委員會一次，俾其他委員均得接洽。」商震說：「議決案應通知全體委員」，張學良說：「中常會記錄似不分送，係為保持秘密故。」〔註16〕

通過這四次預備會議的討論，我們能夠看出東北政務委員會的改組方案大體如下：一是主席制改為委員制，並設常務委員。委員擴充為31人，主要包括時在華北的各方勢力，比如東北集團的張學良、張作相、萬福麟、湯玉麟等人，晉系和西北系的徐永昌、商震、宋哲元、傅作義、龐炳勳等人，南京國民政府代表或已投靠了蔣介石的舊軍閥，如李石曾、張繼、方本仁、韓復榘、劉鎮華等人，華北名流與各方面專門人才，如王揖唐、張伯苓、周作民等人。二是東北政務委員會改組為北平政務委員會，以符名實，並重新組織所屬各機關。三是縮減管轄區域，改組後北平政務委員會的管轄區域「暫以遼吉黑熱哈冀察平津為限」，而原本中原大戰後劃歸東北政務委員會節制的晉綏兩省，則不再歸屬北平政務委員會管轄。此時東三省已經淪陷，所以北平政務委員會實際管轄區域，只有冀察熱平津等三省兩市。

雖然預備會時曾有設立晉綏政務委員會之議，但當蔣介石獲悉李石曾有「設晉魯等政委會，團結北方，以抵制粵方破壞之構想」時，卻明確反對：「此

〔註16〕《東北政務委員會談話記錄》，《東北政務委員會茶話談話會記錄及該會政治分會的暫行條例》，北京市檔案館藏北平政務委員會檔，全宗號：J221-001-00011。

割據弊政,中極反對也」。〔註17〕顯然蔣介石很清楚政務委員會有利更有弊,除非萬不得已,否則絕不再添置其他政務委員會了。1931 年 1 月,經過短暫籌備,北平政務委員會於 1 月 30 日正式成立,委員仍為前述東北政務委員會 31 名委員,其中常務委員為張學良、李石曾、張繼、韓復榘、徐永昌、周作民、吳鼎昌、于學忠、王樹翰等 9 人。〔註18〕

二、北平政務委員會的組織機構與職權

北平政務委員會成立時,議決通過了由起草委員擬訂的《北平政務委員會暫行條例》,並電呈南京國民政府備案。該條例共計 12 條,主要規定了該會管轄範圍、職權、組織機構等內容,擇要如下:「本會之管轄區,暫以河北(天津市在內)、遼寧、吉林、黑龍江、熱河、察哈爾六省及東省特別區、北平市為範圍」;「本會於其管轄區內指揮並監督最高級地方政府,本會對於國民政府未經明白或詳細規定事項於不牴觸範圍內,得為因地制宜之處分,但處分以後,須呈請國民政府備案」;「本會之決議案交管轄區內之各該省區市最高級地方政府執行之」;「本會暫設委員 31 人,由國民政府指定之」;「本會設常務委員 7 至 9 人,由委員互選之」;「在北平之中央政治會議委員、國民政府委員得出席本會」;「本會於必要時得聘請專門委員」。〔註 19〕該暫行條例,與原東北政務委員會暫行條例相仿,都是參照政治分會條例制訂的。

在北平政務委員會正式成立之後,由於各自原因該會委員以及常務委員都進行了局部的調整和增補。比如由於胡適、湯爾和兩委員始終堅辭,並未到該會任職,北平政務會議決准予辭職,而吳鼎昌也因故辭職。北平政委會先後於 1932 年 3 月和 8 月增補孫魁元、潘復和谷鍾秀 3 人為委員。而 7 月北平政務委員會曾決定加聘張群、顧維鈞、王樹常、劉翼飛、石友三、王克敏、劉尚清、秦德純、易培基等 9 人為本會委員。由於吳鼎昌同時兼常務委員,所以其辭職後以張群遞補常委,同時增補劉哲為常委。此次人員變動後,北平政委會委員總人數增加至 40 人,其中常務委員人數增加至 10 人:即常務委員為張學良、李石曾、張繼、張群、韓復榘、周作民、徐永昌、王樹翰、

〔註17〕呂芳上主編:《蔣中正先生年譜長編》第 3 冊,臺北:「國史館」,2014 年,第 585 頁。

〔註18〕《北平晨報報導北平政務委員會成立消息(剪報)及該會委員名單》,北京市檔案館藏北平政務委員會檔,全宗號:J221-001-00001。

〔註19〕《北平政務委員會暫行條例》,《北平政務委員會公報》,1932 年第 1 期。

劉哲和于學忠等 10 人，其他委員為熊希齡、趙戴文、王揖唐、劉鎮華、蔣夢麟、張伯苓、羅文幹、方本仁、蔣伯誠、門致中、魯滌平、商震、宋哲元、傅作義、龐炳勳、張作相、萬福麟、湯玉麟、沈鴻烈、孫殿英、顧維鈞、潘復、劉尚清、王克敏、王樹常、劉翼飛、石友三、秦德純、易培基和谷鍾秀等 30 人。

　　這些常務委員中，屬於東北集團者有張學良、王樹翰、劉哲、于學忠等 4 人，屬於南京國民政府者有李石曾、張繼、張群等 3 人，屬於晉系者有徐永昌，其餘韓復榘原屬西北軍系但此時已投靠了蔣介石，周作民和吳鼎昌都是華北銀行家和實業家代表，只不過周作民更接近東北集團，吳鼎昌則更接近國民黨。而在上述委員中，東北集團還有張作相、萬福麟、劉翼飛等 7 人，而南京國民政府僅有方本仁和蔣伯誠等 2 人。由此可見，北平政務委員會是以東北集團為主導，由南京國民政府代表參與，融合了晉系和西北軍系等華北各方力量，共同組織起來的冀察熱等省的最高行政領導機關。在日本侵略步步緊逼的情況下，華北各方力量只有聯合起來有可能應對華北危機，否則各自為政，內部傾軋，只能為日人所乘，各個擊破。誠如閻錫山所說：「當將政治擺在桌面上以求治，不當將政治統在袖子裏以致亂」，「決大事應大變，當先有明確的認識，細密的推測，堅決的主張，周到的應付」。〔註 20〕

　　北平政務委員會內設秘書廳，「設秘書長一人，總理本廳事務，並指揮監督所屬職員」，廳內原設「總務處、機要處、行政處、蒙旗處、航政處」，「各處置正處長一人，掌管本處事務，副處長一人輔助之」，「各處暫分設二股，每股置股長一人，處員若干人（機要處除外），分掌處內各事務」，「機要處設秘書、秘書上辦事及辦事員若干人」。〔註 21〕「航政處之設置係沿東北政務委員會秘書廳之舊制，在東北自是重要，在北平則事務較簡，無單設一處之必要，且航政亦只行政中之一部分」，故於 10 月北平政委會修正該會秘書廳組織條例，「擬將該處裁撤，所有事務在行政處內增設第三股辦理」。在裁撤航政處的同時，於秘書廳內新增情報處〔註 22〕，其設置緣由為：「前陸海空軍副

<hr>

〔註 20〕閻錫山：《閻錫山日記（1931～1950）》，北京：九州出版社，2011 年，第 51 頁。
〔註 21〕《北平政務委員會秘書廳組織暫行條例》，《北平政務委員會公報》，1932 年第 1 期。
〔註 22〕《北平政務委員會秘書廳暫行條例修正草案》，《北平政務委員會暫行條例草案、議事細則草案、秘書廳組織暫行條例修正草案及國民政府西南政務委員會組織條例》，北京市檔案館藏北平政務委員會檔，全宗號：J221-001-00002。

司令行營原設有情報處，北平綏靖公署成立，復旋經裁撤，其事歸總務處辦理。現軍事委員會北平分會各組中無此項職掌，查宣傳事項本非限於軍事，且關係重要，實有專設一處之必要，擬在本會秘書廳內設情報處辦理本會及軍分會宣傳事項，所需經費由雙方平均分任。」〔註23〕

秘書廳主要職員為：秘書長吳家象，機要處處長葉弼亮，總務處處長張濟新，行政處處長王瑞之，蒙旗處處長袁慶恩，航政處處長宋式善，情報處處長沈能毅。各處具體掌管事宜如下：總務處負責文書收發分配編製及保管，撰擬普通文件通告，典守印信，蒙旗以外人員任免，統計，庶務會計，其他不屬於各處事項。機要處負責撰擬機要文電，收掌會議文件，編列議事日程，記錄議決案，分交議決文件，發布會議通告，譯述各國文件，招待外賓及臨時通譯等。行政處負責內務，司法行政，教育，財務，農礦工商，建設，墾務殖民，路電交通等。蒙旗處負責各盟旗蒙員任免，各盟旗警察，蒙漢民交涉，蒙民教育，蒙疆調查，蒙漢文牘翻譯，招待蒙員及臨時通譯等。航政處負責河海航行，航業組合，航業教育，漁業，水道港灣調查，水運調查等。情報處負責搜集編譯國內外情報，對內對外宣傳，新聞、郵件、電報檢查等。〔註24〕

北平政務委員會一般「每月開大會一次，每一星期開常會一次，遇有特別事項召集臨時會」。「大會開會日期臨時定之，但須於一星期前通知各委員。常會每星期二上午十時開會。」就常會而言，在1932年2月到8月，除了4月因為國聯調查團到北平對九一八事變進行調查而使得常會於該月僅開兩次外，其他各月均每星期開常會一次。9月至11月，常會會期縮為每月三次，12月後常會會期縮為每月兩次。可見由於當時中日衝突而導致局勢趨於緊張，使得北平政委會根本無法按議事細則之規定按時開會。北平政委會「大會及常會均須有所在地委員過半數之出席方得開會」，「大會主席臨時推定，常會由常務委員輪流主席」，「常會開會時在所在地之非常務委員均得列席」，「表決議案以出席委員過半數之同意為決議可否，同數時取決於主席」，「表決方法以舉手行之，遇必要時得改用投票方法」，「議案不能即付表決時得由

〔註23〕《北平政務委員會第三十三常會議事日程》，《北平政務委員會第三十三至四十三次常會議事日程》，北京市檔案館藏北平政務委員會檔，全宗號：J221-001-00006。

〔註24〕《北平政務委員會秘書廳組織暫行條例》，《北平政務委員會公報》，1932年第1期。

主席指定委員審查後再行決議」,「常會認為重要議案應以書面徵詢不能出席各委員之意見,各該委員之同意與否應併入出席委員同意與否之數內計算之」。〔註25〕

　　從北平政務委員會內設機構及主要職員來看,其內設機構是沿襲原東北政務委員會的組織機構,主要職員也基本由原班人馬組成,因此北平政務委員會與東北政務委員會實際上就是一脈相承的。而兩者的區別則主要是北平政務委員會秘書廳內不在設置財務處,而是將財務處職能歸併於新成立的北平財政整理委員會,該財委會直隸於北平政務委員會,這主要是由於華北派系眾多,使得東北集團對於財政不能獨攬,同時也只有成立該財委會才能更好地團結和聯合各方力量。

　　九一八事變後東北政委會移平辦事初期,秘書廳組織還沿襲著瀋陽時期而設置財務處,而為了整理華北財政,東北集團於1931年12月另行在北平組織成立了北平財政整理委員會,張學良兼任委員長,王克敏為副委員長,執委張振鷺,常委戢翼翹、周大文、荊有岩等〔註26〕。而隨著東北政委會改組成為北平政委會,財務處便裁撤歸併於北平財政整理委員會了。1932年2月,北平政委會訓令:「現值國家多事,支應浩繁,財政一端,關係重要,自應通盤籌劃,量入為出,特組織財政整理委員會。凡關於財務行政事宜,以及應興應革整頓方法,統由該會處理,原有本會財務處主管事項亦經劃該會辦理。嗣後各該機關,關於財務事項即逕行報由該會核辦,以免分歧。」〔註27〕

　　在1932年2月北平財政整理委員會改組後,北平政委會制定了《財政整理委員會暫行條例》,內容主要有以下幾條:「北平政務委員會為整理財政起見,特設財政整理委員會」;「本會設常務委員7至9人,委員若干人,以冀晉察綏平津各省市與本會有關人員及其他財政界經濟界富有學識經驗者充之,並由常委中公推一人為主席」;「本會職權:整理收入、審核軍政各費之

〔註25〕《北平政務委員會議事細則草案》,《北平政務委員會暫行條例草案、議事細則草案、秘書廳組織暫行條例修正草案及國民政府西南政務委員會組織條例》,北京市檔案館藏北平政務委員會檔,全宗號:J221-001-00002。
〔註26〕韓信夫、姜克夫主編:《中華民國大事記》第三冊,北京:中國文史出版社,1997年,第293頁。
〔註27〕《北平財政整理委員會主席張學良關於成立該會給北平政務委員會的呈》,北京市檔案館藏北平政務委員會檔,全宗號:J221-001-00010。

支出、擬定財政整理全盤之計劃」。〔註 28〕

北平財政整理委員會常務委員 9 人，主席為張學良，其他常委為：王克敏、龐炳勳、榮臻、仇曾詒、鄭道儒、張振鷺、魯穆庭、荊有岩；委員有 20 人：李石曾、張繼、徐永昌、商震、宋哲元、吳鼎昌、周作民、傅作義、于學忠、王樹常、劉翼飛、門致中、秦德純、姚鋐、文光、戢翼翹、周大文、張學銘、蘇全斌、寧恩承。〔註 29〕

除了北平財政整理委員會外，北平政務委員會所直轄的專門委員會還有為研究九一八事變後對日交涉而在北平組織成立的東北外交研究委員會。該會於 1931 年 11 月成立，當時「外交緊急，埋頭工作，各項章則未曾釐訂」，1932 年 8 月北平政委會才決議通過了該會組織章程。章程中明確規定該會「隸屬北平政務委員會」，「專以研究東北外交問題為宗旨，聘任專門委員組織之」，「設委員長一人」，「副委員長一人」，「設委員若干人，由委員長聘任，每週開會一次，遇有特殊事項由委員長隨時召集」。〔註 30〕

雖然北平政務委員會的委員倍增，並改主席制為常務委員制，但東北集團尤其張學良在該會中仍居於主導地位。比如直到 1933 年 1 月，察哈爾省政府主席宋哲元在呈請「辭主席一職以便專任軍事」時，仍是將呈文「謹呈北平政治委員分會委員長張」，〔註 31〕即向張學良請辭，並將北平政委會稱為「北平政治委員分會」，意即國民黨中政會分會，稱張學良為「委員長」，由此亦可見東北集團在華北各實力派中的象徵性地位。而且北平政委會管轄範圍和職權在表面上與東北政委會相比也基本無異，同時該會與東北政務委員會存在著明顯的承繼關係，即二者一脈相承。因此可見說北平政務委員會的成立，是九一八事變後國民黨對東北集團在華北既得利益的再次肯定，也反映了在

〔註 28〕　《財政整理委員會暫行條例》，《北平財政整理委員會主席張學良關於成立該會給北平政務委員會的呈》，北京市檔案館藏北平政務委員會檔，全宗號：J221-001-00010。

〔註 29〕　《財政整理委員會委員名單》，《北平財政整理委員會主席張學良關於成立該會給北平政務委員會的呈》，北京市檔案館藏北平政務委員會檔，全宗號：J221-001-00010。

〔註 30〕　《東北外交研究委員會組織章程》，《北平政務委員會第十八至二十一、二十四、二十五、二十七次常會議事日程》，北京市檔案館藏北平政務委員會檔，全宗號：J221-001-00005。

〔註 31〕　《北平政務委員會第四十次常會議事日程》，《北平政務委員會第三十三至四十三次常會議事日程》，北京市檔案館藏北平政務委員會檔，全宗號：J221-001-00006。

九一八事變後短期內，東北集團雖然失去了東北，動搖了根基，但仍然尚可在華北一隅殘喘。

第二節　北平政務委員會的內政措施

北平政務委員會存續期間，華北各省深受日本侵略影響，政局不穩，民心浮動。為了穩定局勢，北平政務委員會採取了諸多措施，力圖為抵抗日本侵略營造一個較為穩定的後方。

一、強化對地方機關的監督和管束

北平政務委員會成立之初，即明確表明該委員會乃東北政務委員會「移平辦事」，為名實相符計而更名為北平政務委員會。而失去了東北各省實力大損的東北集團，想要擺脫華北大大小小的軍閥而單獨控制冀察平津等地，顯然也是不現實的。尤其在面臨著日本侵略步步加深的情況下，張學良為首的東北集團更希望團結華北各軍閥共同抵抗日本侵略。因此北平政務委員會才吸納了諸多華北軍閥頭目為委員甚至常務委員，並成立了由各方共同組成的財政整理委員會，以期統一冀察平津等地為數不多的財稅資源來保障軍事開支需求。

東北集團的上述訴求能否實現，與北平政務委員會的政令是否暢通以及各地方機關是否切實辦理密切相關。所以為了強化對地方的監督，「周知民隱整頓吏治起見」，1932 年 3 月北平政務委員會特制訂了《北平政務委員會調查員規則》。該規則對調查員的來源、權限、防範貪腐以及懲戒等均做出了規定。北平政務委員會「得於所轄省市區域內，隨時派調查員前往調查」，調查員由該委員會秘書廳或財政整理委員會職員內指派，「但因去情事之必要得派非本會職員任之，遇有關涉軍隊事項，得請綏靖主任派員會查」。調查員承北平政務委員會常務委員之指揮調查事項，「除報告本會外，對於調查之機關官吏不得直接干涉並須嚴守秘密」。調查員因職務之需要，「得向各機關請求調閱文卷或請求協助，以本會委任令為憑，但奉令密查者不在此例。」調查員所需旅費，「依旅費支給規則之規定由本會支給之，不得向所調查機關及其所經過各地方之機關需索供應，並不得為交際宴會之事。有特殊情形必需增支旅費者，須經常務委員會之議定。」調查員對於調查事項，如有隱匿或虛偽之報

告時，由北平政務委員會常委委員會議懲之。〔註32〕

　　該規則所制定的防範調查員貪腐的辦法以及相應的懲罰措施雖流於紙面，僅僅一句由北平政務委員會常務委員會「議懲」，也實際上難以對那些貪官污吏產生多少威懾力。但在面對日本侵略而華北政局危及的背景下，北平政務委員會制訂的該項規則還是有其積極作用的，表明北平政務委員會要強化對地方各機關的監督職責，努力穩固華北的行政秩序。

　　此外由於華北形勢緊張，北平政務委員會還要求各機關職員安分守法。如1932年5月北平政務委員會發布訓令禁止「非軍事機關人員擅著軍服」：「查灰色軍服限於軍人服用，非軍事機關自不應著用灰色軍服。值此時局，阽危禍變百出，各機關職員尤應安分守法，弗稍僭越，以肅綱紀而正觀禮，至所用夫役人等亦應切實戒除，免滋流弊」。〔註33〕是年底，北平軍事訓練委員會通令「各軍隊及各軍事機關嚴禁所屬無論官存私有之軍服，均不得私擅借與他人冒著，以重軍風而維治安」。北平政務委員會同時訓令各省市政府「轉飭所屬警團一體遵照辦理」。〔註34〕

二、整頓財政與稅收

　　北平政務委員會成立後，財政狀況非常拮据。雖成立了北平財政整理委員會，希圖以此整合冀察平津等地的財稅，統一收支，但各省市稅收多寡早有定數，想要立時「開源」甚難，所以北平政務委員會首先採取的措施是「節流」。

　　1932年3月，北平政務委員會發布訓令，要求在國難期間各機關公務員應停止娛樂。「現在外侮日亟，國難方殷，自非全國一心，臥薪嚐膽，不足以挽救危亡。各機關公務員職責所在，尤當領導人民刻苦自勵，當此流亡滿目之際，對於各種娛樂必不忍為，且值加緊工作惟日不足」，「試思東北各地人民塗炭，近日上海一隅屍骸滿地」，「本會負監督地方之責，深知國家存亡繫乎民眾，而民眾倡導實有賴於官吏」，「一切娛樂概行停止，各機關長官尤當本身作則，俾資表率。本會委員自必率先屬行以為之倡。總期上下一致，為國忘身，多難興邦，其各奮勉」。〔註35〕長官表示以身作則，停止娛樂，與民

〔註32〕《北平政務委員會調查員規則》，《北平政務委員會公報》，1932年第2期。

〔註33〕《北平政務委員會訓令總字第2號》，《北平政務委員會公報》，1932年第4期。

〔註34〕《訓令行字第1216號》，《北平政務委員會公報》，1933年第13期。

〔註35〕《北平政務委員會訓令機字第2號》，《北平政務委員會公報》，1932年第1期。

眾共患難，這既是北平政務委員會繼續強化對各機關職員的監管，同時也是該委員會要節儉開支的一個信號。

隨後在北平財政整理委員會的主持下，開始大力整頓機構編制，地方機關或裁撤、或精簡、或合併，壓縮經費支出。比如東三省淪陷後，原東三省各省縣地方機關完全名存實亡，除了遼吉黑三省政府在北平設立辦事處外，其餘行政機關大多實際裁撤，也就勿用再支出經費。不過有個別掌管東北全境某一職權的重要機關，在九一八事變後也隨著東北政務委員會一起南遷移平辦公，如東北交通委員會。該委員會移平後，曾於 1931 年 10 月 1 日呈報東北政務委員會和副司令行營備案。

北平財政整理委員會認為東三省已經淪陷，東北交通委員會已然名存實亡，所以提議裁撤該會。但東北交通委員會卻認為該會「所負使命及各種關係至為重要，職責所在，實有不容須臾中斷」的理由，並於 1932 年 4 月將其現時工作與縮減支出情況向北平政務委員會進行了彙報。東北交通委員會所述其現時職務與日常工作有：「1.日方對於國際宣傳，謂此次出兵係因鐵路懸案交涉延宕未決，我方不能不揭明真相，以待公評。故故於國際調查團之宣傳工作刻在積極準備。2.前奉綏靖主任電飭造報交通損失數目，一面依限趕辦，一面分別調查。3.匯造東北國有省有各路近年收支統計，以應外交研究委員會之徵求。4.擬議將來收回路電各機關之方策。5.交鐵兩部關於東北區域內者，事無鉅細，隨時函電本會商辦，遇有涉及外交事件尤須立時裁答。6.隨時以關於交通之資料供給各方，此外日行文件亦復不少，如北寧路本在管轄範圍以內，他若呼海齊克兩路及電政各局臺尚有 20 餘處，遇有請示事宜，均須隨時指示。」〔註36〕

東北交通委員會所述其移平辦公後縮減經費支出情形為：「該會經費在瀋陽時，原列預算月計 2.9 萬餘元，由所屬路電各局攤解。自移平後，鑒於來源驟減，僅就北寧路局月解 1.5 萬元，撙節支配。嗣因北寧路受事變影響，收入減少未能如期照解」，「最近北寧路因減去瀋榆一段，營業收入尤為短絀，本會兼籌並顧，為減輕該路局擔負計，將應解經費減去 5000 元，飭每月實解 1 萬元。一面將本會員司裁汰 60 餘人，現有人員或學有專長，或辦事得力，對於東北路電各政均各熟悉情形，為將來接收時必不可少之人才，不能不設法

〔註36〕《北平政務委員會訓令行字第 119 號》，《北平政務委員會公報》，1932 年第 3 期。

維繫，以資熟手。並實行財政公開，職員薪俸減成核發，最低限度有減至六成五者，每月辦公經費亦經限制，不得超過 600 元。」〔註 37〕

北平財政整理委員會認為，「該會直轄各路僅餘北寧半段，雖難行使職權，惟既據聲稱尚有工作，似應准其繼續存在」。最後該年 5 月經北平政務委員會議決：「該會現既尚有工作，自應准予繼續存在，惟應力求縮減，以免虛糜」，「令該會即便遵照妥擬縮減辦法，呈候核奪」。〔註 38〕

除了東三省舊有機關被整頓外，北平政務委員會對華北地方機關也進行了精簡，如對平津兩市財政局和教育局的裁併。1932 年 8 月，北平財政整理委員會以「現在政費支絀，入不敷出，為節省經費起見」為由，「將天津市財政局裁撤，所有該局應辦事項撥歸市政府各科承辦，又將北平市財政局並歸市政府秘書處，教育局併入社會局，分別設科掌管」。〔註 39〕該精簡方案經北平政務委員會函送行政院核准備案時，行政院函覆：其他皆可，惟北平市財政局「按照市組織法規定為必須設立之機關，未便准予裁併」。1932 年 10 月，經北平政務委員會決議：「決定自本年 10 月 1 日起恢復財政局」，並將北平市政府「秘書處第三科裁撤，所有該科職員即調撥該局任用」，該局局長一職由北平市長周大文兼領，「俸給等項概不支給，至於該局經費仍按第三科原定預算開支，不再另行增加。庶於符合法制之中，仍存節省經費之實」。〔註 40〕

在節儉開支之外，北平政務委員會還設法擴大財源，增加財政收入。北平政務委員會所屬稅收機關有張多稅關監督公署、津海關監督公署、長蘆鹽運使署、河北印花煙酒稅局、察哈爾印花煙酒稅局、河北官產總局、河北硝礦總局、口北蒙鹽局。所以北平政務委員會擴大財源的渠道可以從關稅、鹽稅、煙酒以及礦產銷售稅等幾個方面著手。

首先適當增加稅捐。經過核議及呈報南京國民政府財政部核准後，北平政務委員會決定於 1932 年 7 月 13 日起將長蘆鹽稅稅率每擔增加 7 角，而蘆

〔註37〕《北平政務委員會訓令行字第 119 號》，《北平政務委員會公報》，1932 年第 3 期。

〔註38〕《北平政務委員會訓令行字第 209 號》，《北平政務委員會公報》，1932 年第 5 期。

〔註39〕《北平政務委員會公函行字第 448 號》，《北平政務委員會公報》，1932 年第 8 期。

〔註40〕《北平政務委員會訓令行字第 887 號》，《北平政務委員會公報》，1932 年第 11 期。

鹽加稅後長蘆鹽場行銷區域內各縣鹽價每斤增加 7 釐；〔註41〕1933 年 2 月，北平財政整理委員會建議「徵收天津皮毛、棉花、乾果、木料、糖、茶等六項特產貨物落地捐」，北平政務委員會議決「准予試辦一年」，〔註 42〕等等。日本侵略東北後，山海關內外交通貿易斷絕，此時增加稅捐即便再少，也是對本不發達的華北工商業和貧困民眾的沉重打擊。

其次，通過獎懲手段督促各縣地方官盡職協助徵稅事宜，比如整頓鹽務，地方官協助打擊私鹽。1932 年 5 月，經北平政務委員會核議，決定整頓長蘆鹽務，「擬具條例三則」，其中「緝私條例及私鹽治罪法，均係中央公布之法令，自應遵照奉行」，而所擬《長蘆行鹽區內地方官協助緝私獎懲暫行條例》，則「係屬地方單行條例」。〔註43〕同年 6 月，經最終修訂後，該暫行條例由北平政務委員會核准實施。北平政務委員會希圖通過重獎與嚴懲手段，調動所轄區域內地方官吏的積極性，打擊私鹽，增加蘆鹽銷量而增加鹽稅收入。

根據該暫行條例之規定，凡蘆鹽行銷區內縣長及公安局長等地方官，「各應盡協助緝私責任」。認真緝獲私鹽成績顯著之地方官重獎：「各縣長於一年中緝獲私鹽在 10 起以上，鹽犯並獲者，記功一次；20 起以上者，記大功一次；30 起以上者，加月俸二成；40 起以上者，加月俸五成；50 起以上而又辦理行政著有成績者，按等晉升，原係一等縣缺則以應升階級優予擢升。」「警察保衛官吏及警士衛兵，於一年中緝獲私鹽，鹽犯並獲在 10 起以上者，加月薪二成；20 起以上加月薪五成；30 起以上而辦事認真著有成績者，以應升階級優予陞用。」〔註 44〕

而緝獲私鹽懈怠以及徇私枉法之地方官則嚴懲：「各縣長於其所轄境內，一年中發生私製私販鹽斤，所屬警察失察未獲而經緝私人員查獲 10 起以上者，記過一次；20 起以上者，記大過一次；30 起以上者，減月俸二成；40 起以上者減月俸五成；50 起以上而又辦理行政無成績者，褫職或降等。」「警察保衛官吏，於其所轄境內，一年中發生私製私販鹽斤失察未獲，而經緝私人

〔註41〕《北平政務委員會指令行字第 388 號、第 420 號》，《北平政務委員會公報》，1932 年第 8 期。

〔註42〕《第 43 次常會會議記錄》，《北平政務委員會公報》，1933 年第 13 期。

〔註43〕《北平政務委員會指令行字第 205 號》，《北平政務委員會公報》，1932 年第 7 期。

〔註44〕《北平政務委員會指令行字第 292 號》，《北平政務委員會公報》，1932 年第 7 期。

員查獲 10 起以上者，減月薪二成；20 起以上者，減月薪五成；30 起以上而又辦事懈怠無成績者，褫職或降等。」「各縣長警察保衛，遇有私製私販知情故縱或經緝私官報請協緝而不實力奉行，致私鹽犯漏未緝獲者降等，情節重大者褫職，如有受賄放私情弊並應送交法庭依法嚴懲。」〔註45〕

第三，整頓稅務，通過獎懲手段督促稅務人員盡職徵稅，按期解稅。1932年 8 月，北平財政整理委員會為強化監督財政之責，考核「各省市督徵經徵各機關徵收官吏能否盡職」，特制訂了《北平財政整理委員會徵收考成條例》，「俾資遵守，而明賞罰」。在該條例中，考核的標準有兩類，即徵收稅額之多寡和報解稅款按時與否。在第一類賞罰規定中，「督徵官成績以所屬經徵官之成績定之，經徵官成績以所規定比額為準」，而該「比額須由該督徵機關核定各徵收機關淡旺月收入數目」，列表報北平財政整理委員會備查。具體賞罰標準為：「經徵官每三個月於比額外長徵二成以上者嘉獎，三成以上者記功，半年長徵二成以上者記功，三成以上者記大功。全年長徵二成以上者，記大功並請酌給獎金，三成以上者酌給獎金並請調升。」「經徵官每三個月於比額內短徵一成以上者記過，二成以上者記大過，半年於比額內短徵一成以上者記大過，二成以上者免職，全年於比額內短徵一成以上者免職，二成以上者免職外並予以停委處分」，「有特殊情形者得分別減輕之」。〔註46〕

在第二類賞罰規定中，無論督徵經徵機關，都要按期報解稅款，如超過規定期限則予以懲罰。「經徵機關每月報解稅款期限，由督徵機關酌核途程遠近，分別核定」，而督徵機關每月報解稅款期限則由北平財政整理委員會核定。具體懲罰標準為：經徵機關每月報解稅款期限，「如逾期 10 日未解者記過一次，20 日者記大過一次，30 日者免職」。督徵機關報解稅款期限，「如逾期按經徵機關逾期辦法懲處」。這一類賞罰中重在要求按期報解稅款，不按期者重罰，按期者卻無賞。另外，該條例還規定了稅務官的功過可以相抵：「凡經徵官記功三次者，折記大功一次，記過三次者，折記大過一次，記過次數准與記功次數相抵」。〔註47〕這也表明北平財政整理委員會制訂該條例意在督

〔註45〕《北平政務委員會指令行字第 292 號》，《北平政務委員會公報》，1932 年第 7期。

〔註46〕《北平政務委員會訓令行字第 471 號》，《北平政務委員會公報》，1932 年第 8期。

〔註47〕《北平政務委員會訓令行字第 471 號》，《北平政務委員會公報》，1932 年第 8期。

促稅務官加大稅捐徵收力度，增加稅捐額度。對於「受賄、串通、舞弊或其他違法行為」的經徵官，按諸該條例「應予撤懲」，而如果因各種違法行為而導致損失稅款者，則規定要予以賠償。

北平政務委員會採取的上述諸多措施，或盡力「節流」，或設法「開源」。而「開源」才是增加稅捐的最重要途徑，但這也有一個前提，即華北社會民眾這個稅收源頭要有財富才行得通。如果華北社會滿目瘡痍、哀鴻片野，那任憑北平政務委員會如何「開源」，也不可能獲得更多稅收。而當時社會上洗劫民間財富最甚者，無外乎鴉片、嗎啡等毒品。

近代中國毒品泛濫嚴重，「為害最烈，不獨吸食者個人蕩產傷身，而於國家強弱民族興衰，亦有莫大關聯」，〔註48〕而其中於國家的危害之一就是社會上大量白銀外流，致使國家財政出現虧空。這種情況在民國期間也未有多少改變，雖然民國政府頒布有禁煙相關法規，但實際效果卻不顯著。到了九一八事變後，隨著東北淪陷，東北集團僅擁有冀察熱平津等地盤，損失的財稅之多，已然傷筋動骨。至北平政務委員會成立後，為了增加財政收入，北平政務委員會厲行禁毒政策。1932年9月，北平政務委員會發布訓令，令冀察熱平等省市政府嚴禁毒品，打擊製販毒品行為，懲辦禁毒不力官員。

同年9月，河北省政府制訂了《河北省懲治製販毒品人犯暫行條例》，呈報北平政務委員會核准實施。依據該暫行條例之規定，凡未依麻醉藥品管理條例之規定製造毒品，或販賣或意圖販賣而持有或運輸者，處死刑、無期徒刑或10年以上有期徒刑，並處5000元以下罰金。公務員庇護他人犯前述之罪者，處5年以上有期徒刑，並處5000元以下罰金，其有要求期約或收受賄賂等情事者，處死刑或無期徒刑。負責查禁毒品之公務員，有要求期約或收受賄賂縱容他人犯前述之罪者，則處死刑。〔註49〕

三、安置東北流亡人員

東北淪陷後，東北人民大量流亡華北。這些難民包括普通農民、工礦工人、大中學教師與學生和原東北各機關職員。對於流亡人員，北平政務委員會無力全部安置，只能選擇其中最具有能力與學識者進行安置，其一

〔註48〕《北平政務委員會訓令行字第576號》，《北平政務委員會公報》，1932年第10期。

〔註49〕《河北省懲治製販毒品人犯暫行條例》，《北平政務委員會公報》，1932年第10期。

是大中學教師與學生，其二是原東北各機關職員。而對於數量最多的東北流亡難民，北平政務委員會則將其推給了慈善組織，即東北難民救濟院負責救濟。

東北大學等原東北高等學府，匯聚了東北知識界大部精英，所以最為東北集團所重視。九一八事變後，東北集團所採取安置辦法是將該校師生遷入北平並另擇校舍安排教學，儘量保障該校正常的教學工作。1931 年 10 月，東北大學師生抵達北平，被暫時安置在安慶會館、江西會館和奉天會館等處，隨後被安置在南兵馬司前稅務監督署舊址，10 月 18 日東北大學在此開學復課，這一校區也被稱為東北大學東校。經東北高層協商，東北大學高年級學生分別到北大和清華借讀，而農學院學生則全部到開封的河南大學借讀。1932年 2 月，東北大學又借得彰儀門大街原國貨陳列所舊址，用以收容錦州東北交通大學逃難來北平的學生，設立東北大學交通學院，稱為東北大學南校。1933 年 6 月後，東北大學又合併了遷北平後難以為繼的馮庸大學，並以西直門內原陸軍大學校址為東北大學校部和文法兩學院院址，稱為東北大學北校。〔註50〕

與東北大學、東北交通大學和馮庸大學等得到較為妥善的安置相比，東北其他學校就很難有此待遇了。比如東北商船學校，是培養船舶駕駛、輪機維修和海軍水陸測量等人才的職業學校。該校與東北海軍方面關係密切，其所辦各科畢業生大多轉入葫蘆島海軍學校，所以該校實屬海軍學校預科班性質。在東北淪陷後，該校難以維持，最終呈請北平政務委員會准予停辦。1932年 3 月，該校校方擬定了該校師生善後辦法：對於該校學生，原本校方擬定學校停辦解散後，給予在哈爾濱「未歸家各生歸籍川資」，籍貫關內者，每人哈洋 50 元，籍貫關外者，每人哈洋 30 元，以示體恤。但該校學生卻提出要推舉代表赴東北海軍總司令部請願，「准許收容，以免荒廢學業」，後經由東北海軍副總司令沈鴻烈准許「無論已否畢業學生，凡不甘在敵人勢力之下服務者，暫由海軍總司令部全體收容，派往鎮海軍艦練習並派海軍軍官指導，以資節省。」對於該校教職員，校方決定學校停辦後遣散教職員，並發放遣散費用。「此次停辦，計在校教職員共十餘人，均係在校多年」，且攜眷住哈爾濱，決定「特予從優，分別在職未滿三年者發給薪水三個月，滿三年者加

〔註50〕王振乾等編著：《東北大學史稿》，長春：東北師範大學出版社，1988 年，第34～35 頁。

薪水一個月，以示體恤」。〔註51〕該善後辦法經北平政務委員會核准後實施。在九一八事變後，東北大學和東北商船學校的不同命運，正是當時東北大中學校命運的一個縮影，極少數遷入平津苟延殘喘，大部分停辦遣散。

那些在九一八事變前進入北平各學校讀書，而沒有進入東北大學、東北交通大學等東北高等學府讀書的東北籍留平學生，也同樣沒有獲得好的安置。東北籍留平學生雖不是九一八事變後的東北南遷難民，但因東北淪陷這些學生中的一部分人已經難以與家人親屬取得聯繫進而失去了經濟來源，其生活困難程度也不亞於東北難民了。「自九一八事變起，東北留平學生約有4000餘人」，散佈在北平各校，「除少數學生恃有親友接濟尚可勉維現狀者外，其中經濟困難急待救濟者約2500人至3000人之譜」。而在東北淪陷後，關內外交通斷絕，「東北郵政封鎖，該生等經濟來源益形斷絕」，生活非常困難。〔註52〕

為了救濟這些東北留平學生，張學良從北平綏靖公署撥下1.5萬元，經由北平市政府核定每人給與5元，但這些錢也僅能維持東北留平學生一兩月的飯食支出，而北平市政府財力有限，也無力長期維持這些學生的生活所需。1932年10月，眼看「隆冬飢寒並至，設不另籌根本救濟辦法」，這些東北留平學生「必致流離失所，學校教育、地方治安均交受影響」。〔註53〕於是北平市政府呈報北平政務委員會，懇請「指撥款項」，「擬從根本救濟籌設食堂」。〔註54〕按照北平市政府估算，「每人食費月需4.5元，以2500人計之，每月統需經常費約1.1萬餘元」。北平政務委員會指示北平財政整理委員會設法籌款，但該財委會覆稱「該會數月以來應籌之軍政各費久已入不敷支，亦無餘力擔此鉅款」。〔註55〕

所以11月，北平政委會又指派委員易培基和王樹翰，會同財委會負責人員及北平市長周大文，詳商籌款及設立食堂辦法。〔註56〕雖然經過努力，簡

〔註51〕《東北商船學校呈北平政務委員會為呈報該校停辦辦法及經過情形請鑒核由》，《北平政務委員會公報》，1932年第2期。

〔註52〕《公函行字第1092號》，《北平政務委員會公報》，1933年第13期。

〔註53〕《公函行字第1092號》，《北平政務委員會公報》，1933年第13期。

〔註54〕《北平政務委員會訓令行字第849號》，《北平政務委員會公報》，1933年第12期。

〔註55〕《公函行字第1092號》，《北平政務委員會公報》，1933年第13期。

〔註56〕《北平政務委員會訓令行字第993號》，《北平政務委員會公報》，1933年第12期。

易食堂得以建立，但經費方面除了北平市政府每月貼補 4000 元外，仍有巨大缺口。最後 1933 年 1 月，易培基等呈北平政務委員會，以事屬慈善範圍為由提議將東北留平學生簡易食堂事務劃歸東北難民救濟院辦理。東北難民救濟院接手後，繼續辦理簡易食堂三個月，東北留平學生散佈在北平各處 90 所學校，開辦簡易食堂 24 處，就餐的東北籍貧困學生有 3000 人，每月支出經費 1.2 萬元，除北平市政府繼續貼補了 4000 元以及募集到 5000 元小米外，該救濟院實際貼補經費近 2.5 萬元。最終因經費緊張於該年 4 月將該簡易食堂事務退回給北平市政府續辦，而此後東北難民救濟院仍每月補助該簡易食堂 2000 元，至 1933 年 10 月底東北難民救濟院在該簡易食堂上共計支出了近 3.6 萬元。〔註 57〕

期間 1932 年 11 月和 1933 年 2 月，為了籌措東北留平學生簡易食堂經費，張學良先後兩次分別以北平政務委員會名義和個人名義向南京國民政府財政部部長宋子文發出公文和電報，希望援照「師範大學、中國學院、香山慈幼院三校曾有月支俄款萬元救濟學生之成案」，〔註 58〕請財政部援案月撥俄款 1 萬元以援助東北留平學生。但很顯然，南京財政部並未應允。

月需經費萬元，對於每月需要支出軍費至少 500 萬元現大洋的東北集團，以及控制著江浙一帶當時中國最富裕地區的南京國民政府而言，也就是九牛一毛。但張學良寧願向南京財政部告急也不願再多撥款項，南京財政部更是事不關己高高掛起的姿態。而究其原因，無外乎這些貧苦學子並不掌握任何對東北集團或南京政府有用的資源，即無價值。所以最後這些學生的安置才被以事屬慈善為由甩給了依靠募集資金來運作的救濟東北難民的慈善組織——東北難民救濟院。

東北淪陷後，原東北地方各機關官佐職員雖有加入日偽淪為漢奸者，如張景惠之流，但也有不願與日偽同流合污者，紛紛遷往平津等地。對於高級官員，東北集團自然接納任用，或在北平政務委員會任職，或在冀察平津等地方機關服務。對於低級職員，欲在華北謀職生存則較為困難，因為華北各地機關職數員額有限，不可能將所有流亡平津的低級別職員全數安置。所以

〔註 57〕東北難民救濟院編：《東北難民救濟院一週年工作概要報告書》，1933 年，第 157～159 頁。

〔註 58〕《公函行字第 1092 號》，《北平政務委員會公報》，1933 年第 13 期；《豔電財政部為救濟東北留平學生籌設臨時食堂請援案撥款以資救濟由》，《北平政務委員會公報》，1933 年第 13 期。

北平政務委員會對於九一八事變後來平津等地謀職的人員，採取的應對辦法是將各該人員履歷詳細造冊登記，嗣後遇有空缺時再擇其優秀者依次錄用，或向南京國民政府相關院部舉薦予以安插錄用。比如 1932 年 3 月，原吉長、瀋海、洮昂、四洮各鐵路局離差職員代表徐懷芳等，具文呈稟北平政務委員會：「稟為瀋變來平迭請錄用，迄無辦法，擬懇飭由交委會諮部發往各路安插，以維生活」，北平政務委員會則令「將各該局棄職來平人數開列清單並附具詳明履歷，呈候核奪」。〔註 59〕隨後徐懷芳等 44 人填具詳細履歷清單，北平政務委員會則「據情函請鐵道部將該員等准予發往各路安插，以示體恤」。6 月，鐵道部函覆稱：「該員以不甘事仇，毅然離職，致生活難繼至堪」，「現正在統籌救濟，俟籌有辦法，再行函達」。〔註 60〕隨後北平政務委員會曾多次問詢東北交通委員會這些人員是否予以了安置，但終因東北交通委員會實際所需路局無多，加之經費縮減難以安置，此事也就暫時擱置了下來。

流亡關內的人員中，數量最多的是普通的貧困百姓，這些人或因不願當亡國奴，或由於其他原因，背井離鄉南下，成為難民。為了救濟這些難民，在張學良等華北軍政高層推動下成立了專門救濟東北難民的慈善機構，即東北難民救濟院。該救濟院於 1932 年 10 月成立，發起人共有張學良、朱慶瀾、張作相、宋哲元等 174 人，該院經費先由發起人自行籌集，以後向社會各方勸募。東北難民救濟院設董事會為最高機關，由發起人大會推舉朱慶瀾、高紀毅、周大文等 17 人為董事，朱慶瀾為董事長。董事會每半月舉行一次常會，其職權有籌措經費、核定預決算收支月報、推選院長副院長、議決重要事項。該救濟院院長為周大文，副院長為高紀毅、鮑毓麟、邵文凱等三人，下設總務部、調查部和資助部三部門。〔註 61〕

東北難民救濟院經費來源以募捐為主，從 1932 年 10 月 15 日起至 1933 年 10 月 30 日止，共計獲得社會各界捐助近 26.2 萬元現大洋，以及數量不一的棉衣、米、麵、煙煤等各種物資。為救濟東北難民，東北難民救濟院於 1932 年 12 月公布了賑放柴米辦法，7 歲以上人口按大口計算，以下則按小口計算，每大口每天給小米 1 斤，小口半斤，煤球每五口以上之戶月給 150 斤，以下

〔註 59〕《北平政務委員會行字第四零號》，《北平政務委員會公報》，1932 年第 2 期。
〔註 60〕《北平政務委員會訓令行字第 322 號》，《北平政務委員會公報》，1932 年第 6 期。
〔註 61〕東北難民救濟院編：《東北難民救濟院一週年工作概要報告書》，1933 年，第 1～9 頁。

之戶月給 120 斤，每 10 天領取一次，後改為每 15 天領取一次。每月領賑人數達 1700 餘戶，合計 8000 餘人，月需小米 25 萬斤，煤球 20 餘萬斤。其中賑放小米每月支出約六七千元，煤球約七八百元，加上其他各種支出，東北難民救濟院每月總計需款在萬元左右。〔註62〕

經東北難民救濟院調查發現，領取賑放柴米的難民良莠不齊，其中有不少「所謂難民以先係公務人員不容於本地者為多，現雖無事而其衣履尚具舊觀」，還有「對於人口屢有以少報多希圖多得賑米者，又有轉讓他人者，又有以小米改換大米白麵及現款者」。〔註63〕對於這些謊報者和並非真正窮苦者，該救濟院查出後均取消其領賑資格。

北平政務委員會沒有妥善安置東北難民，甚至也沒有全部接納和安置流亡關內的原東北各機關官佐職員，而為了避嫌，南京國民政府此時也沒有主動協助北平政務委員會安置這些流亡人員。但在 1933 年張學良下野後，南京國民政府卻開始積極招撫流亡關內的原東北人員。如 1933 年 7 月張學良剛剛下野不久，南京國民政府就出臺了《遼吉黑熱四省流亡在外人員安置辦法》，規定「凡籍隸遼、吉、黑、熱四省，具有相當學識、經驗，因東北事變流亡在外之人員，由行政院定期舉行登記」。〔註64〕登記期限屆滿後，登記人員由銓敘部審查，合格者呈由考試院轉送行政院，依照《公務員任用法》、《公務員任用施行條例》和《現任公務員甄別審查條例》分別資格分交行政院及所屬各機關任用。進行申請登記尤其經審查合格分配各機關任用者，從此自然脫離東北集團系統而成為歸附於南京國民政府系統的一員，加之張學良下野後，東北軍逐步被南京國民政府軍事委員會接收並改編，東北集團的社會基礎自然也就逐漸被削弱，直至徹底走向滅亡。

四、籌建北戴河海濱自治區

東北三省淪陷後，熱河成為我方抵抗日本侵略的前沿陣地，察哈爾和河北大部都暫時處於後方。雖然河北省東北部臨榆等各縣因直接與遼寧省毗鄰

〔註62〕東北難民救濟院編：《東北難民救濟院一週年工作概要報告書》，1933 年，第 149～153 頁。

〔註63〕東北難民救濟院編：《東北難民救濟院一週年工作概要報告書》，1933 年，第 150～151 頁。

〔註64〕詳見《遼吉黑熱四省流亡在外人員安置辦法》（1933 年 7 月 19 日），中國第二歷史檔案館編：《國民黨政府政治制度檔案史料選編》下冊，合肥：安徽教育出版社，1994 年，第 24～25 頁。

而同樣處於戰爭最前線，但由於初期熱河尚未失守，所以這一區域的重要性暫未體現。不過這一地區有一「華洋雜處，關係重要」的區域，在東三省淪陷後逐漸被北平政務委員會所重視，即北戴河海濱區域。

北戴河海濱區域地屬河北省臨榆縣，與遼寧省毗鄰。北戴河「為華北避暑名區，外僑租地建屋者甚多，且每值夏季各國駐華使領多赴該處消夏，管理稍有不當，非特貽笑外人，抑且主權攸繫。現在該處地方行政由臨榆公安局設立分局負責辦理，規模狹小，各項建設多未能積極進行。而就地區面積人口數目以及經濟情狀言之，又未能即時施行普通市制」。所以河北省政府統籌考慮，「擬自治區組織章程，實係就特殊情形採變通辦法」，「以行政上之設施貴求適合，社會情狀乘勢利導，藉資治理」。〔註65〕基於此，1932 年 5 月河北省政府制訂了《北戴河海濱自治區組織章程》，7 月制訂了《北戴河海濱自治區議會議員選舉規則》和《北戴河海濱自治區組織章程施行細則》，呈報北平政務委員會核准後逐步實施。

北戴河海濱自治區的界限，「東至鴿子窩，西北至北戴河，南至海，北至距海三華里」的「固有區域」以及周邊的「推展區域」。北戴河海濱區域雖被劃為直隸於河北省政府的自治區，但其「區內居民籍貫仍隸屬於臨榆縣」，「關於民刑訴訟事項仍歸臨榆縣司法機關管轄受理」。〔註66〕北戴河海濱自治區內設置區議會、區公署和區公安局，在不牴觸中央及省政府法令範圍內辦理區內各項自治事宜：區財政事項、公安事項、教育文化風紀事項、公產管理事項、土地事項、海濱管理及水上救護事項、交通電氣自來水煤氣等公用事業事項、消防事項、農工商業調查獎勵事項、公益慈善事項、戶口統計事項、勞動行政事項、建築公共場所等土木工程事項。

北戴河海濱自治區議會，設議員定額九人，為無給職。議員任期四年，每二年改選一次。區議會設議長和副議長各一人，由議員互選之，任期二年。議長、副議長和議員均不得兼任該區公署公職。區議會每年開常會二次，以四月和十月為會期，由議長召集，每次會期以 15 日為限，必要時得召集臨時會。區議會須有議員過半數出席，方得開議。區議會職權有：決議區單行規章事項、區預決算事項、區募集公債事項、區內應興應革事項、區內公民請

〔註65〕　《河北省政府呈北平政務委員會為擬訂北戴河自治區組織章程請鑒核由》，《北平政務委員會公報》，1932 年第 5 期。
〔註66〕　《北戴河海濱自治區組織章程》，《北平政務委員會公報》，1932 年第 5 期。

議事項、區內選舉區公署經理事項、區公署經理建議事項、審議監督官署委辦事項、其他依法屬於區議會權限範圍事項。區議會議決事項交由區公署執行。〔註67〕

北戴河海濱自治區住民具有下列資格者，才能成為選民，擁有選舉區議會議員之權：有本國國籍者；年滿20歲以上者；居住本區一年以上或在本區有住所達二年以上者；識本國文字者；曾經註冊者。該區住民具有下列資格者，才能成為被選舉人，有被選舉為區議會議員之權：有本國國際者；年滿25歲以上者；居住本區一年以上或在本區有住所達二年以上者；識本國文字者；曾經註冊者；在本區有不動產一千元以上，或年納本區稅捐十元以上，又或捐助本區款項在五百元以上者。兩相比較我們可以看出，只有合格選民中年齡在25歲以上，且能證明擁有一定數額資產者，才能成為被選舉人。該區住民有下列情形之一者，則不得享有選舉權及被選舉權：有反革命行為經判決確定者；褫奪公權尚未復權者；禁治產者；吸用鴉片或其他代用品經調驗證實者；不識本國文字者；滯納本區稅捐滿一年以上者。該區住民有下列情形之一者，即便擁有選舉權或被選舉權，也不得選舉或被選舉為該區區議會議員：現任該區區公署公職者；現任軍警；現任司法官；不能書寫其姓名者。〔註68〕

北戴河海濱自治區公署，為區行政執行機關，設經理一人，由區議會選舉具有市政學識及行政經驗者，呈請河北省政府委任。區公署設財政、工務、社會三股，各設股長一人，由區經理委用。自治區公安局，直隸於河北省公安管理局，其局長由區經理兼任，掌管區內一切公安事宜。〔註69〕

北戴河海濱自治區以河北省政府為監督官署，監督官署對於區經理執行事務認為有怠忽職務、違背法令或妨害公益時，可以隨時撤銷委任，並令由區議會另行遴員呈請委任。區議會對於區經理查有上述情事時，亦應另行遴員呈請監督官署改委。監督官署如證明區議會逾越權限、違背法令時，得解散區議會，但在一年以內以一次為限，並頒令區經理於區議會解散後三個月內重新選舉議員，組建區議會。〔註70〕

北戴河海濱自治區內，司法事宜由臨榆縣司法機關受理，僅有立法與行

〔註67〕《北戴河海濱自治區組織章程》，《北平政務委員會公報》，1932年第5期。
〔註68〕《北戴河海濱自治區議會議員選舉規則》，《北平政務委員會公報》，1932年第10期。
〔註69〕《北戴河海濱自治區組織章程》，《北平政務委員會公報》，1932年第5期。
〔註70〕《北戴河海濱自治區組織章程》，《北平政務委員會公報》，1932年第5期。

政事宜由區議會和區公署分別掌管。這種「變通辦法」對於當時北戴河地區華洋雜處的「特殊情形」而言，「考之成規，按諸實際，均屬可行」，既能達到行政設施「貴求適合」，「社會情狀乘勢利導」之效，又能「藉資治理」這一複雜區域，較少被外人尤其日人尋機滋事的可能性。

　　儘管東北集團失去了東北各省地盤，但在華北各方勢力中最強大者仍屬東北軍，所以在面對日本侵略的危機時，南京國民政府以及華北各方仍需要東北集團來主持華北政局，應對和緩解華北危機。這一點我們從九一八事變後華北軍政機構的演變也能看出來。

　　九一八事變前，張學良為東北邊防軍司令長官兼陸海空軍副司令，設副司令行營於北平。1931 年 12 月 7 日，南京國民政府明令撤銷陸海空軍總司令部，張學良遂亦向南京請辭副司令職務。同月 15 日，南京國民政府核准張學良辭去副司令職，另派其為北平綏靖公署主任，張學良於 1932 年元旦就職，其東北邊防軍司令長官職銜亦因之撤銷。1932 年一二八事變後次日，國民黨中央政治會議決議恢復設立軍事委員會，以應付戰局，並推蔣介石、馮玉祥、閻錫山、張學良、李宗仁、陳銘樞為委員。3 月 6 日國民黨中央政治會議又通過議決，任命蔣介石為軍事委員會委員長，閻錫山、馮玉祥、李宗仁、張學良、陳銘樞、李烈鈞、陳濟棠為委員。惟張學良之專責，仍為：「督率原有各部，保護疆土，綏靖地方」。〔註71〕8 月，由於行政院長汪精衛與張學良矛盾激化，張學良辭去北平綏靖公署主任一職。該公署撤銷後，南京國民政府另在北平設立了軍事委員會北平分會，以蔣介石兼分會委員長，蔣委派張學良代理北平軍分會委員長。雖然副司令行營降格為綏靖公署或軍委會分會，然而張學良仍為統率華北軍政的領袖。由此可見，南京國民政府同意東北集團將東北政務委員會移平甚至更名並改組為北平政務委員會，也是抱著讓東北集團繼續職掌華北行政以配合軍事部署抵抗日本侵略的目的。

　　但隨著時間延續和華北局勢的不斷惡化，東北集團在華北的政治領導地位嚴重動搖，尤其是 1933 年張學良下野後，南京國民政府再次調整華北軍政布局，其行政方面由南京直接出面組建由黃郛負責的行政院駐平政務整理委員會，全面接管華北行政事務。而行政院駐平政務整理委員會的成立，也表明由東北集團主導的北平政務委員會，在九一八事變後近兩年時間裏，應對日本侵略和緩解華北危機的努力，並未讓國人和南京國民政府認可。

〔註71〕李雲漢編：《抗戰前華北政局史料》，臺北：正中書局，1982 年，第 2、4 頁。

結　語

　　政務委員會制度，是訓政時期南京國民政府在中央與地方之間，所實行的一種特殊政治制度，而東北政務委員會則是政務委員會制度的典型個案。其典型性有兩點：第一，從國民黨政治制度自身演變與發展視角來看，它是南京國民政府宣布進入訓政，且國民黨裁撤各地政治分會後，所建立的第一個承繼了政治分會權限的政務委員會；第二，從國民黨形式上統一中國視角來看，它是國民黨在北伐完成後為實現國家統一，而對地方實力派進行妥協，所建立的第一個擁有高度自治權的政務委員會。之後相繼建立的北平、西南和冀察等各政務委員會，無不是以東北政務委員會為藍本。

　　尤其是北平政務委員會，更是由東北政務委員會直接移平改組而來。不過二者雖一脈相承，但它們成立的背景與存在的使命卻又截然不同。東北政務委員會醞釀於東北集團與國民黨東北易幟談判期間，成立於國民黨形式統一民國之際。該會在權責上承繼於國民黨北伐時期的政治分會，在名稱形式上承繼於早期的政務委員會。東北政務委員會的建立完全是為蔣介石和國民黨形式上統一中國服務的，抑或說東北政務委員會這一制度形式被東北集團和國民黨雙方所共同認可並接受，才最後促成了國民黨形式上統一民國。北平政務委員會則醞釀於九一八事變後東北淪陷期間，成立於山河破碎和華北危機之際，該會的建立完全是為應對日本侵華危機和穩定華北局勢。只不過相比於東北政務委員會促成了東北改旗易幟，北平政務委員會緩解華北危機的效果不甚讓人滿意，這才有後來行政院駐平政務整理委員會和冀察政務委員會的建立。但不論如何，北平政務委員會仍是南京國民政府為應對日本侵略危機而在北方組建的第一個行政機關。

通過前文對東北政務委員會，包括其一脈相承的北平政務委員會的成立背景、經過、組織結構、權力建構、施政措施以及黨政關係應對等各方面內容的考察，我們可以對南京國民政府時期政務委員會制度發展與運作特點試作分析。第一，政務委員會制度並非國民黨制度創新的結果，而是國民黨為應對時局變化而因循守舊的結果。之所以說政務委員會制度並非新創之制度，是因為東北政務委員會之權限源自於政治分會，甚至東北易幟談判期間東北集團和國民黨達成的最初協議之一也並不是成立東北政務委員會，而是要成立東北政治分會。最後在國民黨要裁撤各地政治分會的情況下，才援照北伐時期國民黨曾設置過政務委員會的舊例，將東北政治分會改名為東北政務委員會。由此可見，南京國民政府政務委員會制度是由國民黨政治分會制度和早期政務委員會制度融合併發展而來。

第二，政務委員會制度的形成與發展受國內時局變化影響嚴重。不論東北政務委員會，還是後續的北平政務委員會，乃至西南和冀察政務委員會，都是國內時局影響下，國民黨與地方實力派妥協與合作的結果。北伐與東北易幟造就國民黨統一民國，而在這一時局變化中，東北政務委員會應運而生，國民黨以這一組織形式獲得形式上統一東北之名，東北集團則借用這一組織形式獲得實際上控制東北之實。東北政務委員會成立之初，只是臨時性質，並未被納入南京國民政府制度體系內，所以多次被南京國民政府謀求裁撤。但 1930 中原大戰爆發，面對馮玉祥和閻錫山兩派系以及汪精衛等國民黨內部分人的聯合傾軋，蔣介石不得不尋求張學良的支持。由於蔣方給出的條件更符合東北集團利益，所以才有東北軍武力調解中原大戰之舉。而此後東北政務委員會的控制範圍由東北四省擴大到華北四省，包括冀察晉綏平津等省市在內的共八省地盤成為該會管轄範圍。而鑒於東北政務委員會實際控制範圍的擴大，張學良與蔣介石已經儼然有劃黃河南北分治之相。到了此時，國民黨已不能不承認東北政務委員會的合法性，因此《國民政府政務委員會組織條例》才得以頒布。而該條例的頒布也表明南京國民政府政務委員會制度正式確立。

而在該條例頒布後，成立的政務委員會有北平政務委員會、西南政務委員會和冀察政務委員會。西南政務委員會的成立深受國民黨內派系之爭影響，若無蔣介石與胡漢民的分裂，也不會有西南派系試圖分裂國民黨和南京國民政府之舉。北平政務委員會和冀察政務委員會的成立，則深受日本侵略東北以及華北危機影響。若無日本侵略，東北集團也不會喪權辱國不斷，張

學良也不會負罪下野，南京國民政府也就不會走馬燈似的不斷更換主持華北政局之機關和負責人。

第三，政務委員會制度的運作具有封閉性和排他性。在東北政務委員會成立的第一刻起，就預示著政務委員會制度是國民黨與地方實力派之間妥協合作的樣板。在東北政務委員會成立之初，該會委員僅有一人是南京國民政府代表，其餘十餘人都是東北集團高層，而這唯一的南京國民政府代表也僅是掛名，從未出席過東北政務委員會任何會議。上至東北政務委員會委員，下至各省政府委員，乃至各縣縣長，其人選均由東北集團擬定，張學良擁有實際的人事任免權。其他諸如財政稅收、鐵路交通、金融銀行、司法審判、對外交涉以及黨務指導等等，都由東北政務委員會組織或控制了各該最高管理機關，進而構建出由東北政務委員會控制全東北的權力網絡。南京國民政府也曾試圖將觸角伸入東北，干預東北事務，但無論是黨治體制的推行，還是借助中蘇中日交涉之機收回外交權的嘗試，其結果都不甚理想。

此後相繼成立的北平、西南和冀察政務委員會，其委員結構則演變為由某一地方派系為主，其他地方派系為輔的構成方式。如北平政務委員會由東北集團主導，其委員人數最多，其餘委員則為晉系、西北軍系等華北地方勢力，該會中南京國民政府的代表更多起到協調該會與南京國民政府關係的作用。西南政務委員會已以粵系和桂系為主，融合滇黔等地方派系；冀察政務委員會則以西北軍系為主，聯合了東北集團以及華北親日派代表。由此可見，政務委員會制度的運作多封閉在地方派系內，具有半獨立性質以維護地方派系利益為主，而排斥南京國民政府的干涉。

所以試圖整合全國政權而集權中央的南京國民政府，才對政務委員會制度痛恨不已。也因此，蔣介石才直斥之為「割據弊政」[註1]，萬能不設置就絕不在地方設置政務委員會。當然對於國民黨而言，政務委員會制度也不可能毫無用處，只不過更多的是間接獲益罷了。縱觀政務委員會制度的演變與發展，我們可以看出政務委員會制度在國民黨訓政時期的作用與影響主要有以下兩方面：一是在國民黨和地方實力派系之間充當了潤滑劑的角色，維持了國民黨及民國形式統一的局面；二是在國民黨和日本之間充當了緩衝區的角色，成為應對日本侵略危機的應急辦法，一定程度上延緩了華北危機。

〔註1〕呂芳上主編：《蔣中正先生年譜長編》第3冊，臺北：「國史館」，2014年，第585頁。

一、潤滑劑：維持形式統一

東北易幟談判時，蔣介石曾許諾在東北建立政治分會，但後來由於政治分會被國民黨裁撤而改設東北政務委員會。雖然名稱不同，但本質未變，東北政務委員會擁有東北各省的最高管轄權，儼然一地方自治政府。當時無論是政界還是社會輿論都普遍將政務委員會視作政治分會，如國民黨元老李石曾仍稱「政委會之性質與政治分會相似」，宋哲元在提交察哈爾省政府主席辭呈時仍稱張學良為「政治委員分會委員長」；[註2]輿論界對政務委員會的評論有：東北政務委員會「地位權限似乎等於各地的政治分會，而名義上之尊崇尤為過之」，「北平政務委員會，亦即政治分會，其職權則沿用東北政委會章程」。[註3]所以在易幟後的兩年時間裏，南京國民政府才多次以東北政務委員會「殊礙統一」，將其裁撤「以資統一政權」等理由，謀求裁撤東北政務委員會[註4]。顯然蔣介石和南京國民政府也認識到東北政務委員會的存在，僅能維持國民黨對中國的形式統一，而無法實現政權真正統一。

1930年中原大戰爆發，蔣介石有求於張學良支持，所以將華北冀察平津等省市地盤讓與東北軍接管，晉綏兩省亦歸張學良節制。於地方行政而言，東北政務委員會不但無法裁撤，其管轄範圍還擴大到了華北數省市，責任將更加繁重。在這種情況下，一個不被南京國民政府所承認的東北政務委員會卻控制了東北和華北偌大地域的行政事務，豈不被世人詬病。所以國民黨迫於現狀不得不承認東北政委會存在的合法性，1931年6月初南京國民政府頒布《國民政府政務委員會組織條例》，在制度上首次確認了東北政務委員會的合法性。該條例規定「政務委員會直屬於國民政府」，負責管理內政、教育、交通、實業及國民政府委任的各項事務。[註5]並於隨後國民黨三屆五中全會修正通過的國民政府組織法中加以確認，即「國民政府於必要時得設置各直

〔註2〕《東北政務委員會茶話談話會記錄及該會政治分會的暫行條例》，北京市檔案館藏北平政務委員會檔，全宗號：J221-001-00011；《北平政務委員會第三十三至四十三次常會議事日程》，北京市檔案館藏北平政務委員會檔，全宗號：J221-001-00006。

〔註3〕大道：《東省易幟後之黨務和政治》，《檢閱週刊》，1929年第11~12期合刊；《北方將設政治分會》，《勵志》，1931年第1卷第30期；《剪報》，1932年第7期第85頁，原載《觀海晚報》，1931年12月18日。

〔註4〕《政委會問題》，《盛京時報》，1929年2月5日；《東北政務委員會明年元旦撤銷說》，《盛京時報》，1930年12月24日。

〔註5〕詳見《國民政府政務委員會組織條例》，《廣東省政府公報》，1931年第157期。

屬機關，直隸於國民政府。前項直隸於國民政府各機關之組織以法律定之。」
〔註6〕

　　中原大戰後張學良成為國民革命軍副總司令，且實際控制華北各省，表明蔣介石迫於現實已經認可了在北方與張學良的「分治合作」關係。而上述政務委員會組織條例的頒布則意味著國民黨正式承認和確立了政務委員會制度，並將其作為訓政時期國民黨在北方維持中國形式統一的主要制度保障。這個組織條例的出臺，對於東北政務委員會來說有點姍姍來遲，但對於西南政務委員會來說卻是恰到時機。

　　1931 年由於訓政時期約法之爭，導致蔣介石與胡漢民原本的合作關係徹底破裂，甚至發生了蔣介石囚禁胡漢民事件。蔣介石控制著國民黨中央，而胡漢民則為國民黨西南派系的領袖，所以二人之爭很快演變為寧粵兩方的對峙與分裂，粵方組織了國民黨中央執監委員非常會議和廣州國民政府。九一八事變後隨著蔣介石下野，為了維持國民黨統一局面，寧粵雙方決定分別召開國民黨四全大會，然後合一起召開國民黨四屆一中全會。1931 年 12 月 3 日，粵方國民黨四全大會第十次會議決議通過了孫科等人提案：為防止獨裁，於若干省政府之上設立政務委員會；設中央執委會執行部於重要地點；為國防於必要地點設軍事委員會分會。〔註7〕廣州國民政府於 12 月底作出決議：一，統一政府元月一日成立，廣州國民政府及所轄各機關全時結束；二，設立中央執委會西南執行部；三，廣州國民政府結束後，成立國民政府西南政務委員會；四，成立國民政府西南軍事委員會；五，設立國民政府西南財政委員會。1932 年 1 月 1 日，胡漢民、汪精衛、孫科等聯名通電聲明粵方黨政中央機關即行裁撤，稱：「統一政府本日成立於南京」，粵方中央執監委員非常會議和廣州國民政府「同日取消。自茲以往，以黨權統一於中央，以治權還諸統一政府。並遵四全大會決議，設立中央執行委員會西南執行部、西南政務委員會、西南軍事分會，負均權共治之責」。〔註8〕

　　依據 1931 年 12 月底，廣州國民政府頒布的《國民政府西南政務委員

〔註6〕參見中國第二歷史檔案館編：《中華民國史檔案資料料彙編》，第五輯第一編：政治（一），南京：江蘇古籍出版社，1994 年，第 31 頁。
〔註7〕韓信夫、姜克夫主編：《中華民國大事記》第三冊（1930～1936），北京：中國文史出版社，1997 年，第 282 頁。
〔註8〕韓信夫、姜克夫主編：《中華民國大事記》第三冊（1930～1936），北京：中國文史出版社，1997 年，第 297～298 頁

會組織條例》之規定，西南政務委員會是「依據第四次全國代表大會之議決案」而設立，「直隸於國民政府」。〔註9〕該委員會設委員 15 至 27 人，並指定 5 至 7 人為常務委員，其經指定的常務委員為李宗仁、鄧澤如、蕭佛成、陳濟棠、唐紹儀和鄒魯。西南政務委員會以廣東、廣西、福建、雲南和貴州各省為管轄區域，監督和指揮西南區域各省內政、軍政、財政、交通、實業、教育、司法行政等事宜。可見西南政務委員會權限之大，凡屬西南各省官員任免、財政稅收預決算、制訂單行法規等，都在該政委會職權範圍內。比如 1932 年 6 月西南政務委員會制訂並公布《懲治貪官污吏暫行條例》和《特別法庭組織條例》：規定凡有「收受賄賂」、「操縱或投機買賣紙幣圖利或擾亂金融」之罪行者，由特別法庭審判後，經西南政務委員會核准用槍決執行死刑。〔註10〕

同時西南政務委員會還依據組織條例，設置了最高法院西南分院、西南國防委員會、國外貿易委員會、預算委員會、外交討論委員會等機關，分別掌管西南各省司法、國防、外貿、預算和外交等職權。與東北政務委員會和北平政務委員會相比，西南政務委員會所管轄職權範圍更大、所設置的專門委員會更多。可見在政務委員會制度外衣下，西南各省已經儼然半獨立。然而換個角度言之，在日本侵略步步加深的背景下，在國民黨中央與西南派系即將分裂之際，正是政務委員會制度的確立，才得以讓雙方找到一個可以繼續維持國民黨統一而避免徹底分裂的契合點，而這也是政務委員會制度對國民黨維持形式統一的又一次貢獻。

九一八事變後東北淪陷，東北政務委員會已實際停止運轉，所以張學良與南京中央商議將東北政務委員會改組為北平政務委員會，以符名實。而國民黨中政會研究該委員會改組問題時，也正是寧粵雙方為解決對峙局面實現統一進行討價還價的時候。由於南京國民黨中央「顧慮粵方」，擔心將「東北」字樣「改為『北平』字樣則似是新設」，恐其「援例以請，且當此時局改為『北平』則似有取消『東北』之嫌」，因而暫決議「將東北政務委員會移平辦事而不改名稱，以示因而非創」。但隨著西南派系自行組建的西南政務委員會已然

〔註 9〕中國第二歷史檔案館編：《中華民國史檔案資料彙編》第五輯第一編：政治（一），南京：江蘇古籍出版社，1994 年，第 39～40 頁。

〔註10〕《懲治貪官污吏暫行條例》、《特別法庭組織條例》，《國民政府西南政務委員會公報》，1932 第 12 期。

成為事實，所以東北政務委員會改組為北平政務委員會「現已不成問題」。〔註11〕由此可見，國民黨中央對於西南派系建立西南政務委員會等三機關是極力反對的，但由於西南派系一意孤行，南京國民黨中央為了維持國民黨形式統一的局面不得不予以默認。畢竟與西南派系另立國民黨中央和廣州國民政府公然分裂相比較，西南派系組織的西南政務委員會還是能夠納入到南京國民政府制度體系內，尤其在《國民政府政務委員會組織條例》已經頒布的背景下，西南派系的微小退讓尚能保持國民黨和南京國民政府的形式統一。

通過前文所述，我們可以看出政務委員會制度在國民黨和地方實力派系之間充當了潤滑劑的角色，當然我們也可以認為這是國民黨中央羈縻地方派系巨頭的一貫策略的延續，與北伐期間的政治分會如出一轍。只不過政治分會是在國民黨尚未統一全國背景下的產物，起到了團結地方派系，減少阻力而加快統一進程的作用；而政務委員會制度則是國民黨統一全國背景下的產物，起到了調節國民黨中央與地方之間關係的作用，維持了國民黨及民國形式統一的局面。

二、緩衝區：應對華北危機

九一八事變後，東北政務委員會移設北平並改組為北平政務委員會。此後隨著日本侵略華北的加深，華北地區還相繼組建了行政院駐北平政務整理委員會和冀察政務委員會作為最高行政機關，處理華北地區的內政外交各項事宜，以應對和緩解華北危局。

北平政務委員會內部組織機構基本沿襲東北政務委員會原設組織，主要職員也基本由原班人馬組成。不過華北情形更加複雜，所以北平政務委員會將原設的財務處改組為了財政整理委員會，並添設了東北外交研究委員會，以團結各方力量，應對華北時局變化。北平財政整理委員會之常務委員有 9人，東北集團佔有 5 席，分別是張學良、榮臻、張振鷺、魯穆庭、荊有岩，其中只有張振鷺、魯穆庭、荊有岩三人為財政方面人才，張學良與榮臻都是軍人，對財政金融知之甚少；晉系和西北軍等華北各方勢力佔有 4 席，即王克敏、龐炳勳、仇曾詒、鄭道儒。該財委會還有委員20 人，其中東北集團成

〔註11〕《東北政務委員會談話會記錄》，《東北政務委員會茶話談話會記錄及該會政治分會的暫行條例》，北京市檔案館藏北平政務委員會檔，全宗號：J221-001-00011。

員最多達到 10 人，包括于學忠、王樹常、劉翼飛、張學銘、戢翼翹、寧恩承、蘇全斌等；南京國民政府代表李石曾、張繼等；晉系和西北軍等華北各方勢力代表徐永昌、商震、宋哲元、傅作義、秦德純等。〔註 12〕可見北平財政整理委員會是包容了南京國民政府和華北各方力量且以東北集團為主導的華北財政最高管理機關。顯然只有理順了財稅關係，各方利益得到合理照顧，才能夠真正地起到團結華北各方力量的作用。

北平政務委員會職掌冀察熱等省市行政期間，雖採取了加強監管、整頓財政、安置流民和籌劃區域自治等措施，盡力穩固內部緩和矛盾，但隨著日本侵入熱河以及國內政局變化，這一切努力都付之東流了。九一八事變後，日軍不僅佔領了東北，還於 1932 年初在上海發動一二八事變，對國民黨統治中樞地帶進行打擊，同時不斷對華北進行侵擾。1932 年 7 月，日軍開始進犯熱河，拉開侵入華北序幕，華北危局日漸加深。1933 年 3 月初熱河淪陷，隨後長城抗戰爆發，抵抗也以失敗告終。5 月中日雙方和談簽訂了塘沽協定，長城一線完全被日軍掌握，華北門戶洞開。此後一年時間華北局勢雖略有緩和，但 1935 年日軍又開始策劃華北自治運動，企圖分離華北。在日軍不斷侵略華北的背景下，中國政局也發生了劇變。首先，蔣介石重新上臺，汪精衛則接替孫科出任行政院院長，南京國民政府進入蔣汪合作時期。但在華北問題上汪精衛與張學良之間產生了矛盾，汪精衛一度鬧辭職，蔣汪合作的南京國民政府與華北張學良之間產生了裂隙。1933 年 3 月熱河淪陷後，在各方責難與壓迫之下，張學良成為替罪羊，被迫「引咎辭職」，〔註 13〕辭去了北平政務委員會常務委員和軍事委員會北平分會代委員長職務，下野出國留洋。

張學良下野後，華北軍政兩方面均失去中樞。為了應對華北危局，南京國民政府於張學良下野後立即特派軍政部長何應欽兼代軍事委員會北平分會委員長一職。1933 年 5 月，國民黨中政會又決定「應付北方政情」辦法，即裁撤北平政務委員會，另設行政院駐平政務整理委員會，〔註 14〕以黃郛、李

〔註 12〕《財政整理委員會委員名單》，《北平財政整理委員會主席張學良關於成立該會給北平政務委員會的呈》，北京市檔案館藏北平政務委員會檔，全宗號：J221-001-00010。

〔註 13〕《張學良辭職通電》，李雲漢編：《抗戰前華北政局史料》，臺北：正中書局，1982 年，第 33 頁。

〔註 14〕《中央政治委員會第 355 次會議應付北方政情之決議》，李雲漢編：《抗戰前華北政局史料》，臺北：正中書局，1982 年，第 35～36 頁。

石曾、于學忠、徐永昌、宋哲元等 20 餘人為委員，黃郛為委員長。其委員構成情況與北平政務委員會類似，既有華北各派系代表，也有南京國民政府大員。行政院駐平政務整理委員會下設參議廳、秘書處、調查處，另因處理時局需要，該委員會還設置了數個專門委員會。如戰區接收委員會，委員長為于學忠，負責於塘沽協定後接收被日軍佔領的密雲和灤東等華北北部各縣。戰區清理委員會，委員有殷同、朱式勤等數人，負責戰區接收未完事項、地方對外交涉、保安隊及地方警團整理、戰區各縣行政改進及交通聯絡等事宜。舊都文物整理委員會，黃郛、于學忠、宋哲元等數人為委員，負責北平文物整理與保護事宜。〔註15〕

　　1933 年 6 月 17 日，行政院駐平政務整理委員會正式成立。該會委員長黃郛雖不是國民黨黨員，早年卻也加入過同盟會，且與蔣介石關係密切，二人為結拜兄弟。黃郛曾留學日本，與日本軍政界均有密切關係，南京國民政府成立後歷任上海市長和外交部長。蔣介石推舉黃郛為駐平政整會委員長之目的，也是希望借助黃郛來緩和與日本的緊張關係。

　　此外，行政院駐平政務整理委員會的管轄區域，包括冀察魯晉綏五省及北平青島兩市，比之北平政務委員會管轄區域要大得多，不僅將晉綏兩省納入管轄，還將從未被東北和北平兩政務委員會管轄過的山東省也納入管轄。南京國民政府如此做法，自然也是希望黃郛能夠整合全華北資源以便更好地應對華北危局。從此，華北政局脫離了東北集團的控制，為南京國民政府直接掌握，其時間長達兩年之久。

　　在這兩年時間裏，黃郛主持行政院駐平政整會，對內收復、整頓和救濟戰區各縣，同時整理北平舊都文物；對外一方面與日本交涉恢復關內外交通及郵政，另一方面則就日本侵略華北進行交涉。〔註 16〕由於日本侵略華北決心已久，加之黃郛對日交涉中退讓妥協居多，所以他主持政整會雖未有懈怠之時，但華北危機仍日漸加深。1933 年日本大舉侵入察哈爾時，鼓動內蒙古德王策劃西蒙各旗自治。1934 年南京國民政府為了防止內蒙分裂獨立，制訂了蒙古地方自治辦法。

〔註15〕謝國興：《黃郛與華北危局》，臺北：國立臺灣師範大學歷史研究所，1984 年，第 206～207 頁。
〔註16〕詳見謝國興：《黃郛與華北危局》，臺北：國立臺灣師範大學歷史研究所，1984 年，第 226～330 頁。

　　依據該辦法，內蒙境內各蒙旗可以組織蒙古地方自治政務委員會。該委員會直隸於行政院，「並受中央主管機關及中央指導大員之指導，辦理各盟旗地方自治政務」。〔註17〕同時在該自治政務委員會之上，南京國民政府還設立了蒙古地方自治指導長官公署，設「指導長官一人，副長官一人」，由南京國民政府特派。該自治指導長官有權「指導蒙古地方自治政務委員會，並調解省縣與盟旗之爭執」，在該委員會開會時「指導長官、副長官得派參贊出席指導」。該指導長官如果認為該委員會處理事件及發布命令有不當情形時，有權「糾正及撤銷之」，而且該委員會經費亦由該指導長官公署轉發。〔註18〕南京國民政府一面允許蒙旗組建自治政務委員會，一面又在該自治政務委員會之上設置指導長官公署，控制其經費，以指導名義干預政務，其目的無外乎就是假藉政務委員會之名防止內蒙德王獨立罷了。此時的蒙古地方自治政務委員會成為應對日本侵略察哈爾的一種辦法。

　　1935 年，日本又密謀策劃華北五省自治，企圖將華北從中國分離出去。為此，日軍不斷在華北尋釁並製造事端，如察東事件、河北事件和張北事件。〔註19〕但行政院駐平政整會的交涉並未緩和事態，相反由於日軍故意尋釁提出無理要求，導致華北局勢進一步惡化。「日人此次華北急進」，「一面以大兵壓境，一面挑唆各方，藉口西南有政務委員會，則華北有何不可創造類似組織，即可截留稅收、委派官吏，形成半獨立之狀態」。〔註20〕在日軍「威逼利誘雙管齊下」之下，閻錫山曾於 1935 年 9 月提議：「蒙古事件，日趨嚴重，中央處置辦法，如萬不得已時，似可於察綏各設一個蒙政會，以免一丟全丟」。〔註21〕

　　1935 年 11 月，蔣介石「為因應環境釜底抽薪計」，決定四項處理原則：（一）參酌西南政務委員會現狀，設立冀察政務委員會；（二）委員及組織

〔註17〕《蒙古地方自治政務委員會暫行組織大綱》，《廣東省政府公報》，1934 年第 256 期。

〔註18〕《蒙古地方自治指導長官公署暫行條例》，《北平市市政公報》，1934 年第 240 期。

〔註19〕參見謝國興：《黃郛與華北危局》，臺北：國立臺灣師範大學歷史研究所，1984 年，第 330～350 頁。

〔註20〕秦孝儀：《中華民國重要史料初編：對日抗戰時期》緒編（一），臺北：中央文物供應社，1981 年，第 740 頁。

〔註21〕閻錫山：《閻錫山日記（1931～1950）》，北京：九州出版社，2011 年，第 121 頁。

由中央決定，以適合北方特殊情勢為標準，並任宋哲元為委員長；（三）冀察一切軍事、外交、政治、經濟保持正常狀態，不得越出中央法令範圍以外；（四）絕對避免自治名目與獨立狀態。「如此處理先行穩定內部，然後再圖打破對外實際之難關，或不失為解決目前糾紛之應急步驟」。〔註22〕12 月 18 日，冀察政務委員會在北平成立，負責處理冀察平津等省市政務。

冀察政務委員會一直存續到 1937 年日本全面侵華後結束，在近兩年的時間裏，該委員會早已失去了南京中央和東北軍的有力支持，僅剩下西北軍系的宋哲元獨自支撐著冀察局面。在外交方面，冀察政務委員會於 1936 年 1 月組織了冀察政務委員會外交委員會，「負責外交之衛」，「以安定北方為一切工作之目標，誓不喪權不辱國，以保我國領土行政之完整」，〔註23〕但實際上冀察政務委員會於外交方面無力與日本對抗和交涉。在內政方面，雖有減免苛捐雜稅之舉措，但也以維護地方治安為名不斷對民眾的反日活動加以取締，「凡以任何方式妨害社會秩序之舉」，均「應予以制裁」，「現在時局未安，冀察地域處特殊環境下，尤應力遏浮囂之風，為共同之步趨，作秩序之努力」。〔註24〕冀察政務委員會是南京國民政府對日妥協的產物，該委員會負有維護領土主權，應對日本交涉之使命。冀察政務委員會的內外舉措，在日本侵略華北不斷加深的背景下，根本稱不上有效，但也基本維持了「守土」的底線，在華北起到了緩衝區的作用，為南京國民政府對日抗戰爭取了時間。

北平政務委員會是由東北政務委員會改組而來，其遲至 1932 年 1 月才成立的原因雖有南京中央與西南派系紛爭的因素，但主要還是因為當時蔣介石和張學良都認為日本將歸還東北，所以他們都作了接收東北的準備。這也是隨後成立的北平政務委員會的管轄範圍還包括了已被日軍佔領的東三省的原因。所以北平政務委員會建立的初衷，雖非主要為應對日本侵略危機而籌建，但在日本侵略不斷加深的背景下該委員會卻逐漸承擔起應對日本侵略的重任，並在此後的一年多時間裏成為領導華北各方力量應對日本侵略的主要機關。

〔註22〕《蔣中正電陳濟棠等冀察政委會設立經過及組織情形》（1935 年 12 月），「國史館」審編處編：《中日關係史料》，《蔣中正總統文物——革命文獻》（四），臺北：「國史館」，2002 年，第 451～453 頁。
〔註23〕《外交委員會招待新聞記者談話》，《冀察政務委員會公報》，1936 年第 13 期。
〔註24〕《訓令北平市政府為令飭取締學潮由》，《冀察政務委員會公報》，1936 年第 7 期。

　　而後相繼建立的行政院駐平政務整理委員會、蒙古地方自治政務委員會和冀察政務委員會，則完全是為了解決或緩解與日本關係，延緩日軍侵略腳步而籌建的。尤其是蒙古地方自治政務委員會和冀察政務委員會，更是在日本加緊侵略華北乃至陰謀策劃華北自治的背景下，為「解決目前糾紛」而被迫採取的「應急」辦法，其作用主要是在南京國民政府和日本之間充當緩衝地帶。而日本陰謀策劃華北自治時，也曾鼓吹可在華北建立類似西南政務委員會的組織機關，後來日本全面侵華後就曾在北平建立華北政務委員會。可見，無論對於國民黨還是日本而言，政務委員會制度都成為了他們在華北博弈的重要籌碼，一方以之作為應對和延緩對方侵略的工具，另一方則將之作為分化華北勢力的重要策略。

　　綜上所述，醞釀於國民黨軍政時期，成熟於國民黨訓政時期，以東北政務委員會為代表的政務委員會制度，對 20 世紀二三十年代的民國歷史產生了深遠影響。

參考文獻

一、未刊檔案

1. 遼寧省檔案館藏東北政務委員會檔案，全宗號：JC1-1、JC1-2、JC1-89、JC1-90、JC1-91。

2. 北京市檔案館藏北平政務委員會檔案，全宗號：J221-001-00002、J221-001-00005、J221-001-00006、J221-001-00010、J221-001-00011。

3. 黑龍江省檔案館藏民國檔案，全宗號：62-6-5633、62-7-6、62-7-228、62-7-269、62-7-270、62-7-644、62-7-739、62-7-741、62-7-745、62-8-648、62-8-1941。

4. 吉林省檔案館藏民國檔案，全宗號：J101-18-0823。

二、資料彙編

1. 中國第二歷史檔案館等編：《中國國民黨歷次全國代表大會暨中央全會文獻彙編》，北京：九州出版社，2012 年。

2. 中國第二歷史檔案館編：《中華民國史檔案資料彙編》，南京：鳳凰出版社，2010 年。

3. 周美華：《蔣中正總統檔案：事略稿本》，臺北：「國史館」，2007 年。

4. 遼寧省檔案館編：《中國近代社會生活檔案（東北卷一）》，桂林：廣西師範大學出版社，2005 年。

5. 「國史館」審編處編：《蔣中正總統文物——革命文獻》，臺北：「國史館」，2002 年。

6. 中國第二歷史檔案館編：《中國國民黨中央執行委員會常務委員會會議錄》，桂林：廣西師範大學出版社，2000 年。

7. 洪喜美編：《國民政府委員會會議記錄彙編》，臺北：「國史館」，1999 年。

8. 季嘯風、沈友益主編：《中華民國史史料外編：前日本末次研究所情報資料（中文部分）》，桂林：廣西師範大學出版社，1996 年。

9. 中國第二歷史檔案館編：《國民黨政府政治制度檔案史料選編》，合肥：安徽教育出版社，1994 年。

10. 畢萬聞主編：《張學良文集》，北京：新華出版社，1992 年。

11. 劉維開：《國民政府處理九一八事變之重要文獻》，臺北：中國國民黨中央委員會黨史委員會，1992 年。

12. 遼寧省檔案館編：《奉系軍閥檔案史料彙編》，南京：江蘇古籍出版社，1990 年。

13. 榮孟源主編：《中國國民黨歷次代表大會及中央全會資料》，北京：光明日報出版社，1985 年。

14. 黃美真：《汪精衛國民政府成立》，上海：上海人民出版社，1984 年。

15. 李雲漢編：《抗戰前華北政局史料》，臺北：正中書局，1982 年。

16. 中華民國史事紀要編輯委員會：《中華民國史事紀要（初稿)》，臺北：中華民國史料研究中心，1982 年。

17. 李雲漢：《九一八事變史料》，臺北：正中書局，1982 年。

18. 秦孝儀主編：《中華民國重要史料初編——對日抗戰時期》緒編，臺北：中國國民黨中央黨史委員會，1981 年。

19. 中國國民黨中央委員會黨史委員會編訂：《國父全集》，臺北：中央文物供應社，1981 年。

20. 中國國民黨中央委員會黨史委員會：《李石曾先生文集》，臺北：中央文物供應社，1980 年。

21. 秦孝儀主編：《總統蔣公大事長編初稿》，（無出版社），1978 年。

22. 王鐵崖：《中外舊約章彙編》，北京：三聯書店，1957 年。

23. 東三省金融整理委員會：《東三省金融整理委員會報告書》，（無出版者），1931 年

24. 《政治會議工作報告》，（編輯者和出版者不詳），1931 年。

25. 《中央訓練部部務彙刊》第四集，（無出版者），1930 年。

26. 劉燡元等編：《民國法規集刊》，上海：民智書局，1930 年。

27. 遼寧財政廳第四科編：《遼寧省民國十七年度財政統計年鑑》，瀋陽：遼寧省財政廳印刷處，1930 年。

28. 遼寧省民政廳行政會議秘書處編：《遼寧省民政廳第一次行政會議紀要》，（無出版者），1930 年。

29. 李石曾、于右任等著，畢修勺編：《分治合作問題討論集》，革命週報社，1929 年。

30. 國民黨中央執行委員會秘書處編:《中國國民黨第三次全國代表大會會議記錄》,(無出版者),1929 年。

31. 立法院秘書處:《立法專刊》,上海:民智書局,1929 年。

32. 《最高法院東北分院、最高法院東北分院檢察署職員錄》,(出版者不詳),1929 年,遼寧省檔案館藏。

33. 中國國民黨中央組織部印行:《整理黨務法令》,(無出版社),1928 年。

三、民國期刊、報紙

《北平市市政公報》,《北平政務委員會公報》,《財政公報》,《大公報》,《東北政務委員會週刊》,《東方雜誌》,《東三省官銀號經濟月刊》,《法律評論》,《婦女共鳴》、《國民政府公報》,《國民外交週報》,《國民外交半月刊》,《革命週報》,《革命評論》,《廣東省政府週報》,《廣東省政府公報》,《工商半月刊》,《國風報》,《黑龍江財政月刊》,《河北省政府公報》,《京報》,《江蘇省政府公報》,《建設委員會公報》,《冀察政務委員會公報》,《遼寧財政月刊》,《遼寧教育公報》《民國日報》,《民政月刊》,《外交月報》,《外交部公報》,《申報》,《盛京時報》,《司法公報》,《順天時報》,《時事月報》,《益世報》,《銀行週報》,《鹽政雜誌》,《中央日報》,《中央週刊》,《中央黨務月刊》,《中央政治會議廣州分會十六年份月刊合編》,《政府公報分類彙編》,《浙江民政月刊》,《政府公報》,《政治官報》

四、年鑑、年譜、日記、文史資料

1. 呂芳上主編:《蔣中正先生年譜長編》,臺北:「國史館」,2014 年。

2. 閻錫山:《閻錫山日記(1931～1950)》,北京:九州出版社,2011 年。

3. 張友坤等:《張學良年譜》(修訂版),北京:社會科學文獻出版社,2009 年。

4. 徐友春主編:《民國人物大辭典》(增訂版),石家莊:河北人民出版社,2007 年。

5. 胡玉海主編:《奉系軍閥大事記》,瀋陽:遼寧民族出版社,2005 年。

6. 婁獻閣、朱信泉主編:《民國人物傳》,北京:中華書局,2000 年。

7. 中國人民政治協商會議全國委員會文史資料委員會編:《文史資料選輯》(合訂本),北京:中國文史出版社,2000 年。

8. 陳志新等:《吉林市文史資料》,長春:吉林人民出版社,2000 年。

9. 韓信夫、姜克夫主編:《中華民國大事記》,北京:中國文史出版社,1997 年。

10. 劉壽林等編:《民國職官年表》,北京:中華書局,1995 年。

11. 中國第二歷史檔案館編:《馮玉祥日記》,南京:江蘇古籍出版社,1992 年。

12. 《東北人物大辭典》編委會：《東北人物大辭典》，遼寧人民出版社，1991年。

13. 秦孝儀主編：《中華民國名人傳》，臺北：近代中國出版社，1984年。

14. 顧維鈞：《顧維鈞回憶錄》，中國社科院近代史所譯，北京：中華書局，1983年。

15. 蔣永敬：《胡漢民先生年譜》，臺北：中國國民黨中央委員會黨史委員會，1978年。

16. 杜元載主編：《革命人物志》，臺北：中央文物供應社，1971年。

17. 莫德惠：《雙城莫德惠自訂年譜》，臺北：臺灣商務印書館，1968年。

18. 中國人民政治協商會議全國委員會文史資料研究委員會編，《文史資料選輯》，北京：中華書局，1965年。

19. 中國人民政治協商會議全國委員會文史資料研究委員會編，《文史資料選輯》，北京：中華書局，1960年。

20. 國立東北大學：《東北要覽》，國立東北大學出版組，1944年。

21. 東北文化社年鑒編印處：《東北年鑒》，瀋陽：東北印刷局，1931年。

22. 《蔣中正日記》（未刊本）

五、著作、論文

1. 王海晨：《孤獨百年：張學良的思想人生》，北京：當代中國出版社，2016年。

2. 張憲文、張玉法主編：《中華民國專題史》，南京：南京大學出版社，2015年。

3. 〔日〕川島真著，田建國譯：《中國近代外交的形成》，北京：北京大學出版社，2012年。

4. 王奇生：《黨員、黨權與黨爭：1924～1949年中國國民黨的組織形態》，上海：上海書店出版社，2009年。

5. 錢端升等著：《民國政制史》，上海：上海人民出版社，2008年。

6. 郭貴儒等：《華北偽政權史稿：從「臨時政府」到「華北政務委員會」》，北京：社會科學文獻出版社，2007年。

7. 張憲文：《中華民國史》，南京：南京大學出版社，2005年。

8. 〔美〕唐德剛訪錄，〔美〕王書君著述：《張學良世紀傳奇》，濟南：山東友誼出版社，2002年。

9. 胡玉海：《奉系縱橫》，瀋陽：遼海出版社，2001年。

10. 胡玉海、張偉：《奉系人物》，瀋陽：遼海出版社，2001年。

11. 〔日〕水野明著，鄭樑生譯：《東北軍閥政權研究——張作霖、張學良之

抗外與協助統一國內的軌跡》，臺北：國立編譯館，1998 年。

12. 袁繼成等：《中華民國政治制度史》，武漢：湖北人民出版社，1991 年。

13. 〔日〕林久治郎著，王也平譯：《「九一八」事變：奉天總領事林久治郎遺稿》，瀋陽：遼寧教育出版社，1987。

14. 金士宣、徐文述編著：《中國鐵路發展史》，北京：中國鐵道出版社，1986 年。

15. 王魁喜：《近代東北史》，哈爾濱：黑龍江人民出版社，1984 年。

16. 謝國興：《黃郛與華北危局》，臺北：國立臺灣師範大學歷史研究所，1984 年。

17. 〔蘇〕阿瓦林：《帝國主義在滿洲》，北京：商務印書館，1980 年。

18. 洪均培：《國民政府外交史》，上海：上海華通書局，1930 年。

19. 秦麗平：《外交部特派奉天交涉署研究（1913～1931）》，遼寧大學碩士學位論文 2014 年。

20. 佟德元：《東北易幟談判研究——以東北政治分會為中心》，《歷史教學》，2014 年第 10 期。

21. 佟德元：《易幟後的東北政制轉型及其困境——以東北政務委員會為中心的探究》，《民國研究》，2014 年總第 26 期。

22. 佟德元：《黨權之爭與奉系軍閥國民黨化：1929～1931》，《安徽史學》，2011 年第 6 期。

23. 張皓：《分會之設置與存廢之爭》，《首都師範大學學報（社會科學版）》，2011 年第 4 期。

24. 佟德元：《東北政務委員會的內部結構及運作機制考察》，《東北大學學報（社會科學版）》，2010 年第 1 期。

25. 曾業英：《論一九二八年的東北易幟》，《歷史研究》，2003 年第 2 期。